商业地产理论与实务丛书

招商我在行
——商业地产招商实用教程

蒋 珺 姜新国 编著

中国建筑工业出版社

图书在版编目（CIP）数据

招商我在行：商业地产招商实用教程/蒋珺，姜新国编著. —北京：中国建筑工业出版社，2018.1
（商业地产理论与实务丛书）
ISBN 978-7-112-21567-6

Ⅰ.①招… Ⅱ.①蒋… ②姜… Ⅲ.①城市商业—房地产—市场营销学—教材 Ⅳ.①F293.35

中国版本图书馆CIP数据核字（2017）第292958号

  招商是商业地产开发、运营的关键，也是资产管理的重要内容，在商业地产运作的"投、融、管、退"过程中，是启动商业地产项目运营的钥匙，但是，在实际操作中学习资料少，运营、招商人员缺乏专业有效的指导。本书根据作者近30年的从业经验和研究成果，从招商条件分析，顺延招商策略、方案、组织、实施的逻辑，细致写来，环环入扣，具有很强的实战性。并顺应商业地产生态环境发生巨变的时代，给出了商业地产智能化、业态扩容、商业空间异化成共享空间的趋势。本书对从事房地产、商业地产、商业以及资产管理人士有很强的参考和实用价值，是商业地产、商业招商、运营管理、资管人员的必读必备书目，也可作为商业地产行业的专业教材。

责任编辑：封　毅　周方圆
书籍设计：张悟静
责任校对：李欣慰

商业地产理论与实务丛书
招商我在行
—— 商业地产招商实用教程
蒋　珺　姜新国　编著
*
中国建筑工业出版社出版、发行（北京海淀三里河路9号）
各地新华书店、建筑书店经销
北京锋尚制版有限公司制版
北京京华铭诚工贸有限公司印刷
*
开本：880×1230毫米　1/16　印张：18½　字数：405千字
2018年2月第一版　　2018年2月第一次印刷
定价：**58.00元**
ISBN 978 - 7 - 112 - 21567 - 6
（31233）

版权所有　翻印必究
如有印装质量问题，可寄本社退换
（邮政编码 100037）

启动商业地产的钥匙

前言

招商似乎是商业地产的"命门",没有招商即没有运营,没有运营何来收益?招商其实并不是一个单独的专业,应当是运营职能中一项分工,由于关键,所以被广泛地重视。

在这一轮中国商业地产发展高潮中,有一个重要的时间节点是2002年,在这一年,本书作者之一姜新国《商铺投资》书籍出版以及"一铺养三代"的文章广泛传播,商业地产的投资价值被广泛认识。以此时间起计算,这15年里,中国商业地产市场出现了翻天覆地的变化。首先是供求关系,市场从一铺难求已经变成全面过剩(除极少数新城);其次是营商的环境发生了颠覆性的变化,互联网的商业化运用以及互联网业态的出现、移动互联、现代物流、大数据、云计算等科学技术的融合运用,逼迫传统商业地产向智能化发展;收入增加、消费迭代也使得业态大大丰富,出现了业态扩容,传统零售业开始了生活综合服务的态势,在这些似乎是莫测的巨大变化面前,如何进行招商和运营?本书将提供一些思考的方向和实际操作的方法。

本书作者于2011年曾在中国建筑工业出版社出版《招商定输赢》(以下简称"原书"),出版6年来,多次加印,一直深受读者好评和业内同行认可。在商业地产发生变化时,作者按照新的市场条件对原书进行了修改和内容调整,全新推出《招商定输赢》的升级版——《招商我在行》。书中结合自身近30年的从业经验和专业研究的成果,从招商条件分析,顺延招商策略、方案、组织、实施的逻辑,细致写来,环环入扣,具有很强的实战性。并在商业地产生态环境发生巨变的时代,又给出了商业地产智能化、业态扩容、商业空间异化成共享空间的趋势。

全书共分五篇:第一篇为招商工作的原理;第二篇为招商业务研究;第三篇为招商的筹备工作;第四篇为招商行动;第五篇为招商活动参考文件样本。书中观点、方法、工具、引用实战的范例、实用的商业企业名录一应俱全,可以给商业运营、招商人员以专业有效的指导。希望本书的出版对从事房地产、商业地产、商业以及资产管理人士有较强的参考和实用价值,也期盼本书成为商业地产、商业行业招商、运营管理、资管人员的必读必备书目,以及商业地产行业的专业教材。

在《招商我在行》付梓之际,需要感谢"商业地产超级董事会"这个虚拟的社群组织,它集中了中国商业地产领域里一大批精英,他们分别投资或任职于知名商业地产公司或项目,如新天地、万象城、万达和万科、百联、大悦城、水游城、豫园商城、步步高新天地以及阿里巴巴、优客工场、皇家驿栈、星期八小镇、阿尔达商置等,行业导师级的群友有陈晟、苏晓晴、高铁栓、任荣、陈倍麟、吕志塬、金勇、柏文喜、李保煜、傅宁等。在和他们的交流、切磋中受益良多,这些收获使本书修订思考时更进一步接近了需求，少出偏差。

在原书写作过程中得到好友顾云昌、陈恂尧、陈晟、袁岳、郭增利、白志堃、何小干以及蒋正华认同和支持，对支持商业地产知识传播的清华大学、北京大学、浙江大学、复旦大学、上海交大、厦门大学、中山大学等高校，以及房教中国等培训机构、杨泽轩发起的"万商会"、陈方勇发起的"佰仕会"社群，在此一并感谢！

由于身处重大科技发展节点，商业地产升级变化时代且个人认识和投入精力原因，本书肯定有诸多不足之处，恳请业界朋友、同行、读者不吝赐教；吐槽也能接受！

目 录

第一篇　招商工作的原理 | 15

一、商业地产开发和招商 | 17
1. 商业价值是商业地产的主要价值 | 18
2. 商业地产的开发流程 | 18
3. 招商工作贯穿商业地产开发和商业物业经营环节 | 21
4. 需要招商的商业地产类型 | 22
5. 商业地产成功运作的六个环节 | 24

二、商业发展 | 25
1. 商业和商业地产的专业术语 | 26
2. 影响中国消费现状的因素 | 46
3. 商业企业的开发计划和招商的关系 | 60

三、商业选址 | 68
1. 商业选址原理 | 68
2. 商业选址的策略 | 69
3. 部分重要业态的选址要求 | 79

四、招商原理 | 92
1. 招商基本知识 | 92
2. 商业地产招商工作的重要性 | 92
3. 招商工作的任务 | 94
4. 招商工作的理念 | 94
5. 招商工作的基本条件 | 95
6. 招商工作的简单流程 | 96

第二篇　招商业务研究 | 97

一、招商在商业地产开发和运营各阶段中的任务 | 99
1. 项目研究阶段 | 99
2. 业态定位阶段 | 99
3. 规划阶段 | 100
4. 商业文化策划阶段 | 101

5. 经济测算阶段 | 101
6. 招商和运营阶段 | 102
7. 开业筹备阶段 | 103
8. 前期调整阶段 | 103

二、招商工作的业务范围界定 | 103
1. 招商工作的主要职能 | 104
2. 招商工作的兼容职能 | 104
3. 业态（商品）调整工作 | 104

三、招商机制 | 104
1. 招商工作的原则 | 104
2. 招商工作的重点 | 105
3. 诱商的机制 | 106

四、常用的五种招商模式 | 107
1. 自主招商 | 107
2. 委托招商 | 107
3. 商房合作 | 108
4. 加盟导商 | 108
5. 众筹招商 | 109

五、招商工作的业务流程 | 109
1. 信息披露 | 109
2. 多个商业企业备选 | 109
3. 商业企业没有明确意向，继续推广 | 109
4. 了解对方情况 | 109
5. 双方认定后进入合约研究程序 | 110
6. 签约程序 | 110

六、招商组织和分工 | 110
1. 招商的组织架构 | 110
2. 招商和项目其他职能的关系 | 110
3. 招商团队的管理架构 | 111
4. 招商工作的分工 | 111

七、招商工作管理要点 | 112
1. 项目（或物业）的运营管理 | 112
2. 委托方关系 | 118
3. 商业信息的管理 | 118
4. 人员的管理 | 118
5. 根据分工职责进行管理 | 118
6. 制订具体的管理措施 | 119
7. 合理进行利益分配 | 120

八、招商人员的素质培养 | 120

1. 招商人员的基本要求 | 120
2. 招商人员的特殊素质 | 120
3. 招商人员的职业操守 | 120

九、招商工作推进的步骤和方法 | 122
1. 工作步骤 | 122
2. 招商工作推进方法 | 122
3. 招商需要落实的优惠政策和条件 | 123

十、招商工作的难点 | 124
1. 规划失当 | 124
2. 商业物业过量开发 | 124
3. 开发商过度追求产品性开发 | 125
4. 定位不准 | 125
5. 建筑设计不适应商业需求 | 125
6. 不重视招商在商业地产开发中的作用 | 125
7. 主力店选择不当 | 125
8. 招商推广策略不当 | 126
9. 卖散商铺使法律纠纷频现 | 126

十一、招商难的对策和解决办法 | 126

第三篇　招商的筹备工作 | 131

一、如何确定招商任务的目标 | 133
1. 时间目标 | 133
2. 面积目标 | 133
3. 租金目标 | 133
4. 特定商店目标 | 134

二、如何进行招商项目的前期研究 | 134
1. 消费的研究 | 134
2. 市场的研究 | 134
3. 对招商项目（出租）物业的建筑和配套条件进行研究 | 135
4. 商业资源的研究 | 135
5. 经营条件的研究 | 135
6. 对物业经营策略的研究 | 135

三、如何分解招商任务 | 135
1. 招商任务分解的原则 | 135
2. 招商任务分解的方法 | 136
3. 招商业务分类的一般划分 | 136

4. 结合规则 | 136
5. 难易程度评价 | 137
6. 任务分解规则及说明 | 137

四、如何进行租金定价 | 138
1. 定价的基础——租赁市场行情的实际 | 138
2. 如何进行租金定价 | 138
3. 定价策略 | 140

五、如何制定租金收取、押金、递增率的策略 | 141
1. 租金收取 | 141
2. 押金 | 141
3. 递增 | 141

六、如何制定招商推进策略 | 142
1. 项目包装 | 142
2. 招商顺序安排 | 142
3. 制订招商优惠措施的策略 | 143
4. 招商的时机选择 | 143
5. 商品选择和业态组合的策略 | 144
6. 新业态谱系 | 156

七、如何编制招商方案 | 160
1. 对项目（物业）的分析 | 161
2. 定位和定位修正 | 161
3. 招商策略开始导入实施 | 161
4. 行动方案编制方法 | 161
5. 招商的成本考核 | 162

八、如何建立项目的商业资源库 | 167
1. 建立商业资源信息库的主要原则 | 168
2. 商业资源信息库的内容要素 | 168
3. 商业信息资源的检索办法 | 168

九、如何进行招商方案的实时修正 | 169
1. 招商方案调整是必然的 | 169
2. 招商方案实时调整原则 | 169
3. 招商方案实时调整的方法 | 170

第四篇　招商行动 | 171

一、招商工作实施五步法 | 173

1. 招商信息获得 | 173
2. 选址、考察 | 173
3. 建筑条件（配套）| 173
4. 工程界面 | 173
5. 商务合约 | 174

二、招商基础工作检查 | 174
1. 人 | 174
2. 财 | 174
3. 物 | 174
4. 责 | 174
5. 权 | 174
6. 利 | 175
7. 楼 | 175
8. 商 | 175
9. 管 | 175

三、招商实施的步骤和计划 | 175
1. 招商实施的步骤 | 175
2. 招商计划表 | 176

四、如何进行物业推介 | 176
1. 推介要求 | 176
2. 推介方式和时间控制 | 176
3. 关心客商的真实诉求点 | 176
4. 准确介绍建筑条件 | 176
5. 物业推介示范表 | 178
6. 制作招商推介文件（门店建议书）| 179

五、如何编制招商手册 | 181
1. 意念 | 181
2. 形式 | 182
3. 色彩 | 182
4. 文字 | 182
5. 图像 | 182
6. 纸张 | 182
7. 其他一些要素 | 182
8. 给招商人员留出签字或放置名片的位置。| 182

六、如何制作业务工具 | 182
1. 建立招商工作微信群 | 182
2. 业态平衡会议纪要 | 182
3. 商户动态信息登记 | 183

4. 客户审核报告 | 183
5. 合同报批申请单 | 184
6. 内部流转表 | 184
7. 其他日常使用的表单名称 | 184

七、招商推广策略和传媒通道推广 | 185
1. 招商推广的逻辑 | 185
2. 招商推广的受众 | 185
3. 推广方式和传媒通道 | 186
4. 推广渠道类别 | 187
5. 招商推广技术 | 190

八、如何进行重要客商访谈 | 192
1. 重要的首访 | 192
2. 如何约时间 | 192
3. 如何着装 | 192
4. 事先必须做一些功课 | 192
5. 见面说什么 | 193
6. 怎么样做好记录 | 193
7. 对方提问，我们回答不上来怎么办 | 193
8. 留下我们带去的材料，包括我们企业和项目（物业）资料 | 193
9. 首次见面 | 193
10. 以后见面 | 193
11. 要有主见 | 193

九、如何进行客户信息搜集和管理 | 193
1. 客户信息获得 | 193
2. 客户信息管理 | 194

十、如何举行业态平衡会议 | 195
1. 会议准备工作 | 195
2. 建立标准 | 195
3. 总体平衡 | 200

十一、如何参与或者主持商务洽商 | 201
1. 参与者的身份 | 201
2. 商洽前列出本次商洽议题和目标 | 201
3. 可以约定一些商洽的规则 | 201
4. 商洽要有换位思考的思维 | 201
5. 找出双赢的共同平台 | 201
6. 学会妥协 | 202
7. 不要追求一次谈成 | 202
8. 合理催促 | 202

9. 制作招商合约 | 202

十二、招商成果的评价办法 | 204
1. 收益法测算过程 | 205
2. 成本法测算过程 | 209
3. 净收益考核 | 210

十三、招商的后期工作 | 211
1. 建立客户档案 | 211
2. 文件转移 | 211
3. 客户服务 | 212

第五篇　招商活动参考文件样本和部分重要商业信息 | 215

一、法律文件摘录和提示 | 217
二、市场研究报告样本 | 221
三、工程界面的样本 | 226
四、招商行动方案样本 | 231
五、活动策划方案样本 | 233
六、招商广告（软文）样本（五则） | 236
七、参考合同文本（三种） | 239

附录1　部分商业业态选址要求 | 257

附录2　商店建筑设计规范 | 263

附录3　部分重要商业企业名录 | 281

第一篇

招商工作的原理

进入21世纪以来，中国商业地产的生态环境发生巨大的变化：互联网及移动商务出现，导致零售业出现线上销售空间、网络商业发展、消费迭代。中国大陆消费行为发生很大的变化；产能过剩，商品营销的策略和技术变化，直接导致业态扩容、变异和升级；商业地产市场从无到有，商业物业从需求旺盛到相对过剩；招商难已经成为商业地产行业中的痛点。

　　如何招商、使商业物业产生收益，又一次成为行业的重要课题。它包括：

　　（1）在商业地产生态环境发生巨变的市场背景下如何招商？

　　（2）在零售业态出现业态升级和变异时期，包括：线上业态、线上线下融合业态、线下业态（以线下销售为主，不排斥线上展示、营销、服务的零售业态）共生的条件下如何招商？

　　（3）在商业地产相对过剩时期，如何应对招商竞争，如何化解招商困难课题？

　　这些课题都是商业地产业从业人员需要或者正在思考的。

　　商业地产是一种中间产品，本身并不能直接产生商业利润，必须通过商业经营获得利润后向商业地产的拥有者分配，这时商业地产的价值才能得到兑现。所以，商业地产为了兑现自身的价值，就必须引进商业经营的对象，我们将这种行为约定俗成为"招商"，在美国又称之为"零售物业租赁活动（Retail Property Leasing Activities）"。这种观点在中国可能不一定适用了，由于互联网业态的诞生，BAT（中国互联网公司三巨头）把互联网的商业化运用的程度提高，部分实物商品以线上销售为主了，而过去非零售商品开始进入商业空间，商业业态从零售向生活需求扩容。

　　本篇主要围绕招商的主要工作对象——商业地产和招商之间的关系进行阐述，通过本篇分析研究，可以了解到：招商是商业地产成功与否的关键。

一、商业地产开发和招商

　　商业地产价值是一种复合价值，主要表现为房地产对商业的效用性。它的价值构成包括两方面，一是代表商业经营效益的商业价值，二是来源于地区（商圈）、物业自身所具备的土地和建筑建造所产生的房地产价值。相对房地产价值而言，商业价值是一种动态价值，其价值的大小，与在开发商业地产的过程中导入的业态大有关系。即商业地产开发不仅仅要选好商圈、地块，造好房子，还要通过高超的招商艺术，使之"商业能经营，业态租金高，物业能升值"。其中，商业价值的增长是商业物业升值的主要动因，所以，招商对商业地产开发、商业物业经营起着十分关键的作用。

1. 商业价值是商业地产的主要价值

商业地产，顾名思义，是用于商业用途的房地产种类，是一种经营性的物业。广义上的商业地产包括了零售物业、办公、酒店、工业、仓储、物流以及一切以盈利为目的的房地产（包括服务类的娱乐、金融、体育、电影院、医院、学校等）。狭义的商业地产在国外又称为零售地产，即一切从事门市经营的商业物业。虽然这些物业千变万化，但它们的本质都是一致的，即追求商业利润两次分配中的租金收益；可以说，商业物业就是物化的资本。

从不同的角度来看，人们投资商业地产会有具体的、不同的要求，但是归根结底，人们还是选择了商业地产的商业效用，几乎没有人是因为商业建筑特点去投资商业地产的（有艺术、文物价值除外）。

通过表1-1，我们发现，除了各主体的具体身份不一样之外，他们实现各自要求的共同条件，就是商业繁荣。在商业繁荣的前提下，商业物业投资者赚取差价或租金上涨的要求、商业经营者商业利润高的要求、开发商希望变现或售价高的要求都能实现，开发商希望资产变现提高或资产溢价的要求都能实现，所以说商业价值是商业地产的主要价值。

不同主体及其关注点　　　　表1-1

主体	关注点	共同的基础
商业物业投资者	房价或租金收益	商业繁荣
商业经营者	商业利润	
开发商	开发利润	
投资机构	资产收益	

2. 商业地产的开发流程

我国的商业地产市场是从1999年开始放开的，当时为了解决城市小型国有商业企业改制和完善城市居住区的配套，中央决定放开商业地产市场。在短短的十多年里，由于"水闸"效应，商业地产出现了超量、快速开发。以上海为例，上海人均商业面积从$0.5m^2$变为$2m^2$以上，有些中小城市的人均商业面积甚至达到$3\sim 5m^2$。商业地产已呈现出过剩局面，商业地产出现"去库存"的要求。

如何成功地开发商业地产呢？如何解决存量商业物业？其关键是实现"经营实心化、资产优质化、开发系统化、项目品牌化"。也就是说，商业地产的商业经营和房地产开发具有协同性的规律，即只有商业真正地运营起来，才能实现商业物业投资、开发的价值，达到收益持续稳定、长期增长,并成为优质资产。其中,商业经营是核心,没有商业经营就没有商业利润;没有商业利润,也难以保证租金收入;没有租金收益的物业就没有商业物业的价值。所以,商业地产只有通过招商、导入商业经营者,才能体现价值。从这一点来看,招商是商业地产开发和经营成功的关键。

图1-1是商业地产的开发流程。这个流程设计的基本理念是"经营实心化,资产优质化"。它更加注重整个项目的基础性研究,包括消费市场、消费对象及相应的商业的研究,为整个项目长期发展、稳定经营、资产增值寻找基础条件。资产优质、增值是这种流程设计的核心。开发流程包括以下几方面的关键内容:

(1)在项目条件判析中,"消费资源"和"投资回报要求"是考察、开发商业物业的基本点。消费资源的有无及多少,决定了项目可行与否以及项目开发规模的大小。在零售业态进入移动互联网时代以后,信息传播的广域性、即时性、互动性出现以后,传统的商圈分析方法已经不再完全适用零售市场的分析,消费者的数量、规模也发生很大的变化,有的来自线上,对于展示、体验、场景以及现场交易有需求;有的来自项目所在区域(传统商圈理论是以消费者到达商场的距离、时间、体力、交通成本来决定,或者是商品的吸引力决定);有的是取决于商品快递(物流)成本。

用投资效益要求这个尺度去衡量上述消费资源规模所产生出来商业地块的价值,并对实际商业资源、规划条件、今后可开发的物业类型和规模租金收益水平进行价值评估。

(2)业态定位是这个开发流程中的重大决策节点。业态定位意味着项目今后的商业利润来源和租金产出能力。通常情况下,业态定位决定项目的开发和盈利模式及收益高低,所以说业态定位实际也是项目的方向性定位,并具体通过商业规划和建筑设计、线上经营规模反映定位实际商业空间的需求和经营情况。在这个重大节点中,需要做一次前期的收益初步估算。

(3)商业适应和建筑要求是建筑规划设计的导向性依据。它反映了商业对空间、建筑条件、交通组织、配套条件等实实在在的要求,并根据业态定位所需要的商业文化进行策划。而建筑形态、立面、场景、景观、灯光等要素也是这种商业文化具体的外在表现。

(4)商业地产情景化是在商业规划布局过程中必须引入的核心设计理念,商业地产情景化的作用和目的在于使消费者的个人情感与商业空间形成共鸣,从而让消费者获得更加美好的体验,同时将单纯的商业转化成一个商业生态系统。商业地产是公共建筑,"好看""好玩"是其属性之一,进入新零售时代,商业地产有"展示性、体验性、交互

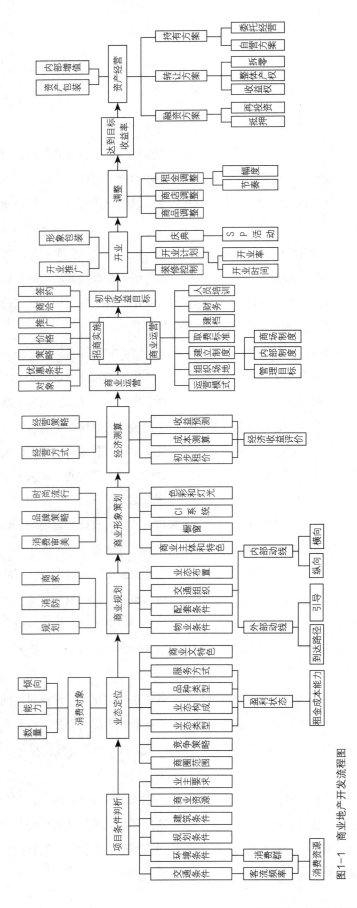

图1-1 商业地产开发流程图

性、情景性"的具体要求。

（5）在商业规划通过建筑设计形成具体的图纸和数据量化以后，参与设计方案论证与确定，参与扩初图纸审定与修改，提高建筑设计与使用高度和谐，项目须进行投入产出分析。这种分析须建立在比较清晰的商业经营、物业经营模式之上。在市场条件下，结合投资成本、租金定价、回收周期等因素，对项目进行初步效益评价，从而形成比较接近真实的判断，最终形成项目开发决策。

（6）通过第一次经济效益预测以后，项目进入正式实施阶段，除了施工建设之外，招商实施和商业运营管理是这一阶段最主要工作。

招商工作成绩——形成比较清晰收益标的数；

运营工作建立——匡算出今后需要的运营成本；

收益预算——计算出项目的税前利润。

（7）商业物业项目开张以后的调整工作，包括商品、商业物业的承租对象、商场的调整；调整的目的是为了提高整个商业物业项目的收益，是"资产优质化"过程中的重要环节。在经过调整之后，项目的收益、增长水平呈稳定状态，那么项目可以步入资产经营。资产经营的方案有转让、融资、继续持有等多种选择。

3．招商工作贯穿商业地产开发和商业物业经营环节

从整体的开发流程来看，招商在整个开发大系统中属于一个子系统——是项目双重开发中商业开发的部分，但是经过仔细和深入的思考，会发现招商作为商业地产最关键的环节，其工作贯穿每个商业地产开发、商业物业经营各个环节。如果各个主要环节都有招商职能参与，商业物业开发和经营中的许多困惑、问题都可以得到答案。如表1-2所示，我们可以看见，商业地产开发运营的各个环节都需要招商来解答其所面临的疑惑。

商业地产开发运营常见疑惑　　　　　表1-2

环节	疑惑	招商答案
土地取得	开发方向？	指出商业价值、商业经营选向
策划定位	商业可行性？	说明商业盈利状况
规划设计	建筑要求？	反映业态对商业建筑的要求
商业规划★	商业布局？	说明业态对商场类型的要求和商业之间的关联性、互动性
商业场景：主题和特色	商业主题如何设计？	提出业态对市场影响力、主题和买点提出
招商	可实施性？	明确客商需求和产租水平
融资	商场盈利前景？	明确客商的租约和租金水平
运营	运营方式？	提出不同业态的运营模式

在拿地和定位决策的环节中，招商介入能解决入驻商家、业态、商业营利性、产租能力（Produces Rents Ability）、面积及配套要求以及投资规模、收益预测等一系列问题。而规划设计的困惑是怎么创作方案，设计什么样的建筑，商业对建筑各项指标性的要求，如负荷、柱网、层高、动线、功能布置、配套等，只有明确了商业企业（业态类型）并了解商业企业开店对建筑的要求，设计师才能按照商业对建筑的要求进行设计；因为大多数建筑设计公司对业态布置是比较陌生的。在招商方案平衡中，需要按照各个商业业种对消费能力、消费倾向、消费习惯的适应以及经营商品在业态组合中的作用，结合各个不同业态的产租能力（Produces Rents ability），进行合理、有机、动态地布局。在线上功能架设时，对本项目的线上展示交易系统在项目中的需求进行设置，包括线下的展示、体验、场景以及现场交易和交付的需求。在提炼商业特色（比方说：商品种类比较齐全，可以叫作一站式购物；一二线品牌多，叫时尚百货，而商业经营中有一些自己动手体验的项目叫DIY、创意消费等），这些内容不可能凭空想象，只有落实具体的商业企业后，这个商业经营或商品服务的特色才是项目（经营物业）的商业主题和特色。招商过程还是把各种预先的假设变成现实的过程，其中最主要的是把收益预测变成协议收益，而这种协议收益又恰恰是项目融资获贷及资产证券化的主要依据。在设计商业运营方案时，只有接触到真实的商业企业（品牌经营商），了解商品经营者的经营方式时，设计出来的运营方案才有可实施性。

招商业务穿插在绝大部分商业地产项目的实施过程中，招商对商业地产的价值实现起着关键作用，通过对商业地产知识的了解，我们知道了商业地产的资本属性，其活动所有的轨迹都是围绕资产增值而铺展的。有了这种资本增值的预期，商业地产就有了开发或经营的动力。

在创造商业地产增值动力时，开发商一定会根据商业地产的价值规律；按照"有用即有价值"的原理——商业地产只有在商业用途上才能获得它的增值性。这就是说，开发、经营商业地产必须从商业上入手，强化招商和运营管理，才能获得良好的收益。

4. 需要招商的商业地产类型

（1）商业地产分类

商业地产按不同划分方法有以下几种分类：

1）按商业业态划分

主要有购物中心（Shopping Mall）、百货商场（Department Store）、大型超市（Large Supermarket）、各种商业街（Commercial Street）、主题商场（专业卖场，又称之为品类杀手Theme malls）、市场（Market）、折扣店

（Discount Stores）和工厂直销店（Factory Outlet）等类型。

2）按建筑形态划分

基本类型两种：街铺（Street Shops）和商场物业（Shopping Centre Property），以及两者的组合——街区，单纯的街铺组成的街区，或者街铺加商场物业的街区。

3）按产品类型划分

分为出售物业（Sell Property）和持有物业（Property Holding）。

了解了这些商业地产的性质和分类，可以明确地给招商工作进行定性，即具体的某一招商项目（经营物业）是什么性质的，不同性质的商业地产（物业）就有不同的招商对策和具体方案。

（2）需要招商的商业地产类型

理论上讲，招商活动存在于一切商业地产的经营活动中，但是，具体的招商工作中也要区分两种不同的招商类型：一种是个人拥有物业的个体招商行为；另一种是有组织、有体系的招商活动。个人拥有的商业物业通常是街铺，相对规模比较小，经营自主权相对独立，求租的对象比较多，所以招商比较容易一些。本书讲述的重点则是这些规模大、需要整体运营、业种与业态之间存在着关联的商业地产项目（经营物业）。需要有组织、有体系招商的商业地产类型有：

1）购物中心——综合型购物中心（Comprehensive Shopping Center）和专业主题型的购物中心（Specialized Subject Shopping Center）——如宜家；

2）专业卖场又叫"品牌杀手"——如家电行业中的苏宁、国美等；

3）特色商业街（Specialty Commercial Street）——餐饮、家装、文化、旅游、小商品、服饰、金融街等；

4）百货商场——精品百货或时尚百货；

5）市场——包括专业市场和综合市场以及各类商品城；各种市场还须区分生产资料市场和生活资料市场；中国大型市场类项目因"一带一路"、商贸制造一体化，物联化，市场类项目前景正面临着巨大变化；

6）奥特莱斯（Outlet或Factory Store）；

7）在上述各种商业类型组合出来的各个层级的商业中心（Business Center）——如都市型的商业中心（Metropolis Business Center）、区域型的商业中心（Region Business Center）、社区商业中心（Community Business Center）、配套商业设施（Necessary Commercial Facilities）及大型商贸城（Large Trade Center）（多个市场组织起来），城市综

合体（Urban Complex Compound）中的商场等，这些项目都是需要我们进行有组织、有体系地招商的对象。

5．商业地产成功运作的六个环节

开发商在取得商业用地以后，成功运作商业地产项目主要有以下五个环节：

（1）策划和规划（Plotting and Plan）

成功的商业地产项目，前期策划和规划起到十分重要的作用。经过专业的策划机构深入研究，给项目进行定位：包括消费对象设定商业类型、业态设计、建筑和配套要求、商场内部场景设计以及文化创意等。这些定位通过规划设计变成了具体的未来商业建筑蓝图，而建筑施工单位按照这个设计把建筑建设出来。

在建筑实体设计时，不可忽视的是这个项目相对应的智慧系统的设计，包括会员（粉丝）、收银和财务、商品管理、商场控制、车位智能管理、设备和建筑管理维护系统的设计方案。

商业建筑是商业经营的场所——物化平台，如果这个商业场所无法满足商业经营的要求，则商业经营活动就无法展开，所以说商业策划、建筑的规划和设计是运作商业地产项目的第一步。

（2）招商（Merchants）

招商是商业地产有效开发的关键，也是商业地产收益的直接来源（商业地产销售或转让的利润为间接来源）。可以说没有招商，就没有商业地产的直接收益，没有直接收益的物业一定会暴露出无效开发的问题，这样的商业物业就会无法销售和转让，那么，间接收益也会归零。举例：有一个商业物业，建在一个没有人去的地方，商家不去，招商没有进展，那么这个商业物业就没有租金收入。如果业主想把这个商业物业转让出去，经过调查和分析，这个商业物业没有求租也没有商家要，那么，这个商铺的销售和转让都不存在。全国现在有很多无法销售或转让的商业物业就是商家不要——没有人经营，变得没有收益。所以除了先天条件外，招商则是解决商业地产无效开发的关键，要想做到商业地产有效开发就必须做好招商。

（3）商品（Commodity）

商业地产说到底是为商业经营而开发建设的；商业经营的基本元素就是商品（包括服务商品，如美容、休闲、电影、体育、亲子教育，以及生活类等内容，如旅游、金融、教育、健康和养生等）。好的商业环境固然重要，但是商业利润来自于商品的销售。如果没有合适的商品，消费者可能不会来；即使来了，也是来看看环境，不发生消费；不发生消费，那么商业利润也无法产出了。所以，从某种意义上来讲，招商也就是为消费者配置合适的生活所需的商品。

（4）SP活动（Sales Promotion，商业促销活动）

现代商业是在竞争环境中发展起来，可以说没有竞争，就没有现代商业。商业竞争同样会影响商业物业的收益，有些商业地产项目的开发商在商场开业时，出资为商业企业做广告，搞促销活动，提高入驻项目的商业企业的商业利润，其最终目的是为了提高商业物业的收益（包括出租率和租价）。

持续、合理、有效的SP活动，有利于商业地产（商场）的品牌传播，有间接提高商业地产价值的作用。除少量特殊情况，成功经营的商场（商业地产）都有品牌营销策略——即有计划地开展SP活动。世界上较多举办SP活动的有"老佛爷百货"。上海新天地的成功也和它经常举办SP活动有关，新天地一年大大小小SP活动要达到百次以上。其内在的逻辑关系是：通过SP活动，增加客流，为经营者提供实现商品销售的机会，增加商业营收，提高利润，于是增加求租者，造成租赁供求关系倾向物业方，导致租金上调空间打开。

（5）运营管理（Operations Management）

管理是商业地产资产内部增值的主要手段。管理者通过对商场进行强化管理、业态调整（包括商品调整）、SP活动策划等措施，使得商业繁荣起来，带动商业物业——资产升值。

强化商场管理的工作最常用的手段是商品调整；即淘汰滞销商品，引进那些畅销商品，保持商业的竞争性和繁荣，使商业物业长期升值。

（6）资产管理（Asset Management）

包括资产安全和增值，除了商业经营分享商业收益分配溢出之外，促进资产增值的另外一个手段是租约的递增约定，约定的递增方式、递增节奏、递增率，影响这个商业物业的增值节律。资本对商业地产投资的依据之一是资产价值的增长，具体表现为收益的增长。

二、商业发展

招商工作的专业功底在于商业。相对房地产规划、建筑这些可以量化的专业知识而言，商业的感性知识，包括消费基础、经济发展状况、文化背景、息潮、社会背景、时尚潮流、商品更新、业态变化等影响因素要比可以量化的规划、建造等事项复杂得多，所以，有必要对中国商业的现状及发展趋势作基本了解，这对商业地产的从业人员来说尤为必要。通过这些内容的学习，可以使我们在参与商业地产的定位、规划、招商等工作时，提出的思路、想法、建议具有可行性，即切合项目的中国实际、地区实际以及所在商圈的实际。

1．商业和商业地产的专业术语

下面这些术语是对于商业和商业地产具有重要意义的专业名词，在商业地产的定位、经营中有其特定的表述。其中某些术语是借代方式形成的，如业态—生态、商圈—生态圈、业种—物种等。了解这些基本的专业术语，有助于我们更好地理解及介入商业地产和招商活动。

（1）业态（Industry Condition）

传统的理解：业态一词是外来词语，一般理解为商业存在的状态。在连锁经营的理论中，其定义为：针对特定消费者的特定需求，按照一定的商业战略目标，有选择地运用商品经营结构、店铺位置、店铺规模、店铺形态和商业场景、价格策略、销售方式和服务等经营理念，提供商品销售和服务的类型化形态。

传统商业研究者把零售业态分成食杂店、便利店、折扣店、大型超市、仓储式会员店、百货商场、专卖店、专业店、家居建材商场（商店）、购物中心、工厂直销中心、电视购物、邮购、网店、自动售货亭等。

以上对业态的表述是建立在传统零售业，即以实物商品销售为主的商业理念基础上的，是在互联网没有出现或者对人类社会信息渗透和利用还不充分的时代背景下形成。

到了互联网时代，对业态分类比较完整的表述应当是：从商品类型来区分，实物商品业态和服务商品业态，或者两者兼有的复合型的业态。以销售方式区分，可分成线上业态、线下业态以及线上销售、线下支付的融合业态。

业态升级：业态升级的真正原因主要来自于五个方面：

1）鼠标改变商业世界

2009年"双11"是一次电商发动全民线上购物狂欢，销售记录被刷新，自此开始，中国大陆的传统零售业销售额下降，商业物业空置率上升，购物中心的商品流失达到20%~30%，直接受到冲击的业种有电子产品、体育运动、廉价服装等，目前已经扩散到一般的日用商品，造成大型超市生存困难，而产生了以销售生鲜为主并可以送货上门的"盒马鲜生"等新型超市。

造成这种巨大变化是"鼠标"效应。进入互联网时代，尤其是移动互联时代的到来，会使用电子商务终端进行网购的是学历高、消费能力强的消费层，他们的消费倾向变化，导致了自第二次工业革命以来形成的零售业商业逻辑和业态内部生态关系发生了改写,造成了组合型业态(如购物中心)内部生物链阻断,如"80"后、"90"后以及"00"后消费层的流失和减少,导致实体商业中的电子、运动类业种生存困难,并把影响扩散到其他依附性业种,如包袋、饰品、饮品的营收下降,生存困难。

2)网络打开另一个商业空间并导致商品扩容。

在商业生态性变化影响下,实物商品流失的背景下,购物中心出现了餐饮为代表的服务业态、儿童教育为代表的体验业态比重上升;由于网络打开了新的商业销售空间,非传统零售业态的金融(网银)、保险(在线销售和服务)、音乐和图书、医疗(遥诊)、游戏、陪聊和陪玩以及创意等进入零售领域;各类业态都上线触网,线上和线下商业空间发生了交汇和融合,传统商业自觉不自觉地进入了"新零售"时代。

3)消费变化是基础性的变化。

消费变化是导致零售及其商业生态变化的最根本原因,没有消费能力上升,没有人使用鼠标购物,互联网上的商业业态价值无法实现。

经历了30多年的高速经济发展,我国完成了从小康到中产消费转变的过程,消费从唯价格向品质优先转变;恩格尔系数下降到40%以下之后,消费从讲究吃穿转变为个人享受生活型,旅游、休闲、健康、教育、体验、化妆成为消费支出的前序类别;由此可以判断:消费价值观发生了巨大的变化。

进入新世纪的10年来,主要消费群体完成了交替,商业的重要目标客群已经变化为80后、90后、00后为主,这个年龄层的消费群体受惠于经济增长、独生子女政策并受到良好的教育,收入水平较高,消费能力强于其他年龄层消费者,他们花钱顾虑少,爱玩乐,追求生活品质,追求情调、体验、趣味,是这个客群的消费特点。

由于时间过剩,产生了时间消费需求。中国大陆从1995年改为双休起,到2016年,中国大城市实际工作时间只有155天,时间过剩使得人们有更多的时间消费。

经济转型、拉动内需已经成为中国大陆未来经济增长主要因素之一,医疗保障逐步改善、住宅消费需求开始弱化,支出分配中消费支出增加,人们的消费意愿逐渐增强。

消费变化是零售业及其商品扩容的基本因素,由于需求增加,零售业的商品目录才会变长。

4)商业竞争是零售业进步的动力。

在消费基础形成之后,业态升级和科技发展才有了施展空间。

商业内部竞争主要来自于两个方面:一是国内市场商品严重过剩:约78%的商品供

过于求。商业的销能过剩：商品销售渠道叠加、重复，商业物业重复建设。商业促销手段单一：价格战已经使商业竞争筋疲力尽，自相残杀，不可持续。这就产生了业态升级、科技运用的要求。二是进口商品增加，国际先进商业技术、营销策略进一步渗透中国大陆商业领域，促进中国大陆业态升级。随着2016年12月中国加入世贸的保护期到期，进入中国大陆的进口商品大量增加（包括网购、海淘），这个变化使得中国大陆的商业竞争方法，从单一的价格竞争开始向商品品质竞争、商业环境情景竞争、商业服务竞争、创新竞争过渡，进口商品和先进的商业销售技术促进中国商业进步和业态升级。

5）商业科技进步是业态升级的关键因素。

高科技手段的运用使得零售业的进步更加迅猛，移动互联、物联网及物联前期衍生功能——智慧商品管理系统、社交媒体、大数据、协同管理软件以及快速支付、场景革命、积分银行、VR技术、O2O技术、虚拟会员方案等。网络商业在当代物流的配合下，对传统商业冲击更大。2015年度世界最大的零售结构体阿里巴巴的交易额达到3.6万亿元，约占中国零售商品总额11%。科技革命对商业的影响比历史上任何一次更大、更加深刻，远远超出我们的想象。以移动互联为代表的当代信息技术正深刻地改变着人们的行为和生活方式，同样从消费端出发，改变中国零售业生存状态。

一是部分商品的线下为主转到线上为主，如电子产品、运动商品、保险、理财、餐饮、酒店预订等。

二是服务内容增加。从商品裸卖到捆绑或赠送服务；或者服务赠送设备、实物商品方向变化；

三是商品的品质提高：商品设计和销售以拼价格为主转变为品质优先，反映了中产消费的商品需求；

四是业态扩容：过去曾经不纳入零售范围的业态、业种进入了传统零售的范畴，包括教育和培训、都市旅游和体验、医疗和养身、彩票、宠物等，商业零售的内容进一步丰富了。

五是商品重新组合：由于商品供应极大丰富，零售业的卖方市场彻底变化为买方市场；零售业的商品重新组合；过去商品归类导向型的商品组合转向生活习惯或消费习惯导向型的商品组合。如：

文化+餐饮——"和府捞面"

教育+乐园——儿童体验的"星期八小镇"

商品混搭——"诚品书店"、卖衣服的咖啡馆

艺术+零售——"K11"

新型连锁——"果园"水果连锁店

O+O商场——"苏宁""盒马生鲜"

线下体验店——"小米专卖店"

单品店——只卖一种商品，如甜品店

由于业态更新进行中，商品组合的探索将会精彩纷呈，商品组合将成为商业经营中的艺术。

业态是针对特定消费者的特定需求，按照商业经营的规律，有选择地运用商品方式结构、店铺位置、店铺规模、店铺形态、价格政策、销售方式、配套服务等经营手段，提供销售和服务的主题化、集约化的商业形态。

业态是零售店向确定的顾客群提供确定的商品和服务的具体形态，是零售活动的具体形式。通俗理解，业态就是指零售店卖给谁、卖什么和如何卖的具体经营形式。

（2）商圈（Business District）

在互联网时代，商圈定义表述需要调整；传统"商圈"的表述是以消费者到达商场的距离或离场对消费者真实需求产生的吸引力所决定，包括：时间成本、交通成本、体力成本等。由于互联网商业业态的出现，零售业增加了"线上下单，送货上门"的商品经营模式。

作者认为，在上述"商圈"的理论基础上，对"商圈"定义要进行完善；提出以结合线上业态特点，以物流成本确定商圈的范围和边界；这样会出现，以互联网广泛性为特征的"广域商圈"，只要有互联网，物流可以送达交付商品的线上业态，如2016年的"双11"，阿里巴巴销售空间达220个国家或地区，就是这种广域商圈的证明；

相对"广域商圈"的是"区域商圈"，即商品发出地到达消费者手里的物流距离，并产生的购点以交付成本所决定的销售空间地域范围，如某个大型超市，送货每公斤为5元，距离在5km之内，每次增加的分量或距离，均要增加费用，直至购物成本增加到性价比失衡，这个距离的尽端就是"区域商圈"的边界。

对传统商圈理论的完善和补充，有利于"新零售"业态的设计和实体商业的载体——商业地产改变运营方式，提高商业营销规模、效益。

关于商圈有三种表述：

1）表述一：商圈是在某一定地域范围内商业关系的总和，包括对商业有影响的消费、商业业态分布、交通、商场、自然环境、文化、习俗等一切因素之间关系的总和。

2）表述二：商圈是商场服务的半径，是指以某个商场坐落点为圆心向外延伸一定距离而形成的一个封闭的范围,是商场吸引顾客的地理区域。它由核心商业圈、次级商业圈和边缘商业圈构成。核心商业圈是离商店最近、顾客密度最高的地方,约占商店顾客的50%~70%,核心商业圈的外围,则顾客较分散,市场占有率相对减少。

3)表述三:商圈是在某一个地理范围之内,商店(场)之间形成的关系。这种关系相对比较固定,其经营的商品、服务以及商业氛围对消费产生吸引力,形成所谓的商圈,如上海的"徐家汇商圈"、南京的"新街口商圈"、北京的"王府井商圈"、成都的"春熙路商圈"、重庆的"解放碑商圈"等,就是这种商圈专门表述的具体案例。

(3)业种(Type of Industry)

业种是业态的重要构成,是业态下属的子概念,业种就是某一类商店。商场里面的专门商品的层面或柜台,它包含了特定的商品和特定的服务和销售手段。是指零售商业的行业种类,通常按经营商品的大类将零售商业划分为若干个业种,业种强调的是"卖什么"。业种是指以商品的种类来区分,如百货公司有服饰、用品、食品等,服饰又有男装、女装、童装等。业种组合是商品组合的重要手段和途径。

(4)坪效(Level Ground Effect)和毛利(Gross Profit)

1)坪效=销售额÷经营面积

①坪效是指商场的销售额与销售空间、面积的比率,它反映的是商品销售空间的有效利用程度。

②坪效是指商场各大类、小类、品牌的销售额、毛利与卖场货架面积(组数)的比率,也称各大类、小类、品牌的贡献度(销售额贡献度、毛利贡献度)。

2)毛利:毛利指净销售收入与销售成本之间的差额。净销售收入是指把为快速回收货款所提供的折扣去掉之后的收入;销售成本是指商品的成本。

(5)扣率(Buckling Rate)和租金(Rent)

1)扣率:扣率是商场以商业经营者身份与招商进店的其他商业经营者进行合作经营,取得商业利润分配的一种方式,包括了一部分商品销售的税收、商业设备使用和管理的费用。

在中国大陆,扣率分为"保底扣率"和"无保底扣率"。保底扣率是设定收取扣率的最低营业额,如某服装店的保底数为:每月营业额30万元,扣率为18%,这就意味着商业经营者每月须向商场方面交付不少于48000元合作经营分配费用。每月经营费用=300000×18%=48000元/月。而无保底的扣率则是按照商业经营者每月实际经营者的实际经营收入,按约定的扣率向商场方交付经营费用,如果商场方为了经营细化,还可以与商业经营方约定水电费、卫生保洁、促销等费用,这些费用的承担会影响扣率的变化。在商品销售渠道多样化后,"保底扣率"会成为主要分配商品利润的方式。

2)租金:租金是付给商业物业所有者使用商业物业的代价。租金的基本构成因素包括:折旧费、维修费、管理费、利息、土地使用费、房产税、利润、租赁税金、保险费等。

扣率和租金的差异在于,前者是商业经营,后者是房地产经营(租赁),这两者之间在经营管理上的差异并不明显,但在税赋方面有着很大差异;根据2016年"营改增"后的税率,房地产出租的税率为11%,零售业的税率为5%,联营联销为17%,这对房地产企业,持有物业经营在商业物业经营策略方面有着方向性的选择。

租金的研究:

①租金的研究:租金是商业地产投资、经营、价值考核的最为重要内容。租金收益:有两种经营模式,一种是为长期取得租金收益而进行持有的商业物业。持有者并不直接参与商业经营。另一种是承租其他方的物业进行转租而取得的差额收益。

从资产证券化的角度来看,产权清晰、收益稳定增长的商业物业,是可以进入资产包(权益收益也可以上市),形成REITs的基础资产。这是国际资本市场通行惯例,但是中国的资产证券化涉及各方面政策制度的限制,进展一直比较缓慢,而且,物业税开征一直存在议论,商业地产的租金收益和净收益不明朗,所以商业地产的证券化全面推出时机仍不明朗。

②租金价值规律的6个差比

商业地产有六个价值变动要素,包括路段、物业形态、位置、楼层、面积、业态差异比例关系,这种差异的比例关系存在区域市场、各个具体的项目中。理解、掌握商业地产价值的"六个差比"规律,这是业界人士应当普遍了解的基础知识。

A. 路段差:以上海南京路为例,全长约5.5km。上海南京路主要分成两段:南京东路(外滩—成都北路)、南京西路(成都北路—镇宁路)。尽管这是一条国际知名的商业街,但是其各路段的商业价值却不尽相同,由于各路段商业繁荣程度差异导致租金水平的差异,我们将其称之为"路段差"。某一年,曾经实地考察调查,以底层小面积商铺为例(约50~80m^2)。外滩到河南路段每天60元/m^2,河南路到新世界段就变成60多元/m^2了,人民广场到成都路高架段租金降到30元每天每平方米,最后到了南京西路段(主要段)每天租金已经是80多元/m^2了。这种差异性,表明了同一道路上商业物业价值的路段差异。

B. 物业形态差：关于商业地产中的"商场物业"和"街铺物业"的定义在之前已有明确的表述，这两种物业形态，面对不同的市场和投资者而表现为市场价值差异。一般而言，对于中小或个人投资者而言，街铺物业的选择倾向比较明确，这是因为街铺受影响小、可控性强。商场物业具有共同效应，适合整体经营，但是商场物业规模大，投资对象少，物业的实际使用面积小等因素造成的，在产品交易的市场中，价格表现可能逊于街铺物业；笔者在云南昆明曾经见到过这样的广告：在同一项目的产品定价中，商场物业价格低于街铺物业，这种商业物业形态不同而造成价格的差异，我们把它称为"物业差"或"物业形态差异"。

需要注意的是：虽然街铺物业有市场需求，但是未必每个地区都可以开发建设露天商业街。按照人体耐寒程度，当温度降低至4℃以下时，人体会感到不适，这时候不适合长时间进行户外活动。由于气候环境特征，我国部分北方、西北区域的街铺物业对气候环境适应性差。如万达在抚顺的一个项目，位于抚顺新抚区南站商圈，总建筑面积达92.15万m^2，总投资约50亿元，是目前抚顺规模最大的商业地产项目，但由于该项目属于商业街区的形态（万达广场包含了街铺物业），而当地气候属于中温带东亚大陆季风气候区，年平均气温为5℃～7℃，年平均降水量为760～790mm，主要气候特点是夏热多雨、冬寒漫长、温差较大、四季分明，每年有六七个月时间不适合逛街，所以这类商业街不会很繁荣，那么这类物业因为对环境的适应性差而价值被低估。

关于"姜新国线"。作者提出我国有一条商业地理分界线。分界线以北拟开发商场物业或室内商业街；在这条线以南，可以根据市场需求开发街铺物业。这条线主要是根据人们的耐寒程度和游逛购物习惯来划分的。

我国有一条人口地理线，被称为"胡焕庸线"。它是我国著名地理学家胡焕庸（1901～1998年）在1935年提出的划分我国人口密度的对比线。瑷珲—腾冲一线，在中国人口地理上起着画龙点睛的作用，一直为国内外人口学者和地理学者所承认和引用，这条分界线对我国的人口地理学、人文地理学、人口学等学科以及经济发展和资源配置，具有重大意义。笔者提出的中国商业地产地理分界线，目的在于提示商业物业与气候环境特点和物业价值的关系，依据的是气候环境和人体耐寒能力的分析结果。

（A）关于人体耐寒能力

人究竟有多大抗寒能力呢？确是一个复杂的科学问题。人是热血动物，需要正常值域的体温维持人体生理机能的正常运行。人体内部温度为37℃，皮肤温度在正常情况下为33℃，这4℃的温度差使得体内新陈代谢过程所产生的热量得以向皮肤传送，然后再经过皮肤的辐射、蒸发和空气的对流将热量传送给外界环境。因此，环境温度要略低于33℃，人体才会感到舒适。如果环境温度过低，皮肤散失热量太快，就会引起体温下降过多，这时人就会感到寒冷。过度寒冷导致直肠温度下降到32℃或31℃，人就会丧失知觉；下降到26℃，人会死亡。

人究竟能忍受多大的寒冷呢？这就看他能使体温保持在32℃以上的能力。人体表皮热量散失的速度同环境温度低于皮肤温度程度有关，而且还同风速有关。对于一个健康的年轻人来说，每小时每平方米失去1256.04J热量就感到寒冷了。这大致相当于无风时0℃的温度或风速达10m每秒时的25℃。如果每小时每平方米表皮丧失热量达5861.52J，则暴露的皮肤很快就会受害。在温度为-10℃，而风速达10m每秒或无风而温度低到-40℃时就会出现皮肤冻结。

（B）人体舒适温度分析

室内：人体在室内感觉最舒适的温度是15℃～18℃为宜，室内空气不流通或者相对湿度小于35%，而且室内气温超过25℃以上时，人体就开始从外界吸收热量，人体会有热的感觉。若气温超过35℃，这时人体的汗腺开始启动，通过微微渗汗散发积蓄体温，心跳加快，血液循环加速，就会感到头昏脑涨，全身不适和疲劳，有昏昏欲睡的感觉，而且酷热难熬。相反，当气温低于4℃以下，人体会感到寒冷。当室温在8℃～18℃时，人体就会向外界散热，加上室内微风吹拂流通，室内相对湿度在40%～60%之间，你会感到身体舒适健康。湿度对人体的影响，在室内舒适温度范围内不太明显。但在28℃、相对湿度达90%时，人体会有气温达34℃的感觉。这是因为湿度大时，空气中的水汽含量高，蒸发量少，人体排泄的大量汗液难以蒸发，体内的热量无法畅快地散发，因此，人们就会感到闷热。仅仅从相对湿度来讲，人体最适宜的空气相对湿度是40%～50%，因为在这个湿度范围内空气中的细菌寿命最短，人体皮肤会感到舒适，呼吸均匀正常。根据气象专家统计，当相对湿度达30%时，中暑的气温是38℃，当相对湿度达80%和气温在31℃，体质较弱的人有时也会引起中暑，如果冬天遇到低温高湿天气，人们就会感到阴湿寒冷。

室外：人们生活最适宜的环境温度在15℃～20℃，相对湿度在70%以下。轻体力劳动最佳温度是15℃～18℃；重体力劳动是7℃～17℃；脑力劳动是10℃～17℃。在最适宜的温度下工作，工作效率最高，随着温度的升高或降低，工作效率就要降低。如果有适中的风速，以上温度上限还可以略微提高些。人们在气温20℃左右、相对湿度65%的环境中感到舒适。对人体健康最适宜的温度是18℃，而工作效率最高的温度是15℃～18℃。对人体最适宜的相对湿度为30%～60%。运动员比赛的最适气温是20℃～22℃，最适湿度是50%～60%。气温高于27℃使人烦躁不适、精神疲惫、思维迟钝。气温高于34℃，相对湿度超过56%，无风闷热，中暑人数会明显增多。入冬后，初次低温，自0℃以上降至0℃以下1～2天后，感冒病人明显的增多，如果气温持续在0℃下感冒病人不多。

逛街购物相当于轻体力劳动，15℃～18℃是其舒适的温度，如果低于这个温度，其舒适性消失，所以舒适的温度也是部分人士喜欢逛商场的原因之一。

（C）北纬35°

按照人体对气候环境的耐寒性和舒适性分析：人们在冬天户外活动室的温度值域在4℃～8℃。按这个特点，研究得出：商业地产的地理分界线，在北纬39°，在这条线附近的我国城市有天津、承德、大同、唐山、银川等。我们以天津为例，分析中国大陆商业地产气候地理原因。

天津气候概况：天津地处北温带位于中纬度亚欧大陆东岸，主要受季风环流的支配，是东亚季风盛行的地区，属暖温带半湿润季风性气候。临近渤海湾，海洋气候对天津的影响比较明显。主要气候特征是四季分明：春季多风，干旱少雨；夏季炎热，雨水集中；秋季气爽，冷暖适中；冬季寒冷，干燥少雪，冬半年多西北风，气温较低，降水也少；夏半年太平洋副热带暖高压加强，以偏南风为主，气温高，降水也多。有时会有春旱。

天津的年平均气温约为14℃，7月最热，月平均温度28℃；历史最高温度是41.6℃。1月最冷，月平均温度-2℃。历史最低温度是-17.8℃。天津各区县年平均气温为11.3℃～12.8℃，市区最高，宝坻最低。天津的这种气候特点，显示了人体在冬天对气温环境承受的下限值域，纬度越高的地区，人们在冬天进行室外购物的概率就越低。天津以北的地方，商业街及街铺商业对环境适合性越差，所以街铺物业形态价值低估。

按照商业地产气候地理分界原理，最简单的表述：阿拉斯加需防寒，赤道国家需防暑。

C. 位置差：在街铺物业或街区商业建筑中，我们有个比较形象的比喻"金角银边草肚皮"，即人流量最大的路口位置最好，租金也最高；沿街的商铺次之；既不在路口也不沿街的商铺，人流量最少，租金也最低。

在室内商场的商业物业形态，主要看其与主动线距离。距离近的，人流量大，租金高；反之则低。此外和主要商店有关系，大型超市出入口附近的商店客流大，销售会比较好，所以租金也比较高。

商业物业所处的位置不同，其价值表现也不同。影响商业地产位置价值表现的有：所在商圈的道路位置——临街状况、交通条件和客流达到距离、商业物业的可视面积（也称昭示性）以及日照因素。物业所在位置和商场物业内部位置的价值判断也有差异。这种商业物业位置价值的差异性，称之为"商业物业位置价值差异"，也简称为"位置差"。

　　（A）商业物业在道路上的位置：商圈是一个抽象的概念，商业地产不仅仅关注物业在城市空间的绝对位置，同时也关注其在商圈中的位置。在商业物业聚集、客流最大的商圈最优，商圈外围层次之。直接延伸到商品产地交易中心位置，社区商业最便利的位置，都是优质商业物业的位置。

　　（B）交通条件和客流到达的距离：客流达到距离的位置，越近商业价值越高，到达的路径越便捷，商业价值越高。

　　（C）物业的可视性：商业物业的价值构成之一，要求商业物业要有外部强烈的识别性，一个重要的店招或广告位约占这个商业物业25%的商业价值。商业物业所处的地理位置和交通条件的不同，其可视性也具有差异性。这种差异性，导致商业物业位置价值差异性。

　　（D）和朝向的关系：我国大部分地区处于北回归线以北。冬天太阳从南面方向照射，形成了变化的照射角度。这种照射角度使得我国北回归线以北的区域具有朝南有阳光、朝北面照不到阳光的特点，造成了道路北面的商业物业客流大，而道路南面朝向向北的客流量小。

　　（E）商场物业内部位置差异

　　同上（B）（C）的因素一样，由于客流到达距离、路径、可视性（包括广告位和橱窗）以及行为心理学等因素，导致图1-2中的五个位置价值差。

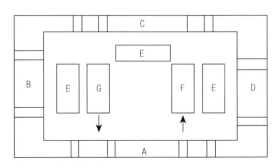

图1-2　位置价值差

说明：假设这是一个没有上部楼层的二层商场物业，采用传统商场式的布置，不考虑有其他客流路径，只有G和F两处自动扶梯，且G为上行，F为下行。A、B、C、D、E则为五个位置的商铺物业。在这种假设条件下，其位置价值排列及说明如下：

五个位置的商铺物业　　　　　　　　　　表1-3

类别 位置	可达性	可视性	其他表达	评价
A	佳	佳	有两次销售机会	1
B	中	佳	人们在游逛时，向右转的概率高于向左转	2
C	差	佳	到达路线距离略远，同类商品的选择顺序向后，客流可能为E所吸引	4
D	中	差	离开的必经之路	3
E	较差	差	距离虽近，但可视性差	4

提示：如果G和F有方向改变，都会导致上述排序的变化。

D. 楼层差：商业物业的楼层价值一般规律（山地城市除外）是地面一层向上递减，楼层由低到高，租金由高到低。但也有例外。比如齐齐哈尔的某商场（红楼百花），租金均衡分布，一层到四层租金均衡。这主要是业态定位策略，形成这个商场物业中每个楼层都是单一商品种类，如服装、包袋、鞋类等，所以人流量也就平均分配到各个楼层。这个案例成功运用了业态均衡法，把每一层都变成了第一层。商业物业楼层价值分布的一般规律，被作者定为"七A"规律，同时这一规律又被理解为物业楼层价值差异，简称"楼层差"。"7A"规律来自于各区客流上行的积极性，其一般情况下，从租赁的角度考察楼层的一般价值变化，可以发现：二楼商业物业的租金约为底层商铺的一半，三楼商铺的租金约为二楼商铺的一半。

假设有一个商业物业，其面积共计1200m²，三个楼层均摊，每个楼层面积为400m²，如果业主要求其租金为120万元，按照商铺楼层价值变化规律，我们可将其价值量化为某个单位价值"A"，得到如图所示的图形。

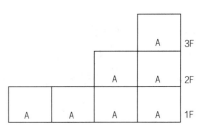

图1-3　7A规律

根据图示，我们把总价值分成七个等量的单位A，代入租金要求的数量，即每年120万元，可以得出，A＝171428元，并推导出该商铺每年租金的楼层分摊情况如下：

第一层商铺为4A，即4×171428＝685712元；

第二层商铺为2A，即2×171428＝342856元；

第三层商铺为1A，即1×171428＝171428元。

由此可以得出公式：
$$G \times X = L$$

式中　G——单位数量；

　　　X——单位价值量；

　　　L——楼层租金收益。

上述公式分析了楼层商铺的价格和低层商铺之间的价格规律，它提示我们在分析商业用地规划性控制指标和商铺销售租赁经营活动中，应当注意商业物业的楼层价值。

我国是一个大国，各地消费者上楼的愿望强弱，决定了楼层物业价值。江西是我国商业物业楼层价值最低的地区，许多地区沿街商业不建二楼物业。南昌有个商业地产项目"紫金城"，设计师注意当地消费者上楼愿望不强，刻意在建筑设计时，把车行动线引到二层，上二层的步行梯改成坡道，可是经营情况仍不理想。

与之相反的是我国北方地区，商业物业楼层价值比较高：这是因为：一是北方（北纬39°以上）地区，冬天寒冷，人们有室内活动的习惯。二是由于北方冬天寒冷，首层物业热量散发快，所以人们感觉一层寒冷，而热空气具有上升的特点——热空气上升原理：根据气体的状态方程，$P=\rho \times R \times T$。其中p为压力，ρ为密度，T为温度，R为气体常数，对于空气，$R=287.06$。当假设压强不变的情况下，温度T升高，则空气密度ρ下降。当空气密度下降后，意味着空气更加"稀薄"和"轻便"，根据浮力原理，密度低的气体上浮，密度高的气体下沉，于是便出现了"热空气上升，冷空气下沉"的现象。所以上部温度较高，相对暖和，所以上部客流量大。在商业地产的销售实践中，我国北方地区，可以实现一层带二层销售（一拖二），而在气候比较温暖的南方地区却比较困难。需要强调的是"楼层差"不是常数，一定要视区域情况而定。

E. 面积差：决定面积差的因素有三个。第一个是批零差价。批发和零售，价格会有不同。大面积属于批发价，价格低，小面积属于零售价，价格高；第二个由投资能力决定的。面积大的，投资金额也大，投资者就少，面积小的商业物业总价格相对低，投资金额较小，有能力投资者就会多一些，单价就贵一些。第三个是坪效。商业物业小，利用率高，单位面积的收益就高，商业收益高，租金就高，物业价格就高。

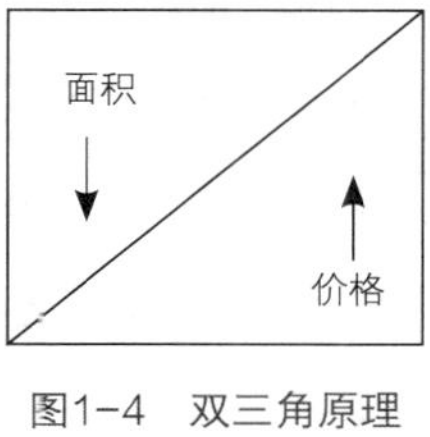

商品面积大小和价格之间关系的规律，这一规律又称"双三角"规律。

（A）商业地产的批零差价因素：

在商业地产市场上有"大面积、小价格，小面积、大价格"

图1-4　双三角原理

之说，这也是供应关系在面积规格上的具体表现：面积大的物业求租求购对象少，而有能力投资、求租小型商业物业的人多。

自2000年我国出现了商品商铺以后，将商铺面积分割成小面积单元出售是商铺市场最常见的提高物业市场价格的手段。销售产品单元大小直接可以影响收益的20%~50%，甚至更多。

图1-5 规格越大，投资对象越少

（B）投资能力因素：投资对象多，商业物业销售价格上涨，投资对象少，商业物业价格向下。市场竞价决定商业物业定价向投资者妥协程度；这种妥协程度，表现在物业规格和价格变化方式上。

③坪效因素：商业物业的使用效率越高，价值越高。假设开设一家小型服装店，面积选择30~50m^2均可以，但是在同样的营业额时，30m^2的坪效优于50m^2的。

F. 业态差：

不同的业态决定不同的租金，导致商业物业价格的不同，这主要是商业地产边际利润不同所导致的差异性。这种差异性称之为"商业地产业态租金差异"，简称为"业态差"。

在商业地产"六个差比"中"五个差比"和物业空间位置、交通条件、物业条件有关，属于房地产因素。而"业态差"这一因素，它和各种业态商品的利润有关，也和运营水平有关。

业态租金理论在商业地产实践中的运用

业态租金的理论要点是选择业态，即选择不同业态形成不同的商业物业租金收益。按照商业地产的评估收益法，用收益来推算物业价格，所以能够更加直接地表达如下：业态定位就是选择未来商业物业的价格。

业态的产租能力是指商业物业在租赁时选择不同业态可以产出不同租金的能力，包括租金价格和有效产租时间。商业企业在使用自有商业物业时，同样发生了租金成本，其价格的量化数据可以通过"市场比较法"获得。商业物业产租能力的强弱与构成商业物业价值的诸多因素有着千丝万缕的联系，并对商业物业的价值、价格起着决定作用。

商业物业的租金创造能力主要取决于在这个物业中经营的商业利润。商业利润产出高的商业，向业主分配的收益也高，业主出租收益也高，这个物业创造租金的能力就强。

案例来自西安某项目的定位论证：该项目位于西安某服装类批发商圈。在这个商圈，主要批发经营服装、包袋、鞋类、化妆品以及儿童用品等商品。在定位过程中，咨询公司提出在这个商圈中可以选择餐饮业态。通过市场调查，业态租金的值域如图1-6所示。

在图1-6中，服饰类的租金值域差距很大，平均租金最低达到1.5元/（m^2·天），最高达到22元/（m^2·天）。而餐饮业的平均租金为4～8元/（m^2·天），图中的数据柱是这个商圈中的同类业态租金。数据研究的方法还要通过历史发展的统计结果，按照长期轨迹进行调查研究。

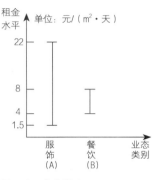

图1-6　业态租金

经过深入调查发现，服饰类的最低平均租金是一个刚建成，还在招商的小商品城项目，而最高租金22元/（m^2·天）则是一个经营了20年颇有知名度的市场，这轮调查对项目给出以下三条定位依据。

一是服饰类业态的租金值域很宽，提示这类业态的商业物业经营收益差距大，意味着业态定位选择风险大，但升值空间也同样巨大。

二是商业物业需要强大的运营能力，才能获得良好的收益。

三是良好的收益需要支付很大的时间成本。

这三条对商业地产业态定位时"上部和下部理论"的形成提供了依据。在"上部和下部理论"中："上部"是指经过努力运营，商业物业可以达到的租金上限；而"下部"是指商业物业在目前市场（商业营业收入）的收益低位水平状况。

"上部和下部理论"对商业地产的意义在于，持有型物业主要关注未来的成长空间。"上部"决定项目是否值得长期经营，而转让或销售型的项目，则关注即时变现的最低价格位置（下部）。作者对此的归纳是：持有物业看上部；转让（或销售）物业看下部。持有物业看趋势；销售物业看转让（销售）时的价格。

注意业态租金定位的上部、下部理论。

持有的物业看上部，通过经营，最终所能达到的价格。

出售的物业看下部，通过销售，目前变现的价格。商业业态及经营水平决定商业物业的盈利水平。"六个差比"是商业地产的普遍规律。但是各区域气候环境、经济发展水平、商业传统、消费行为都有差异性，造成"六个差比"的差异化程度不一致；即"六

图1-7　上部、下部理论

个差比"在各地都存在,差异的比例系数具体反映在租金水平和商业经营收入上,这种比例数值一定是通过对商业地产(项目或物业)所在的城市、区域、商圈进行认真、细致地调查和分析后才能获得。

租金分析

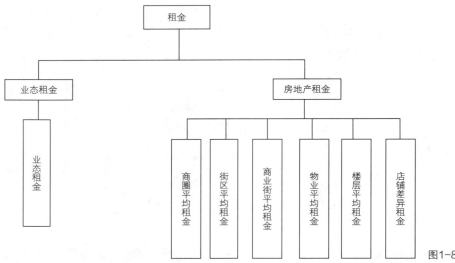

图1-8 租金分析

在招商活动中,分析租金时还要细化为房地产租金和业态租金,其中业态租金较强地反映了在某一地区的商业价值,这是开发、经营商业物业更加要注意的物业经营利润来源。

图1-9和图1-10是某市商业的业态租金状况,它反映了不同行业、不同选址、不同租金承受力的真实状况。随着时间的变化,商品的市场周期变化、盈利状况变化,可能导致行业、业种租金水平也发生变化。当时

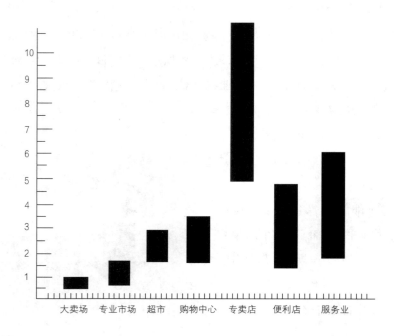

图1-9 某市租金产出能力细分图(一)

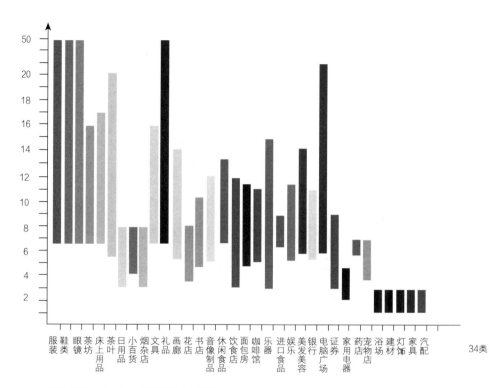

常见（总数）34类： 超过20元以上的6类
超过15元以上的9类
超过10元以上的20类

图1-10　某市业态租金产出能力细分图（二）

的调查向我们揭示了"不同业态、不同租金"的业态租金规律。在租金定价活动中，掌握这种市场行情内在的规律进行定价，参照这种办法进行定价就会比较接近市场的实际。

房地产租金：

（A）商圈租金（Rent Business District）

商圈租金也称区域租价，表示在一定商圈空间范围，租金的分布状况。图1-11为某市某一时期几个大型商圈的租价关系。其中，文昌路商圈的量柱长度较大，说明这个商圈中路段差异很大，开发商、商业企业（品牌经营商）在定价时，还要进行路段、物业、楼层、面积具体的分析和修正，才能确定价格决策，列出定价原则，然后对项目（经营物业）的楼层、大小、位置、业态进行租金的细化和修正，最后形成租金的定价。

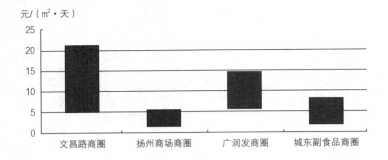

图1-11 某市主要商圈租金

(B) 商业街租金 (Business Street Rent)

商业街租金反映各条商业街的商铺价值，同样属于商铺的房地产价值表现价格。图1-12是扬州市主要商业街的租价。

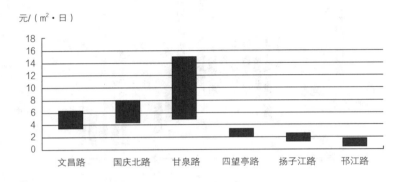

图1-12 扬州市主要商业街租金

(C) 楼层租金和位置租金

楼层租金：按照商业地产楼层差异的理论，商业地产楼层价值向上逐层递减的规律，即商业物业楼层越高租金越低。但是在物业经营的实践中，有一些因素会影响或改变这种规律变动，如在寒冷区域，冬天上部物业价值失估情况比较小。而一些有创意的策划也会改变楼层物业价值，如跨层电梯的运用，有巨大吸引力的业种上置，如上部有电影院还有观景平台等，都会改变上部楼层商业物业的价值；一般租金的定价方法可采用：

上部物业租价比率=底层物业客流（租金）：吸引上楼客流的比例

$$Z=D/H$$

其中　Z——楼层租金比率；

　　　D——底层客流（租金）；

　　　H——被吸引上楼客流。

(D) 店铺的细分租金

其一，和动线有关，以临近主动线的租金较高；也和动线设计的艺术性有关；

其二，和面积有关：面积大而租金低；

其三，和业态营利性（业态租金）有关：边际利润高的业种所支付的租金高于边际利润低的业态。

商业实用性规律

物业对商业的适合性体现在可视性、可达性、文化和趣味性、游逛性及可布置性（长宽比等）等方面。

可视性：是指商铺可以看得见的程度，具体部位是广告牌橱窗以及物业看得见的程度。

可达性：是指商铺可以到达的方便性。

文化和趣味性：是指商铺的商业形象、文化艺术导入产生的附加值，如上海的新天地，重庆的红崖洞，杭州的南山路、清河坊，北京的前海、后海等。

游逛性：主要是动线设计合理，使消费者在商业街（商场）走路购物有趣而不觉得枯燥和疲劳。

可布置性：是指物业尺度、层高、形状（三角形就是不好的商业物业）、长宽比、柱阵、建筑的结构形式等影响商业布置的建筑因素。

实际可使用程度：公摊面积比例太高，可实际使用的面积就会很少。

对商业适合性也是考量租价定位的最重要的因素。

业态差异见前面示意图，决定业态租金差异的是业种的盈利水平。同时业态租金的差异是综合因素形成的，同样包含了一些位置、面积等要素。

在参与租金定价时，要根据市场调查的结果获得各种差异因素，得出一个比较接近市场实际"差比"，即各种因素差异的比例系数。

SP活动（Sales Promotion，商业促销活动）

SP活动即商业促销活动，其直接作用是促进商品的销售，扩大市场占有率或提高商业利润，提高商业企业的知名度，也是商业物业增值的刺激手段之一。

从商业地产经营的角度来看，SP活动是商业地产价值的"培育剂""兴奋剂"，是商业竞争、聚集人气的重要手段。常用的SP活动有商品打折、新品展示以及间接促销的文娱活动；文娱活动常用的办法是明星效应、事件策划、文娱表演等。

随着人们收入的提高，教育普及个性化的意识形成，SP活动开始的商业企业主观策划开始转向消费者参与型发展。如"儿童才艺比赛""家庭厨艺表演""现场DIY创意""社区摄影展览""社区运动会"等。近期K11引进莫奈艺术是一次成功SP活动。

【案例】"莫奈"特展在沪最后一周　期待K11更多艺术惊喜

"印象派大师·莫奈特展"自3月8日于上海K11购物艺术中心开展以来，即吸引了大众关注成为城中热点。开展首日便迎来观众3500余人，许多上海本地甚至是外地的艺术爱好者排队等候3小时以上，只为看一眼一个世纪前的"睡莲"，足见莫奈特展的巨大号召力。展览至今90多天，已吸引参观人数近30万人次，观众的热情丝毫不减。

随着6月的到来，莫奈特展的展期已接近尾声。抓住最后一周，一睹莫奈真迹画作，亲身体会印象派大师的独特魅力。在印象派大师·莫奈特展之后，K11在7月5日至8月31日还将举办"中法建交50周年"又一重要活动——由著名策展人David Rosenberg先生策展，5位中国艺术家与5位法国艺术家共同参与的《Metamorphosis of the Virtual 5＋5虚拟蜕变新媒体艺术联展》，为大众奉上又一场艺术盛宴。K11超越了艺术与商业的界限，打造了一个多元化的艺术平台，为公众带来前所未有的独特体验。本次"印象派大师·莫奈特展"在上海K11购物艺术中心B3层 chi K11 art museum，首次在中国展出55件展品，包括40幅莫奈真迹、12幅其他印象派画家大师作品，更有3件稀有的莫奈私人物品。K11创办人及主席郑志刚先生更率先提出博物馆零售的概念，突破一般大师级别的展览在博物馆展出的框框，第一次于购物艺术中心举办博物馆级别的展览，并发挥创意将购物艺术中心打造成莫奈花园，将艺术氛围融入购物中心的每个角落，让观众仿佛身临其境，也让艺术更容易与大众交流。在"印象派大师·莫奈特展"展览期间更带动商场客流增加了30%，而整体营业额也上升了30%。

文章来源：艺术中国

（6）面积计算（Area Computation）

在我国，商业物业出租面积的计算没有统一规定，由租赁双方自行协商。目前国内主要有房地产产权证记载面积、套内面积、中线面积计算三种计算办法。

1）房地产产权证记载面积（建筑面积）计算：双方以此计算租金，感觉价格低，适合整体出租，争议少。但是在分租时，可能会产生面积认定上的误会和矛盾。

2）套内面积（也叫使用面积、净面积）计算：用套内面积出租的好处是租赁面积、区域容易界定，其他商业物业以建筑面积报价时，会产生市场比较差异，有价格比较高的错觉。

3）中线面积计算：是以设计图纸中的中间线为计算面积和确定租赁范围的面积计算方法。采用这种办法计算面积往往是经常租赁商业物业的连锁企业，采用这种办法计算租赁面积也是双方妥协的结果。

通常，在同一个项目中只能采用一种计算方法；由于计算面积的方法不统一，在招商洽谈租金时比较容易产生误解。所以在招商过程中，招商人员一定要事先做好功课，把三种租价都计算好，并且在报价时说明采用什么方法计算面积，可以避免不必要的歧义。

（7）收益法（Income Approach）

收益法又称收益资本化法、收益还原法，是预测估价对象的未来收益，然后将其转换为价值，以此求取估价对象的客观合理价格或价值的方法。收益法的本质是以房地产的预期收益能力为导向求取估价对象的价值。

收益法是商业地产评估中最常用的估价办法，从事商业地产，尤其是招商工作在洽谈租金标的时，一定要知道目标租金和客户还价后的租金收益对物业的价格有什么影响，即待出租物业究竟值多少钱，这就要用到"收益法"。

根据将未来预期收益转换为价值的方式，即资本化方式的不同，收益法可分为直接资本化法和报酬资本化法。

直接资本化法是将估价对象未来某一年的某种预期收益除以适当的资本化率或者乘以适当的收益乘数转换为价值的方法。其中，将未来某一年的某种预期收益乘以适当的收益乘数转换为价值的方法，称为收益乘数法。

报酬资本化法即现金流量折现法，是房地产的价值等于其未来各期净收益的现值之和，具体是预测估价对象未来各期的净收益（净现金流量），选用适当的报酬率（折现率）将其折算到估价时点后累加，以此求取估价对象的客观合理价格或价值的方法。

收益法的雏形是用若干年（或若干倍）的年租金（或年收益）来表示物业价值的早期购买年法，即：

$$物业价格 = 年租金 \times 购买年$$

在实践中，许多投资者以"回收年限×年租金=物业价格"来计算，假设某一商业物业的面积为500m^2，每年租金收益为100万元，回收年限约为12年（每年约8%收益），则物业售价可以用下面的简单算式进行计算：12年×100万元/年÷500m^2=2.4万元/m^2（递增和货币通胀系数相抵冲了）。

商业地产的收益率和资金成本,和银行贷款利率有关,银行利率越高,商业物业的投资收益率要求越高,这是租金定价时,要考虑到的相关因素。

2．影响中国消费现状的因素

中国的消费特点:

消费是零售业主要的研究对象,不知消费就无法进行业态定位和判断商业地产价值;从某种意义上讲,消费决定商业物业价值,其关系是消费总量转换成商业销售总额,并向商业物业(包括线上零售平台)分配一定比例的租金,没有消费就不会产生商业向物业分配的租金;消费影响商业物业租金表现的有几种方法:一是消费群体的消费能力强,如高档住宅区的商场;另外表现方法是虽然个体消费都能力不强,但是人口众多同样推动商业物业租金上扬,所以人口多少、消费能力强弱都是商业企业选址中最关注的因素。

投资率高、消费率低,是中国人经济生活和消费的现状,形成这种现状的主要因素如下:

(1)因素一:历史和文化传统

受历史传统中的农牧文化影响,中国人有更喜欢储蓄和投资(如买股票)的习惯,造成这种理财倾向的主要是文化因素,特别是儒家文化的影响,要求人们节俭持家。有专家在研究中美两国消费后得出的结论是,这两个国家消费的差异,约42%来源于两国居民收入增长率的差异,剩余的58%来源于两国文化传统和有关制度的差异。我国的消费率远远低于世界平均水平,或者说储蓄或投资愿望远远高于世界平均水平,历史和文化因素的影响可以说是首位的。

(2)因素二:人口红利

中国的劳动力人口比例自20世纪60年代以来一直呈缓步上升态势,这种劳动力比例上升表现为人口红利,即劳动的人多,负担人口少,即总负担系数一直稳步下降。这种人口结构变化应是构成我国长期以来民间资本积累和储蓄率持续上升的重要解释因素之一。尽管人口结构变化对消费储蓄比例影响的性质和方向是确定的,但是相对增长的人口和购买力,由于文化传承、生活习惯倾向方式和数额并没有根本性的变化,所以商业还是量价取胜,而非质价取胜。以此来解释,具有价格优势的大型超市、专业卖场(如国美家电)为什么取得如此成功,就可以理解了。

(3)因素三:经济增长

经济增长、收入增加的结果导致存款增加,投资资本准备增加,中国属于刚刚步入富裕社会的转型期,刚刚富裕起来的人们并不会马上消费,所以，经济增长并不等于消费马上增长，这其中有个渐变的过程，这种过程正在发生中。

（4）因素四：利率水平

利息是经济重要的杠杆之一。当市面上钱太多的时候，中央银行就要调高利率，把钱回到银行里来；当市场流通收紧了，即钱少了，中央银行就会降低利率，把存款变得没有收益或低收益（利息），把钱放到流通领域里来。但是受文化影响，中国人的钱都被逼出来投资，还是不消费。

（5）因素五：社会保障制度的完善

我国当前的低消费率形成原因中，社会保障制度的不完善往往被人们认为是影响消费率提高的重要因素之一。劳动者相对于在现收现付制下对自己未来的消费保障要直接承担更多的责任，因此其储蓄意愿将加强，消费意愿将弱化，从而对提高全社会的消费率产生负面影响。1970年社会保障福利的增加对美国的储蓄率下降起了重要的作用。在日本和我国台湾，由于社会保障计划较为有限，因此储蓄率很高，所以社会保障制度的完善对提高消费率将产生正向的影响。但是其完善本身是一个长期过程，所以，最近国家正在完善社会保障，预期会一定程度上拉动内需，同时将促进商业和商业地产发展。

（6）因素六：物价水平

较高的通货膨胀水平将有利于刺激消费，消费者希望通过提前购买消费品或服务以减少通货膨胀所带来的损失。近年来房价猛涨较多是受通胀预期的影响。

（7）因素七：税收杠杆与收入分配调整

一个相当普遍的提法就是由于高收入阶层的消费倾向较低，近年来不断扩大的收入分配差距是形成低消费率的重要原因之一。由此得到的一个合乎逻辑的推论就是收入差距的缩小将有助于提高消费率，降低储蓄率。近期缩小的收入差距，可能对商业发展有进步意义。但是我国目前是世界上基尼系数最高的国家之一，过分强调平均将不利于经济发展，而不解决基尼系数过高，贫富差距过大，将不利于社会稳定。中央政府已经着手调整收入分配的政策，这将有利于拉动内需，促进商业繁荣。

（8）因素八：消费金融

中国的消费信贷不发达，消费信贷种类少，担保条件复杂，加上中国人消费具有保守的特点，所以在大部分中国人的观念中"今天花明天的钱"是比较难以想象的。这种文化传承和消费信贷不发达现状导致我国消费水平低，商业不能得到更多的消费资源。

中国消费变化：

一段时间来，人们抱怨"电商冲击"，忽视了消费的变化，消费是影响商业和商业地产的最基本因素，经过三十年的经济、教育高速发展，中国消费出现很重要的、历史性的变化，包括消费能力的提升、消费主要客层更换以及消费倾向和习惯的改变，但是，消费因素没有达到足够的重视。

中国消费增长快于经济增长水平，随着经济转型，产业升级，劳动价值的提高，导致中国消费增长速度和消费质量提高。消费能力提高，消费的选择性变大，消费者对商业、商品提出新的需求。另外一方面，随着主要消费客群变换，80后、90后、00后逐步成为主要消费支出者，他们网上消费习惯、个性化、网红化时尚的消费倾向将逐渐成为市场主流，使商品制造逐渐个性化，而"制造业2025"使这一切成为可能。

商品制造变得容易，销售成为商品制造流通重要环节，零售领域出现"以消费为导向"的业态升级变化，这种变化对商业地产的业态定位和招商提出了新的课题和要求。

1）经济发展、收入和消费支出情况

中国经历了30年的经济高速发展导致收入增加，全国大部分城镇的恩格尔系数下降到40%以下后，消费能力亦相应提高，消费倾向、支出出现了"小康—中等收入"时期的消费特点。这种消费特点的出现产生最明显的变化是价格导向的大型超市和购物中心业绩开始下降，门店收缩，而注重人们情感体验的商业业态——商场经济效益开始提升。

①经济快速增长

2016年中国GDP增长6.7%。中国经济历经了30年的高速增长之后，进入经济发展"新常态"，粗放式的发展模式逐渐转变成优化产能、增加科技含量、提高服务业构成的阶段。中国经济进入第二发展周期，其特点是增长率微调而质量更佳。这种增长模式给人们带来收入水平提高、消费能力增强，并给零售市场带来更稳定、更乐观的增长预期。

②收入增长

2016年国民经济和社会发展统计公报显示，全年全国居民人均可支配收入23821元，比2015年增长8.4%，扣除价格因素，实际增长6.3%。

2016 年三大城市人均可支配收入及其增长率　　表 1-4

城市	人均可支配收入 / 月	增长率
上海	4525	8.9%
北京	4378	8.4%
深圳	4058	2.6%

③存款情况

存款通常是消费和投资的准备。存款高的区域，一般而言，消费能力强，商业盈利强。但考察要结合多地消费的消费习惯、劳动力成本、商业物业的租金水平等。

2016 年部分城市居民储蓄存款数据　　　　表 1-5

城市	2016年常住人口	住户储蓄存款（亿元）	居民人均储蓄存款（万元/人）
北京	2173	28012	12.89
上海	2420	25113	10.38
广州	1404	14430	10.28
杭州	919	8493	9.24
佛山	746	6736	9.03
*深圳	1138	9429	8.29
西安	883	7036	7.97
苏州	1065	7914	7.43
南京	827	6095	7.37
成都	1573	10808	6.87
郑州	972	6298	6.48
武汉	1077	6606	6.13
东莞	826	4944	5.99
青岛	920	5326	5.79
厦门	392	2172	5.54
石家庄	1070	5348	5.00
重庆	3048	13399	4.40
昆明	673	2325	4.45
天津	1562	—	—

表1-5是我国19个热点城市的储蓄存款数据，在总量上是北上广深高居前四，而在人均上则不同。人均数值北京最高。其次是上海，居民人均储蓄存款和北京接近，上海人均可支配收入第一、人均储蓄存款第二。上海市民的投资、理财意识相比其他城市都要强，部分存款转化成投资，上海市民存款应当是隐性第一。

杭州、佛山、苏州人均储蓄存款数额，高过了许多主要城市，和区域经济发达程度有关。深圳数值偏低主要因为采用的是2015年数据。

④消费支出

三大城市消费支出情况　　　　表 1-6

城市	人均消费支出/月	食品烟酒	服装	居住	生活用品及服务	交通通信	教育文化	医疗保健
上海	3222	26.65%	4.67%	32.51%	4.27%	12.09%	10.69%	6.52%
北京	2951	22.44%	7.18%	30.62%	6.21%	13.28%	10.75%	6.59%
天津	2177	31.91%	8.07%	21.68%	6.27%	13.19%	8.67%	7.27%

从上述发达地区城市来看，食品和居住仍是家庭每月的重要支出，和以往相比，服装消费下降，通信费用略有增加，而生活服务和医疗保健占支出的比重不大。由于中国

人消费保守和社会保障的忧虑，现阶段看，小康消费基本特征仍然存在。

⑤社会商品零售总额

国家统计局数据显示，2016年，社会消费品零售总额突破33万亿元，达到332316.3亿元，比2015年名义增长10.4%，消费对经济增长的贡献率不断提高。2016年，最终消费支出对经济增长的贡献率为64.6%，高于2015年4.9个百分点，高于2014年15.8个百分点。这反映了"拉动内需"对经济增长的作用，同时也显示零售和服务业态的良好发展前景。

⑥消费研究还要关注区域性的因素

区域性因素有人口总量、人口密度、是否是购物目的地等因素。人口总量是基本因素，没有一定的人口规模，无法支撑规模商业的运营。人口密度则有关商业服务范围中服务对象——消费者的数量，通常情况下，人口密度越高，房价越高，这个服务范围内的消费者购买力越强，我们以每平方公里/万人为基准进行研究，大于这个基准则优。如果是消费目的地，则要做大数据的研究，如客流来自何方、来消费的目的是什么、消费喜好等。

2) 中国消费变化的特点

①产业变化引起消费变化

A. 第三产业构成提高：2016年第三产业增加值7.6个百分点，第三产业的GDP比重为56.9%。

B. 产业升级：先进制造技术、机器人、高铁、航空航天、现代造船、重大装备、光伏、生物科技，已经达到或接近世界水平。中国制造向中国智造转型。

C. 现代服务业蓬勃兴起：金融、保险、信息产业、房地产行业、新零售和旅游业以及现代社区服务业（如养老产业、家政、教育和培训）。这些行业的劳动附加值都比较高。

先进制造业、现代服务业比重增加；高科技的发展、创意和创新在各个领域发挥作用，创意经济从个别创意向全民创意发展，劳动生产率的提高提高了劳动力价值，职工收入有较大幅度增长，使得消费能力加强。

②主要消费客群变换

随着60后、70后家庭负担变重以及知识结构等原因，这个客群开始进入消费能力弱化期，80后、90后、00后由于家庭负担轻、劳动技能高、收入高，成为主要的消费客群构成，消费主要客群的序位发生变动。了解80后的各个年龄客群消费能力和倾向对业态定位、招商有明确的导向作用。从年龄特点来看，80后和90后是目前市场绝对消费主要客群；从消费金额上看，80后占据主要地位；从消费能力上看，70后单笔数额最高，是消费能力最强的人群。实际上70后、部分80后是家庭消费的"代表"，是支出者而非消费者,采购的主要目的是家庭日常消费,每次采购形成的商业利润偏低。

③科技进步,改变人们消费习惯

网络改变世界,同样改变人们的消费行为,网上购物已经成了人们重要的购物消费方式。

网上交易量:中国商务部发布数据显示,2016年中国网络零售交易额达5.16万亿元,同比增长26.2%,是同期中国社会消费品零售总额增速的两倍有余。其中,实物商品网络销售交易额近4.2万亿元,占同期社会消费品零售总额逾八分之一,比2016年同期提高了近2个百分点。

网络购物用户:截至2016年6月,我国网络购物用户规模达到4.48亿,较2015年底增加3348万,增长率为8.3%,我们网络购物市场依然保持快速、稳健增长趋势。其中,我国手机网络购物用户规模达到4.01亿,增长率为18%,手机网络购物的使用比例由54.8%提升至61.0%。

2016年淘宝销售金额排名　　　　　　　表1-7

类别	销售金额(万元)	成交次数(万次)
服饰鞋包	936700	9369
食品	891000	1388
3C数码配件	735400	2998
游戏/话费	316400	2744
汽车用品	233900	2610
美容护肤	229100	2684
床上用品	220000	783
母婴用品	177900	2206
内衣/家居服	166500	1219
家具	152000	2396
饰品首饰	142800	1870
玩具/模型	106600	1254
其他	219300	1223

3)主要客群的消费特点

①主要客群消费行为分析

年龄变化、家庭负担是消费行为的深层次原因;70后贯穿着以家庭生活为核心的消费理念；处于消费转型中的80后更重视商品的实用性；即将成为主要消费客群的90后的消费理念是注重自我和个性。

70后购物时间更集中在日间中午稍早时段；80后购物行为集中于早晨与午间稍晚时段；90后处于晚间消费时段，20~22点间的成交笔数占13%。

②各主要消费客群的特点

A. 80后和90后的消费差异性分析：

80后追求品质和实用性；90后追求个性；00后的消费特征形成中，不具稳定性。

80后的消费特点：

追求品质品牌——33.1%的80后看重品牌口碑。

小资生活，更重视居家活动——13.2%的80后把奢侈品消费作为主要消费品类，46.1%的80后爱看视频。

事业渐稳定，进入成家立业阶段，80后消费动机趋于清晰、理性——41.8%的80后寻求稳定，33.5%的80后表示支出目标清晰。

重感情，对品牌从一而终——18.7%的80后对品牌保持持续关注，和父辈关系融洽度高于90后、00后，怀旧情结高于90后、00后。

手机电脑组合使用——49.5%的80后依旧主要使用电脑上网，对移动互联终端（主要是手机）依赖度低于90后、00后。

90后的消费特点：

追求个性化品牌——40.9%的90后看重品牌和设计化的个性。

社交娱乐生活丰富——39.7%的90后把娱乐作为主要消费，18.7%爱去酒吧/KTV。

事业上升期，压力大——48.0%的90后表示压力大，63.4%的90后寻求突破。

手机依赖度高——71.9%的90后主要使用手机上网。

B. 品牌如何吸引80后和90后？——品质才是主要参数！

品质是80后、90后喜欢品牌的主要原因。

80后、90后品牌认知和倾向的主因　　　表1-8

主要原因	80后	90后
质量过硬	51.2%	48.6%
性价比高	42.2%	45.3%
设计个性	23.8%	40.9%
口碑很好	33.1%	30.8%
产品独特	22.5%	24.8%

表1-8显示，90后消费更注重商品的个性。

C. 80后、90后获取品牌信息主要渠道：

80后、90后获取品牌信息渠道　　　　　　　表1-9

品牌官方网站	35.1%
电视广告	30.3%
视频广告	24.0%
亲友推荐	23.8%
微博或品牌官方微信	21.7%

网络已成品牌传播的主要渠道，这就为网红营销提供了条件。

D. 80后、90后的"极简"消费美学

受网络交流简洁要求的影响，冗长发言、繁琐表达已被青年一代所抛弃，极简主义已成为80后、90后等新青年一代的消费审美，越来越多的人崇尚极简。在零售领域中，艺术家气质、无贵金属装饰的镜架、宜家家居、无印良品等有极简特点的商品受到众多青年的青睐，成为新兴品牌。

80后、90后最喜欢商品的艺术风格排序　　　　表1-10

1	极简主义
2	小清新
3	高逼格

80后、90后男生偏向极简主义，80后、90后女生偏向小清新：

80后、90后不同性别风格倾向　　　　　　　表1-11

极简主义	男	39.6%
小清新	女	42.3%

E. 90后的消费行为特征：

更依赖手机上网、爱逛街、娱乐。手机是90后主要上网设备，71.9%的90后主要使用手机上网，而80后仅有半数是主要使用手机上网。

90后的消费倾向（相对80后）特点　　表 1-12

爱好	80后	90后	90后倾向
看影视剧	46.1%	38.7%	更倾向网络小品
逛街购物	20.4%	26.7%	购物中心对他们而言没有新鲜感
跑步/健身	28.9%	25.8%	身体条件好
竞技类球类运动	21.9%	19.4%	同上
学习专业理论与知识	18.0%	19.0%	更善于学习
酒吧/KTV	10.8%	18.7%	消费更个性
烹饪/园艺	21.6%	18.1%	快餐革命一代
户外野营/探险	16.6%	16.6%	相似
摄影摄像	16.8%	16.0%	相似
文艺演出	10.6%	11.1%	相似
休闲类球类运动	10.6%	4.5%	身体佳

F. 80后、90后的消费支出分析

餐饮、服装是80后、90后人群主要消费品类，相比之下，90后娱乐花费高，而80后更爱把钱花在电子通信及奢侈品方面。

80后、90后每月消费主要消费支出分析　　表 1-13

品类	80后	90后
餐饮类	52.2%	59.0%
服装类	46.9%	45.8%
娱乐类	32.0%	39.7%
电子通信类	37.8%	33.7%
护肤品	21.9%	20.2%
奢侈品	13.2%	6.9%

G. 00后消费特点分析

（A）生活习惯：

A）由于善于操控互联网通信工具，使他们和外界交流更方便，在家时间更多，00后生活也有"宅的特点"。除去平日，不论长假短假，70%左右的00后选择宅在家中度过，其中40%的00后会做作业/补习、30%的00后会打游戏（16%）和玩手机（14%）。

B）虽然宅在家中。大部分00后都有稳定长久的朋友关系，并且和朋友相处融洽。00后喜欢独处，但并不孤独。00后通过网络与朋友交流。社交工具中现实朋友占绝大多数。00后在对待陌生网友上能理智地保持警惕。

C）00后喜欢追星，关注网红。51%的00后会在微博谈论明星相关话题。明星对于00后不是高高在上不可触达，而是可以沟通的平等关系。00

后将明星作为激励学习的动力,也是在服装、发型、身材上模仿的对象。00后不仅关注明星的台前,更关注幕后。明星参与的娱乐节目、红毯秀、海报、电视剧是00后关注的热点。明星的个人生活、工作/学习、感情生活更是00后的关注热点,00后对明星的关注是全方位多渠道的。00后关注网络红人,并不轻易模仿或发生消费。

(B)注重个性:

A)91%的00后都表示压力来源于学习(主要是升学及考试)。在成长过程中,00后已经了解竞争的激烈,也有通过努力实现目标的意识。大部分00后都会有明确的中考目标,因此初二初三期间的00后倍感压力。

B)面对压力,大部分00后表示要乐观面对。有22%的00后强调"要努力"。00后会制定好目标和学习计划,并在网络上表决心、求监督。00后相信自己的努力。

C)同时,00后也强调"自我标准"的重要性,即不以别人的判断作为自己成功的标准。强调自我的标准,强调超越自我。十年来,00后在成功观上对周围人的重视度下降了7个百分点。

D)00后认为有钱是土豪而不是成功。不把金钱作为衡量成功的标准。十年来认为金钱代表成功的赞同率下降了5个百分点。

(C)萌文化影响及童稚化倾向:00后在网络上是萌化一族,从称呼、表现符号可以反映,00后使用网络表情的次数高于90后55%,是80后3倍。00后在网络上是"萌化一族",相比流行与实用,10年来00后对流行的支持度呈下降趋势。00后的实用表现为一种偏理性、实际的态度。这种态度表现在生活的各个方面,如物质生活/两性关系、对网络世界的看法等。

(D)健康意识觉醒提早:在追求健康的社会氛围影响下,00后也很注意身体健康。00后的健康偏重于饮食控制上。10年来,对西式快餐的消费从64%降至59%,下降5个百分点。

在饮料消费方面,10年间对健康饮料的消费呈明显的上升趋势。100%纯果汁上升17个百分点;茶饮料上升13个百分点;果蔬饮料上升11个百分点。而可乐则下降13个百分点;速溶咖啡下降9个百分点。

除了健康,00后还格外关注身材,以瘦为美。48%的00后会在微博上讨论减肥的话题(锻炼身体为8%)。而其中94%的00后表示会用控制饮食的方式来减肥,仅有6%会提及体育锻炼。明星的身材理所当然受到00后关注,也会成为00后效仿的对象及减肥的动力。

（E）参与网购，更倾向于手机支付：

A）与10年前相比，00后的现金支付意愿下降了18个百分点，储蓄意愿下降了8个百分点。这说明00后越来越倾向于先进的、成熟的消费理念。毋庸置疑，这也符合当今社会的金融潮流。只是00后目前消费力较弱，但这丝毫不妨碍他们旺盛的消费欲望。能彰显自身品位的品类，如手机、服装、偶像周边及代言产品，构成了00后主要的购买清单。

B）与此相关，00后对于负债消费的接受度在10年间上升10个百分点。对于股票的风险认知，在10年内下降5个百分点。

C）81%的00后在微博上提及了自己的网购经历。绝大部分的00后都需要和父母一起完成网购。00后挑选商品，父母结账。13%的00后表示网购时会受到父母的阻碍，原因有价格高、与学习无关等。00后的网购还存在父母最后的把关。

（F）关注品牌忠诚度：77%的00后表示有固定使用的品牌。这限于能体现个人品位的品类，如电子产品、服装鞋帽、个人护理品等。16%的00后表示没有固定使用的品牌，这主要集中在内衣、袜子、零食等品类。

00后的品牌关注绝大多数由偶像领导。对偶像的追随和模仿使得00后在衣服、鞋、手机、个人用品上尽量与偶像靠拢。网购也使购买更便利。因此，00后虽然对品牌有要求，随着偶像使用品牌的变化、潮流变化、网络热推变化，00后也会随之而变。

相比10年前，00后的品牌忠诚度下降了7个百分点。其中女性的下降趋势较男性明显。一线城市和三线城市的下降较二线城市明显。

4）消费趋势预判

①健康消费

受传统养生食补方法影响，有利身体健康的食品逐渐热销，健康生活理念也进入食品商品，带有健康概念的食品热销，含以下关键词的商品销量增长迅速，"原生态、有机、无添加、非油炸、非转基因、无糖、无农药、低脂、农家、无公害、纯天然、全麦"。食品被逐渐划分健康等级，优质的进口食品受到中等收入以上的家庭欢迎。传统肉食和蜜饯等高脂高糖的食品销量放缓；坚果和乳制品成为最热门的零食。保健食品受到更多关注，是增长最为迅猛的食品品类之一；增长最快的酵素类商品在2015年前三季度销售额环比增长13倍。运动健身类商品销量翻番，尤其日常的家庭式有氧健身受到追捧。

在运动上，男性比女性有着更广泛的爱好。年轻男性喜欢足球、篮球等大球类运动；中年以上男性则喜欢羽毛球、乒乓球等小球类运动。女性的运动偏好以35岁为明显分水岭，之前热爱游泳，之后转变为舞蹈。户外运动、骑行、长跑则异军突起，受到城市白领以上阶层广泛欢迎。

近几年，消费者对于家用健康类产品以及空气净化设备，关注明显上升，关注度尤其表现在搜索与浏览相关产品的次数上。

②智能商品消费

智能商品市场从2013年下半年开始出现增长态势，目前仍然保持快速增长态势，同比增长率接近250%。成交人数的同比增速两倍于销量，说明商品价格门槛有所降低。新用户占多数，新增的消费人群是行业发展最主要的推动力。

智能家居市场中，扫地机器人占据了绝大多数的市场。家用机器人已经进入市场，智能厨房、家庭安全管理等智能化设备进入普及阶段。

③商品个性化消费

比起从前，现在的消费者有着更多样的消费需求，个性化趋势最突出的表现是小众兴趣圈子的兴起。

在服装饰品、家居和装饰品、玩具、数码配件、箱包等非标行业，商品成交更加分散，消费结构更加多样化。

④传统文化影响的消费

中秋、端午、七夕、清明成为新的假日消费热点，传统节日相关消费、复古服饰、新中式家居和传统手工艺是消费传统化最主要的体现。

随着国力强盛、经济发展、消费能力上升，传统节日的风俗商品采购周期逐渐变长，购买量增加，计划性增强。

家居领域，中国风重新流行。中式装饰、新中式风格的家具从2013年起增长迅速，2015年前三季度销量已超过2014年。

网络购物打破了传统手工艺的地域门槛，各地民俗产品开始在全国流通。全网手工艺商品达到百万级。其中，苏绣和手工折扇销量最突出。

传统服饰受到新的关注，近年来旗袍在相对成熟的服装市场成为一大亮点。28岁以下用户快速增长，成为旗袍主流消费者。

⑤年轻化倾向消费

医疗水平提高，健康意识强化，人的寿命得到延长，健康水平大大提高，整个社会心理出现年轻化倾向，并影响人们消费行为。年轻化成为现在及未来消费市场的一大突出特征，不但年轻人消费占比提升，而且中老年人的消费观念也趋于年轻化。

所有的主流商品品类均出现了不同程度的年轻化趋势，28岁以下的消费者所占份额比2014年均有所上升。由于各年龄段人群处在不同人生阶段，在品类上的年轻化趋势也略有差异。

2015年，28岁以下用户在淘宝的销售额占比达到四成左右，人数占比超过一半，说明消费水平低于全网的平均值。

28岁以下群体消费占比最高的城市前十均为地县级城市，这些城市渠道单一，年轻人是接触网络的主要群体。18至22岁年龄段，非大学生群体贡献了大部分的销售额和订单数。

⑥旅游消费将持续增长

旅游支出已经成为家庭消费支出的前列。2016年国内旅行出游44亿人次，旅游产业总收入4.65万亿元，单次旅游消费千元以上。旅游已经成为生活的基本内容。随着收入增加，人们对健康生活更加重视，健康、休闲、养生、运动成了未来人们出行或者采用多地迁徙方式居住的原因。

⑦部分耐用品转变成快速消费品

由于收入提高，对生活质量的追求和受部分发达国家消费习惯的影响，部分耐用商品转变为快速消费品，如一些简易家具、快时尚服饰和鞋类、包袋、一次性或者多次使用的电子数码产品。

⑧线上支付增加，纸币支付减少，消费更加快捷

最明显的是使用支付宝和微信的数量大幅度增加。

5）消费品的需求

①母婴用品

A. 互联网一代成为母婴的消费主力，习惯网络购物的80后、90后年轻人也更习惯通过电商购买母婴用品。

B. "单独二孩"政策刺激母婴市场规模扩大，随着"全面二孩"政策放开，母婴市场将再次迎来销量增长的黄金时期。

C. 由于周期短、频次高和对食品安全的顾虑，母婴行业的店铺忠诚度极高，尤其是婴童食品。

D. 分品类看，消费档次最高的是婴童食品和婴童用品，受价格因素影响小。

②运动、户外用品

A. 在运动户外商品的线上销售中，消费者进入浏览和购买最重要的流量入口是搜索。

B. 运动户外行业发展平稳，受自然季节波动较小；相比于其他行业，促销季的影响也更小。

C. 购买运动户外类商品的用户，购物目的性很强，浏览商品数和收藏比例都比较低，"选择困难症"较少。

D. 从商品数量和流量变现能力来看，运动户外行业已经逐渐从追求品类丰富度的初期，经历换血和淘汰，进入到将产品做精做细的成熟期。

E. 受消费者生活观念变化的影响，小众化、专业化运动项目和产品增速明显。

③时尚美妆用品

A. 美妆行业对促销非常敏感，促销能吸引大量新用户，大幅拉动成交金额；且增长状态有所维持，即吸引的新用户具有一定黏性。

B. 时尚美妆类产品适合碎片化消费场景，已经进入移动电商时代，手机端的成交占绝大多数。

C. 美妆消费者不保守，看到中意的商品直接加入购物车。

D. 化妆品中最主要的品类是护肤品，同时彩妆增长迅速；时尚配饰中，手表、首饰和高档珠宝占据主要市场份额。

④家居商品

A. 得益于房地产开发热潮，市场需求的电商化转移，家居行业整体处于高速成长期，流量增速极高。

B. 细分来看，家具和家居饰品市场属于稳定高速发展的"蓝海"，格局尚未稳定，市场机会较大；家装和布艺相对成熟，正向精细化运营转变。

C. 家居行业大多属于长尾市场，家具、家装及家居饰品类的"软家居"市场，女性和深度网购用户占主导地位。而家装类和家具类的"硬家居"市场高档次用户更多，对高端产品的需求明显。

⑤家电数码产品

A. 大家电市场受到线下市场的电商化转移影响，线上交易发展强劲；给趋于稳定的品牌格局带来新的转机。

B. 小家电在线上市场发力，新品层出不穷，"健康化""减轻劳务负担"型智能产品最受消费者追捧。

C. 数码产品市场具有明显的消费升级特征，各单品更新换代速度差异大，其中手机更换频次最高。

D. 数码周边产品及配件市场起步最早，是家电数码行业规模最大的子行业。但进入门槛较低，市场较混乱。

E. 随着硬件成本的降低，国产手机品牌迎来发展的"黄金时代"，众多品牌兴起，在不同品牌档次上面临着不同的竞争格局。

⑥食品

A. 作为快消品，食品具有刚需、高频、周期短的特征。在网购上表现为用户活跃度高，复购率高，且爆款数量多。

B. 出于食品安全的顾虑和品位的流行性，食品行业中的大卖家销售占比很高，消费者更倾向于购买大品牌。

C. 食品消费者的性别分布与线下相似，粮油干货调味品的购买主体是女性，而酒类是男性占比相对较多的品类。

D. 消费支出最多是营养保健品和酒，客单价是其他品类2~3倍。

⑦服饰类商品

A. 服饰类是线上发展最早也是规模最大的业种之一；市场趋于成熟，但发展至成熟市场依然需要一段较长的时间。

B. 随着市场不断完善成熟，原本以降价促销、培养爆款的运营形式效果日渐式微，市场要求精细化、个性化的运营。

C. 服装类商品的人均浏览商品数居全行业之首；多看多浏览的"选择困难"在服装上表现得尤其明显。

D. 消费个性化趋势明显，大卖家销售额总占比有减少趋势，而处于中部的商铺卖家的市场份额则有所增长，长尾得以浮现。

⑧鞋包类商品

A. 鞋包类商品的多样性特点显著，消费者对店铺忠诚度不高，行业复购率低于全网平均。

B. 行业正在快速规范化，品牌集中度有所提高，竞争格局逐渐明朗；鞋包的全球购规模持续增长，国际品牌受到市场欢迎。

C. 鞋靴有明显的季节波动特征，受自然季节和促销影响都大。

D. 男性自主购物的兴趣逐渐养成，男鞋的规模经过几年高增长，份额已经有所提升。

（本文部分观点、数据来自尼尔森.贝恩，国内研究机构公布的资料以及网络。）

3．商业企业的开发计划和招商的关系

商业企业的开发计划主要是指商业企业的门店拓展计划。商业门店和招商是专业对口的职能，具体的工作部门也能衔接；商业发展少不了门店的开发，而商业地产开发商希望物业尽快以合理的租价出租，这是双方共同需求的方面。但是在两方利益关系上却是对立的。

对商业机构来说，商业尤其是零售业态就是选址的行业，不同的选址就有不同的经营结果，所以在门店开发有"一选址、二建筑、三租金"之说法，只要有物业可以选择，总是按照上述顺序进行比选。

而相对商业选址，招商工作的对象——商业物业（商铺）是固定的，无法移动的，处在于被选择的位置上。

目前我国的商业地产处于"水闸效应"的后期。所谓"水闸效应"是我国自1999年起，商业地产市场的出现并且各类资本准入以后，出现超量、快速的开发。以上海市为例，自2000年约1500万平方米的商业物业总保有量到2010年后已经达到4000多万平方米，市场从相对紧缺变成总量上的、阶段性的、局部的供求失衡。这种市场背景下，加上商业地产的不可移动性，招商就变得很难；而作为另一方的商业，也有其压力，因为商业地产发展迅速，商业出现了前所未有的发展机遇，商业企业必须抓住这个机遇，但在商业领域的同业之间的竞争也日益加剧，在商业企业必须通过不断扩张才能获得更好发展的压力下，就必须和同行竞争，而开店——扩大市场规模则是战胜竞争的主要手段之一。但在选址时，由于可选性很强，同样会造成在门店开发中的被动局面——选址很多，优质门店不多，这主要是许多企业商业地产开发时对项目的运用性研究不够，急促上马，产品性开发过度，使得招商难变成行业内的普遍现象，所以，招商机构和商业门店发展部门的关系是专业对口的，但是地位不对等。

商业门店开发计划一般是在企业整体发展策略之下，以年度计划形式出现的，是商业企业长期发展计划中的一个阶段性的计划，这个计划一般有发展区域、新开门店数量、战略布局、开店进程、计划实施的制订。开店计划一是反映企业的发展策略；二是反映市场竞争的状态；三是反映企业的融资能力。比如企业的年度融资能力为2个亿元，其中可用于开店的资金为8000万元，如果单店的投资资金为2000万元，那么这个企业年度实际可开的门店为4家。但是实际落实门店选址不少于8个，要为下一年开店做好准备。

要做好招商工作，就必须了解商业企业的开发计划，以及其对招商的意义和机遇。

（1）了解商业企业的扩张计划

表1-14和图1-13展示了某一时期上海西南区域——莘庄地区大型超市的开店和布局情况，我们可以了解到商业企业的扩张计划和招商的关系。

莘庄地区范围购物中心和大型超市汇总表　　　　表1-14

名称	地址	面积（m²）
乐购（莘庄店）	七莘路695号	70000
乐购（七宝店）	七莘路3155号	30000
乐购（莘松店）	莘松路青春路口	30000
家乐福（七宝店）	七莘路3655号	9000

续表

名称	地址	面积（m²）
家乐福（南方店）	沪闵路 7388 号	25000
世纪联华	莘松路 195 号	9000
易初莲花	吴中路 1218 号	19000
易初莲花	新镇路/宝铭路口	20000
家得利	梅陇路 415 号	2500
易买得	银都路 1388 号	13000
大润发（春申店）	春申路 2801 号	12000
大润发（港澳店）	水清南路 1500 号	12500
农工商	漕宝路/新镇路口	10000
农工商	莘庄西环路 281 号	10000
麦德龙	顾戴路 80 号	10000
华联吉买盛	莘庄地铁站北广场	13000

在这个近100万人口的区域里，竟然有大型超市17个，其竞争惨烈的情景可见一斑。

商业企业为什么极力扩张？难道商业企业不知道大型超市、购物中心同业相克的原理吗？其实商业企业都知道这个原理，他们这样拼命开店、扎堆布局，目的有三：一是商业竞争，抢占商圈。二是聚集式的开店策略，取得区域的竞争优势，如在这个区域，相近范围竟然有3家同业态的"乐购"。三是策略性地开店，在未来城市扩大规划的空间先期介入。通过

图1-13 上海莘庄地区大型超市布局图

这些策略性的开店，都希望把对手击垮。开店计划是商业竞争策略的具体化，了解到商业企业的开店计划，再提供合适的物业，实际上是配合他们的策略实现，从这点意义上来讲，商业企业是很愿意和招商者合作的。

（2）开店计划对招商的意义

商业企业的发展计划，尤其是区域的开店计划，是商业地产的发展机遇，表现为前、中、后三个状态。

前期：开发前期。抢先招商，规划更适合商业的需求，为招商合作提供有利条件。

中期：项目建设中。建筑、配套、动线等尚有调整余地。

后期：建筑形态已完成，主体部分没有调整的余地，许多项目因建筑原因而无法满足商家需求，这个时候只能价格竞争，取得招商成果。

（3）同业竞争给招商带来的机遇

除少数垄断行业外（如自来水、有线电视等），商业领域同行业总是有几家属于不同投资主体的商业企业，即使在高度集中的家电销售行业中，还是有"国美""苏宁"以及不少区域的公司等。在商圈、物业、位置、配套、租价范围都适合的情况下，由于商业企业的同业竞争，可以使招商项目获得以下有利条件：

一是实现出租，完成招商任务；

二是加快商务谈判的进程；

三是在价格协调方面，开发商（物业业主）可以取得的主动权。

招商人员懂得商业企业同业竞争的原理后，可以为自己的招商任务完成创造良好条件。

要做好招商工作，就要了解商业企业的开店计划。新兴业态开店的门店需求，以上海为例，比如以下这类传媒新闻需要招商人员关注：

魔都中心的中心，最洋气商业综合体"兴业太古汇"长什么样？

要说2017年魔都最让人期待的商场，那一定是"兴业太古汇"，这个席卷香港、广州、北京、成都……走哪哪就成为地标的传奇商场，上海站"兴业太古汇"终于进入开业倒计时啦！我们早已按捺不住，抢先参观了一番，这样酷炫且充满惊喜的历程，当然要跟大家分享才够意思！（文末会公布入驻品牌哦）

上海市中心的中心——南京西路石门一路

170亿元资金打造

10万平方米的shopping mall

17万平方米办公楼

14家首次进入中国的品牌

全球最大星巴克臻选咖啡烘焙工坊入驻

作为吃货一枚，对于6年前撤了阿拉最爱的吴江路小吃街，内心还是有点耿耿于怀的，虽然那时的吴江路不如现在干净整齐，但却是我们最怀念的"少年滋味"！不过这一丝怨念，在我们了解了兴业太古汇后就消失得无影无踪了。

这可能是魔都最具"匠心"的商业体

兴业太古汇外立面已经基本落成

位于南京西路黄金地段的兴业太古汇，是开发商用足以让一个"懵懂萝莉长成妖娆少妇"的时间周期精雕细琢打造出的超级商业综合体，项目在2017年上半年正式面世。

为了保留民立中学老校舍，他们用了近10个月的时间准备，历时13天，把这栋近百年历史的欧式大宅向威海路平移了57米。大宅修缮后被重新命名为"查公馆"，日后将经营米其林餐厅以及高定品牌。

170亿，造一个32万平方米的超级综合体！

为了打造最好的"兴业太古汇"，开发商足足投入了170亿元的资金。这个32万平方米的项目，由10万平方米的shopping mall、17万平方米的办公楼以及三家世界顶级的精品酒店和酒店式公寓构成。

10万平方米shopping mall：将成为南京西路商圈中面积最大的购物中心，地下四层，地上四层，由时尚、美妆、生活方式和餐饮四大业态构成，将引进250家零售品牌。

商场顶层天幕什么的，感觉不能更爱

这旋转楼梯也是美呆了有木有？

两幢office building：两栋甲级写字楼——香港兴业中心一座和二座的租户覆盖了化妆品集团、时尚零售、金融投资、生物医药及专业服务等多个世界500强企业，不少企业更在此设立中国区总部。

太古集团运营的hotel：太古集团即将在兴业太古汇运营两栋精品酒店及酒店式公寓。其中精品酒店将延续House Collective，这个品牌酒店包括香港的奕居、北京的瑜舍及成都的博舍。

The Sukhothai精品酒店：The Sukhothai是香港兴业集团旗下的泰式精品酒店，坐标曼谷。曾被泰国旅游局选为"十大奢华酒店"之一。这次The Sukhothai Shanghai将正式登陆中国内地,足不出"沪"就能体验泰国皇室般的尊贵服务啦。

逾10个活动场地：这里有10余个室内外活动场地,包括一个全天候开放式展览中心,我们在逛街的同时可能一不小心就参与了各种不同规模的展览、秀场、品牌发布、小型演出、音乐会、艺术展等。

这6个惊喜先收好,不谢！

兴业太古无论从商场的设计还是招商,都强调不能平淡,要有创意、有惊喜,虽然这些创意和惊喜目前尚未全部公开,但Shanghai WOW!还是尽自己最大的努力帮大家扒了一些。

惊喜1：多家首次进入中国内地的品牌

兴业太古汇此次将引进14家首次进入中国的品牌,还有12家首次进入上海的品牌,包括Space Cycle、Paris Blanc、SONOKO等等,我们将成为第一批体验及享受它们的幸运儿！

惊喜2：全球最大星巴克臻选咖啡烘焙工坊

兴业太古汇将引入海外首家星巴克臻选咖啡烘焙工坊,双层店铺面积近3000平方米,是西雅图的那家的2倍,将成为全球最大的旗舰店。这里可以近距离观赏咖啡豆的烘焙全过程,开启一场独具匠心、令人震撼的全感官咖啡之旅。

惊喜3：商场顶层超大Roof Garden

商场顶层是超大超美的屋顶花园和天幕,所有人都可以在逛累了之后到这里欣赏美景或参加各类活动。

惊喜4：超长愉景大道

兴业太古汇所有的交通接驳都在内部完成,为此专门打造了车行落客的渝景大道,拥有59棵特选樱花树,以及数余棵银杏树、红橡木等优型大乔木,四季错落有致,营造出四季不同景象的"花花世界"。

惊喜5：可俯瞰全上海的Sky Lobby

在香港兴业中心一座,兴业太古汇专门辟出38层作为空中观景大堂,在这里能够轻松尽览上海浦西、浦东标志性建筑及城市繁华全景风貌。

惊喜6：老品牌也换新面孔

我们可能会在兴业太古汇遇见全新的老品牌,他们有新的名字和新的概念,让我们惊叹原来XXX也可以这么玩!

据说除了这些之外,还有更多惊喜要等着大伙自己去发现。最后我们要奉上说好了的品牌商户!

首批商户集体曝光

剁手的钱好准备起来了

美妆品牌

La Mer 海蓝之谜:化妆品界的奇迹,"面霜之王"相信大家都懂的。

Shu Uemura 植村秀:植村秀中国首家旗舰店,在这里可以探索最新彩妆趋势。

Bobbi Brown 芭比波朗:美国著名彩妆品牌,自然裸妆已经风靡好莱坞,魔都也快沦陷了。

Jo Malone 祖马龙:英国著名香氛品牌,在兴业太古汇的香氛精品店涵盖个人香氛、个人护理、居家香氛等系列产品。

Jurlique 茱莉蔻:上海首家茱莉蔻SPA馆,据说产品95%以上原料都来自澳大利亚阿德莱德山冈,被誉称地球上最精纯的护肤品。

Diptyque:来自法国的香氛品牌,1961年在巴黎首家精品店开业以来,旋即用香味征服世界,巴黎人视她的香氛蜡烛为生活时尚的必备品。

Kiehl's 科颜氏:美国165年的老品牌,致力于提供从脸部、身体、秀发甚至是运动后专用的顶级保养产品,许多好莱坞明星都是它家的忠实粉丝。

SONOKO 茁能子:日本人尽皆知的美妆品牌,号称"日本女性用了就不想换的美颜产品"。

生活方式类品牌

Space Cycle 史贝斯健身:上海引进第一家来自台湾的Space Cycle健身会馆,以音乐元素打造动感单车主题,同时开设瑜伽、普拉提、运动芭蕾等课程。

city'super 超·生活:兴业太古汇店将是中国内地最大的city'super生活超市,预计规模达到4000多平方米。

Cinker Space:潮流电影体验空间,就着手工调制鸡尾酒看一场露天电影,或者来一场个性的电影主题派对佐以美食分享快乐。

Lululemon 露露柠檬:运动时尚的代名词,近几年从众多体育服装品牌中脱颖而出，没有一件Lululemon，都不好意思说自己是运动时尚达人。

Nike：耐克我想就不用多说了……

Adidas：这个我也不用多说了……

Under armour安德玛：有人说这是唯一有希望成为下一个耐克的运动品牌，在美国已经和耐克、阿迪三足鼎立。

餐饮类品牌

星巴克臻选咖啡烘焙工坊：全球第三家，中国首家星巴克咖啡梦幻工厂，而且面积是西雅图的那家的2倍！！

Let's Taipei：成都太古里非常火的台湾美食，拥有法式美食的精致摆盘，从口味到卖相都非常好，这次也是首次引进上海。

Let's Burger & Lobster：Let's系列的另一个创意美食品牌，这里有出乎意料的食材搭配新玩法，绝对会成为你"去了还想再去"的餐厅。

G Café：在孩童时代，被捧在掌心不舍得入口的那块漂亮贝壳巧克力已然"化身"为两层楼的 G Café。

上海总会：著名的苏浙菜系餐厅"苏浙汇"的全新概念店，会带来全新的美食体验。

Paris Group巴黎白：全新概念打造巴黎白，此前Prais Rouge与Paris Bleu已在沪上获得广泛好评与追捧，这次将以不同于另外两家餐厅的美味珍馐引领法式西餐新风尚。

Bar Constellation 酒池星座：白天是咖啡吧，晚上"变身"为威士忌酒吧，以全新概念为年轻人打造独一无二的社交空间。

Garrett Popcorn：来自美国的超人气爆米花品牌，曾在日本东京、中国香港引发粉丝疯狂排队的人气零食，这是品牌首次进入中国大陆。

Chikalicious：称霸纽约甜品界13年的甜品传奇，同步纽约的舌尖享受，美轮美奂的清新环境，三道式法餐级别的甜点用餐体验，用爱马仕餐盘来陪衬的低调奢华，她用自己最优雅的姿态，奠定了自己魔都甜品界"名媛一姐"的地位！

小南洋：首次进入中国内地的东南亚风情美食餐厅，主打马来西亚和泰国风味美食。

孔雀厅The Peacock Room：这是FCC集团继高级粤菜品牌"誉八仙"之后，由国际室内设计大师全新打造的高端中国料理，雍容的美食体验非常惊艳。

来源：shanghaiWOW

沪上首家怀旧主题美食广场登陆古北家乐福，大食代8年计划拓展至100家。未来规模将达百家。"大食代"对现有店铺的重新包装，是对当前美食行业竞争趋烈的必然反应。据了解，"大食代"2007年在中国营收达3.2亿元，不过经营压力仍然存在。负责人透露，美食广场的存活率只有10%，首先，选址这一因素对经营成功与否要起到50%的作用；其次对进驻饮食商铺的选择以及美食广场本身承受的租金问题等，对持续经营都是不小的挑战。美食广场的复制难度相对较大，考虑到不同区域、不同消费人群的需求，"大食代"不可能采取快餐店统一标准化模式，这在一定程度上也决定了"大食代"拓展步伐要相对平稳。目前，作为新加坡上市公司BreadTalk面包新语集团在中国投资的餐饮连锁企业，"大食代"在新加坡、马来西亚、中国香港以及中国内地的上海、北京、天津、重庆和南通等地共设有26家美食广场。其中，上海地区的规模最大，从1997年在梅陇镇广场开出第一家店以来，11年内共开设了10家"大食代"。

特易购在中国投资发展购物中心。英国最大的零售商特易购（TESCO）日前宣布，将成立一家合资公司以开发中国的购物中心业务。初步计划投资1亿英镑（合1.65亿美元），在中国建设3家大型购物中心。特易购还表示，将在2010年2月之前在中国新开10家以上的大型超市。

乐购2007年中国开店不少于17家。在日前举行的2010中国ＥＣＲ（Efficient Consumer Response有效消费者反应）大会上，乐购中国区首席营运官David Hobbs表示，乐购2010年在中国的新开店数量不会少于17家。此外，到2016年，在中国开设80家购物中心。

三、商业选址

1．商业选址原理

是选择商业物业进行商业投资，具体方式是开店、商业经营和商品销售，以期得到商业投资的回报。

商业选址是商业模式的具体实施，商业以确认的商业模式去落实这种模式物化平台——商业物业，并且在所选择的商业物业上去具体实施这种模式。

商业选址有不同角度的理解：对于商业企业（品牌经营商）而言，他们根据门店开发计划和门店要求进行选址；而作为商业地产开发（物业经营）是被选择的对象，为了取得物业出租的收益，出租物业就要尽量使自己成为可供选址的目标。所以，了解商业选址的相关知识，十分有利于我们开发方向的建立。基于这个原因，本书把"商业选址"列入"招商工作的原理"中的重要内容。

2．商业选址的策略

商业选址是商业企业发展策略具体的布局，犹如下围棋中的"落子"，是商业企业对商业资源中的基础资源——消费对象的选择、商圈的选择、物业的选择、租赁关系的选择。这个过程上本企业商业模式所需要的各种资源要素的搜索和落实。各个企业的发展策略不同，所以选址的策略也不同，下面以几个商业企业的选址案例来解读商业选址中的策略。

【案例1-1】说说星巴克的选址策略

商业选址是商业企业经营模式对场地的具体要求，同时也反映了商业企业经营策略、开店能力、扩张能力。招商工作不仅仅要了解对象的具体门店要求，还要了解对象的发展策略和扩张意图，只有这样，才能完成招商任务，并达到物业价值最大化、经营持久化、业态租金的均衡化。通过星巴克的选址策略分析，有助于我们了解招商对象的经营策略和真实的选址意图。

一、星巴克的选址要求

星巴克是全球著名咖啡连锁店企业，在世界各地约有20000家门店，其开店扩张能力之强，绝不亚于老牌的连锁企业"麦当劳"等，其特有的选址策略为企业迅速扩张占领市场提供了强有力的支持。

1. 开店选址类型：

核心商业区，区域商业中心，高端写字楼区域，高端住宅区，特色旅游景点，交通枢纽（如机场）。

2. 位置及面积：选择物业主入口或人流量最密集位置；一楼独立区域（有临街门面），使用面积150~350m^2；对于一楼带二楼的物业要求一楼独立区域不小于100m^2（楼梯约15~20m^2）。一楼临街面宽度不少于8m。

Kiosk亭子店：亭子面宽8m×进深5m，需要适当的外摆区。

3. 物业基本条件：结构非异型；采光良好；最好能够提供户外坐饮区；要求物业具有消防验收合格证；不使用明火，不需要天然气和排烟通道。

4. 租赁基本条件：不低于10年租期；具有合法商用物业使用及出租权；

一般采用租赁方式，也可以采用按照销售扣点方式合作。

5. 场地技术条件

出租人向星巴克交付场地时，出租人无偿提供给星巴克下述公共系统设施，包括供水、排污、排水、空调外机、新风口、消防系统、电话及店招等，星巴克对建筑要素以及承重、隔断方面的具体要求。

二、星巴克选址策略的六个关键点

1. 注重有效客流，找到聚客点

只有人流达到一定数量，才有可能被选中。星巴克在选定商圈后，会测算有效客流，确定主要流动线，选择聚客点，把聚客点相隔不远的位置作为门店选址的地方。因为在客流的主要流动线上，意味着单位时间里经过的客流量最大；处于聚客点的位置，说明人群会在这里聚集驻足停留。

2. 明确目标客户，以受过高等教育的中高收入人群为目标对象。

星巴克在中国大陆的消费对象定位是追求品位、时尚的中高收入人群，综合群体年龄段大概在16岁到45岁。只有一个区域的消费群体的消费实力和生活品位符合星巴克的定位，星巴克才会根据选址的具体要求进一步考察。

3. 重视可见性，橱窗就是最好的招牌。

消费者走在大街上能否一眼就看到星巴克门店，看到店招和橱窗，这对门店招徕客人和营收增长点非常重要。

虽然星巴克目前的品牌知名度较高，但咖啡行业竞争非常激烈，要保持这样的优势，品牌的展示度非常重要，良好的可见性则是品牌的有力展示。

（1）门店位置优势；

（2）店招明确导向；

（3）通过橱窗、场景的吸引力。橱窗内的人是窗外人眼中的风景；橱窗外行走的人是窗内人眼中的风景。

4. 注重交通便利性，有流量才有更多的销售机会。

交通便利和店址的可达性，是消费者选择的重要条件。停车位多少，商圈辐射多大面积，辐射面积内有多少停车位，是星巴克认真考虑的问题，这样考虑的目的是增加客人进店率。

5. 集中式开店，降低配送成本。

星巴克初创时，曾经在同一条街上、面对面开了两家门店，这是一般连锁企业的禁忌。开一家店可能销售额很高，但是不能保证挣钱！很多产品的物流成本很高，特别是星巴克糕点，要求在-18℃的条件下无缝对接。

单店的销售额虽然高，但是经营成本也很高，所以星巴克在某地开设第一家店，会在今后连续开店，通过增加门店数量降低物流成本，所以不要指望独享"星巴克"，倒过来，城市是否连续开店的可能，也是星巴克区域选择的重要依据。

从竞争角度思考，在优质消费力集中区域开店，可独享市场，排斥竞争对手。

6. 开店的成熟环境很重要，能给星巴克带来长期稳定的收益。

星巴克认为开店需要成熟稳定的商业环境；成熟稳定的商业环境可以使门店产生稳定收益，以保证企业收益的增长性和稳定性。选择经济发展成熟、商业环境稳定的门店在星巴克变得格外重要；星巴克在中国大陆有过这样的教训：因某城市政府的招商引资，星巴克在该城开了一家门店，开店2年里营收非常好。但是从第三年开始，由于当地政府领导班子换届，对城市重新进行规划，这家门店附近由于规划变动要修地铁，周围建起了围墙，顾客只能从通道进店，这使的门店营收大跌。

由于地铁建设要5年才能完成，这家门店成为星巴克在中国唯一一家以近期亏损的方式进行经营的门店，星巴克总部一度考虑是否要将店关掉，他们认为："如果我们晚2~3年再进入这个商圈可能就能规避掉这个问题，情愿租金高一点都无所谓。"（可以提高开店投入的效率）

三、星巴克开店策略分析

1. 关于"第三空间"的开店理念

星巴克对其门店定位就是"第三生活空间"；星巴克认为除了家和办公室，中间还应该有一个地方可以提供大家休息、畅谈，包括来洽谈一些商务的场所，星巴克进入市场的切入点就是这个。第三生活空间对我们来讲是什么呢？在1999年星巴克没有开店以前，如果不想在家、在办公室谈话，大家想谈一些事情，一般会去什么地方？是麦当劳、肯德基，或是饭店，如果在用餐的时间去没有问题，但是非用餐时间去哪里？而中国大陆大部分咖啡馆都比较"文艺"，不太适合轻松地商务交流或约人说话。这些确实是有很困惑的事情，而星巴克当时切入点也就是针对能够给人们提供一个谈话的场所，这也决定了星巴克的开店理念和具体选址要求。

2. 关于位置选择

从某种意义上讲，"星巴克"也是一个分租商，它把一个商业空间，以固定的时间租下来，然后碎片化地不确定地分租给需要"第三空间"的对象。常常光顾星巴克的人们都较长时间占据着店里最佳的位置，这也是他们"星巴克"时光的特权之选，在星巴克，极少有人会谈及咖啡，人们更看重的是座位、氛围、周边人群以及环境和景色。

所以星巴克会在选址的交通、车位、环境、橱窗和店招设置上做大量研究。

3. 选址策略和门店竞争

（1）街角的选择："当我们刚开始为星巴克打天下的时候，需要和百吉饼店、音像店，特别是其他咖啡店进行激烈的竞争。在美国，人人都喜欢街角的位置，但最后总是入我们的手。"这是星巴克开店部门人士自豪的言论。

星巴克会衡量当地的平均受教育水平（受过良好教育的人群更愿意造访星巴克）、平均家庭规模、平均收入水平、在待选门店约200m的范围所经过的汽车数量、日间和夜间人口比例，以及很多其他数据。按照星巴克选址准则，星巴克是将自己当成人们日常生活必经之路上无法绕过的障碍，而不是让人们改变平素习惯的生活轨迹。这一策略使星巴克选址都尽可能实现最高的可见度，按照对星巴克发展有重要作用的鲁宾菲尔德的解释就是，对路人来说"赫然入目"，于是星巴克最理想的选址就是"两条主路的交叉路口"的街角位置。

（2）门店要在车行道的右侧：如果朝着市中心的方向驾车行进，就会注意到几乎沿路经过的所有星巴克店都是位于右手方向，这是为什么呢？星巴克开店部门很早就已认识到，要想在拥堵的交通中左转停到星巴克门前是件费时费力的事情，若是出来之后再次左拐掉头回到原方向，这次调头会使人感到可能违反交通规则而对星巴克望而却步。将每家门店都开在驾车人的右手方向，会让客户入店消费，购买拿铁时更方便。

（3）善于选择邻店：在美国本土，星巴克喜欢把咖啡店的选址定在音像店或是干洗店旁边？因为这会使星巴克门店潜在顾客的接触面翻一倍，星巴克了解咖啡店可以吸引一定比例的偶然经过的行人进入店中消费。音像店和干洗店的顾客通常得往返两次，先是把东西放下，之后再来取一次。因此，每次潜在顾客前来租借影碟，就可能有两次机会购买星冰乐。

4. 精准的门店发展规划

星巴克开店部门的最主要目标就是以最快速度拿下每座城市

的每个理想位置。星巴克并不是小心翼翼地在一座城市试验性开店，在人们对星巴克表现出好感，等业绩出来后，再做门店规划，星巴克一旦决定进入（某城市），马上迅速占领新市场，让任何竞争对手在没有做出反应时就在星巴克迅猛的攻势中败下阵来。然而，这一切并不是盲目进行的。

在研究发展规划时，开店部门将研究区域市场，根据星巴克所制订的开店要求，对大城市进行排序，收入高、人口密度高、受教育程度高的区域优先，如在美国，他们把旧金山名列榜首，而蒙大拿州的索柯垫底。按照星巴克式把这些城市区域进行分门别类。在每个市场开展布点时，公司都会在城市最繁华地区开一家标志性的旗舰店，围着这个旗舰店，再布置外围门店群，数量从数家到十多家，星巴克会在这个"圈"上向"圈"外扩张，按照确定的门店规划和开店计划布置门店。以后，每年至少10家的市场标准，直到在市郊开店盈利会更多为止。最后，星巴克对已经完成门店发展规划的区域、城市、商圈，进行门店市场空间划分和考核。

5. 数据结合经营，星巴克选址失误少

在星巴克进入新的区域之前，它还会对自己的发展纲要进行调整，再经过商业经验进行验证。负责考察潜在选址的开店部门员工会到附近的干洗店门口张望，通过衣物的品质、做工判断这儿的消费者是否有经济实力。他们还去停车位查看汽油的痕迹，以此来判断人们具体在哪个方位经常泊车和购物，以确定具体位置来选址。

如果各项条件都满足，那么星巴克就会锁定一系列店面，最后只是看哪家可以最快拿到。以2006年为例，星巴克宣布将于2011年在芝加哥开设250家新店，从而使得这座城市拥有580家门店。星巴克将这种过度饱和的策略将对手压垮。星巴克在当地的主要市场中瞬间铺满了门店，以此来发挥规模经济的效应，并确保在当地的主导地位，迫使竞争对手只能到更低一级的城市去抢占市场；之后，星巴克再向下一地区推进。

星巴克从几十项统计数据中来判定门店的最佳选址，所开发的系统让星巴克在判断门店选址方面几乎从未失手，就像是机器般精准。

没有哪家企业能凌驾于星巴克之上。企业在开店方面相当在行，所开的头1000家门店中，仅有两家店关张歇业。美国同行对星巴克有如此评价："我们完全是身处不同的阵营，无论是从规模上还是从形象地位上而言。"

6. 星巴克的门店扩张，收购同业门店

星巴克门店扩张速度快的另一项措施就是收购对手的门店，这样做，既可以减少竞争，又可以迅速扩张。星巴克经常采用这一战略。在星巴克高速发展时期，在美国它买下并改造拥有56家门店的帕斯克咖啡连锁机构，以及拥有17家门店的意大利托里法奇昂连锁机构，戴奇咖啡连锁机构旗下的200家门店。当星巴克准备进入英国市场时，它又拿下了西雅图咖啡公司旗下65家门店。收购这一招使得星巴克几乎在一夜之间遍布英国。

7. 引起关注也是进入市场的策略

在中国，星巴克往往会从知名开发商开发的重要的购物中心介入，这个店占据着主入口旁的位置，这个位置无疑是星巴克招徕门店业主的最佳广告位置。

2001年，星巴克在故宫开店，引起中国社会的广泛关注和争议。"故宫里的星巴克"在西方已经成了一个专用名词。在网上搜索一下"Starbucks in the Forbidden City"，达289000多条文章。许多西方人来到故宫后，特地找到星巴克合影，随后把照片发布在网上。这种社会的广泛关注，无意之中，为星巴克在中国开店做了广告。制造话题，也是星巴克开店的辅助利器。

附件：

星巴克对场地的部分技术要求

1. 开店选址类型：核心商业区，区域商业中心，高端写字楼区域，高端住宅区，特色旅游景点，交通枢纽（如机场）。

2. 位置及面积：选择物业主入口或人流量最密集位置；一楼独立区域（有临街门面），使用面积$150\sim350m^2$；对于一楼带二楼的物业要求一楼独立区域不小于$100m^2$（楼梯约$15\sim20m^2$）。备注：一楼临街面宽度不少于8m。

Kiosk亭子店：亭子面宽8m×进深5m，需要适当的外摆区。

3. 物业基本条件：结构非异型；采光良好；最好能够提供户外座席区；具有消防验收合格证；不使用明火，无需天然气和排烟。

4. 租赁基本条件：不低于10年租期；具有合法商用物业使用及出租权；也可以采用按照销售扣点方式合作。

5. 场地技术条件

出租人向星巴克交付场地时，出租人无偿提供给星巴克下述公共系统设施、供水、排污、排水、空调外机、新风口、消防系统、电话及店招，以及承重、隔断方面的具体要求。

供水：出租人在交付场地前将管径不小于$DN=32mm$不间断供水的自来水管接到星巴克租赁区域指定位置，并保证该自来水符合国家相关饮用水卫生标准，水压不小于0.3 MPa且不大于0.5 MPa，并为星巴克安装独立水表；

排污：出租人同意星巴克在租赁场地内设洗手间，并在租赁区域内指定位置为星巴克提供一处洗手间排污接口，接口管径不小于110mm，该排污管排入业主自设的化粪池后排入市政排污管网，出租人需确保该路径畅通、无阻；

排水：出租人为星巴克在租赁区域指定位置提供两个排水接口，接口管径不小于110mm，并确认向星巴克提供的位置及排放路径不致引起相关政府部门的争议或影响邻里关系；

空调和设备外机：出租人在租赁区域的室外区域（如屋面，租赁区垂直投影区域），提供给星巴克不低于$6m^2$的位置供星巴克安装空调室外主机，并提供可供使用的管井用于室内外机管道连接，室内外机连接路径总长应小于35m，出租人确认该外机位置和连接路径将不导致争议或影响邻里关系；

新风口和排风口：出租人同意星巴克在租赁区域之外墙设置排风口（400mm×800mm，1个）和空调的新风口（400mm×800mm，1个），并确认该位置将不导致争议或影响邻里关系；

供电：出租人在交付场地前提供100kW电量供星巴克使用，并在交付场地前负责提供三相五线铜芯（380V/220V，50Hz，100kW）YJV专用电缆（一路供电）将电送至承租区域内指定位置处（星巴克配电柜上口），出租人需确认所提供的电气设施和供电质量符合国家规范及用电安全，并为星巴克单独设置电表计量，星巴克按国家规定单价缴纳电费（电力损耗不另计费）；

消防系统：出租人按照星巴克租赁区域的天花、墙面设计布置和消防部门要求，并按照星巴克的装修工程进度要求，对租赁区域内原有消防设施进行改造，改造后的自动报警系统和喷淋系统由出租人无偿接驳至大楼消防系统（并入大楼消防控制中心运行），并为星巴克办理消防报建、验收手续及以后的消防维护管理，并保证不因消防问题影响星巴克如期开业；

电话：出租人在交付场地后15天内，提供星巴克外线直拨电话线路5对及

1个最低网速为2M的宽带接口至星巴克租赁区域指定位置，电话号码由星巴克自行申请；

招牌：出租人提供双方确认的招牌位置供星巴克安装招牌，且租赁区域外墙面不得有其他广告、饰物及任何宣传物品；

门面：星巴克租赁区域外立面及室外台阶、地坪装修以星巴克规范的设计图为准；

隔断及装修权属：由出租人按合同约定位置砌筑分界隔墙，出租人和星巴克各自负责自己范围内侧的装修；

拆除：出租人在交付场地前负责拆除星巴克租赁区域内所有星巴克不用的管线（包括空调管道、通风管道、水管、电源管线等）和隔断、面层，负责清除星巴克租赁区域内的其他设施和建筑垃圾；

施工配合：施工期间，出租人提供租赁区域线以外1.5m范围供星巴克设置装修期间的临时围挡，并保证该范围的使用不导致争议或影响邻里关系；出租人无偿协助星巴克办理装修报建手续；施工期间出租人保证星巴克施工人员、材料和车辆的进出场通道畅通，并无偿提供星巴克垃圾堆放场地；

结构承重：出租人负责星巴克租赁区域的结构安全和结构加固工程，并保证交付场地时星巴克梁板承重活荷载不低于$350kg/m^2$，如达不到标准，出租人承担结构加固费用；

其他：出租人为星巴克提供的场地需结构完好、租赁范围以内不得有从其他区域（包括但不限于从楼板、墙面、室外等）渗水或漏水等现象，如果有此问题，出租人须完全解决后方可交付场地。

【案例1-2】肯德基的跟进选址策略

肯德基对快餐店选址是非常重视的，选址决策一般是两级审批制，通过两个委员会的同意，一个是地方公司，另一个是总部。其选址成功率几乎是百分之百，选址是肯德基的核心竞争力之一。

通常肯德基选址按以下步骤进行：

1. 商圈的划分与选择

（1）划分商圈

肯德基计划进入某城市，就先通过有关部门或专业调查公司收集这个地区的资料。有些资料是免费的，有些资料需要花钱去买。把资料买齐了，就开始规划商圈。

商圈规划采取的是积分的方法，例如，这个地区有一个大型商场，商场营业额在1000万元算1分，5000万元算5分，有一条公交线路加多少分，有一条地铁线路加多少分。这些分值标准是多年平均下来的一个较准确经验值。

通过打分把商圈分成好几大类，以北京为例，有市级商业型（西单、王府井等）、区级商业型、定点（目标）消费型，还有社区型、社、商务两用型、旅游型等。

（2）选择商圈

即确定目前重点在哪个商圈开店，主要目标是哪些。在商圈选择的标准上，一方面要考虑餐馆自身的市场定位，另一方面要考虑商圈的稳定度和成熟度。餐馆的市场定位不同，吸引的顾客群不一样，商圈的选择也就不同。

而肯德基与麦当劳市场定位相似，顾客群基本上重合，所以在商圈选择方面也是一样的。可以看到，有些地方同一条街的两边，一边是麦当劳另一边是肯德基。

商圈的成熟度和稳定度也非常重要。比如规划局说某条路要开，在什么地方建设商业中心，将来这里有可能成为成熟商圈，但肯德基一定要等到商圈成熟稳定后才进入，例如说这家店三年以后效益会多好，对现今没有帮助，这三年难道要亏损？肯德基投入一家店要花费好几百万，当然不冒这种险，一定是比较稳健的原则，保证开一家成功一家。

2. 聚客点的测算与选择

（1）要确定这个商圈内，最主要的聚客点在哪。

例如，北京西单是很成熟的商圈，但不可能西单任何位置都是聚客点，肯定有最主要的聚集客人的位置。肯德基开店的原则是：努力争取在最聚客的地方和其附近开店。

过去古语说"一步差三市"。开店地址差一步就有可能差三成的买卖。这跟人流动线（人流活动的线路）有关，可能有人走到这，该拐弯，则这个地方就是客人到不了的地方，差了一个小胡同，但生意差很多。这些在选址时都要考虑进去。

人流动线是怎么样的，在这个区域里，人从地铁出来后是往哪个方向走等。这些都派人去掐表，去测量，有一套完整的数据之后才能据此确定地址。

比如，在店门前人流量的测定，是在计划开店的地点掐表记录经过的人流，测算单位时间内多少人经过该位置。除了该位置所在人行道上的人流外，还要测马路中间的和马路对面的人流量。马路中间的只算骑自行车的，开车的不算。是否算马路对面的人流量要看马路宽度，路较窄就算，路宽超过一定标准，一般就是隔离带，顾客就不可能再过来消费，就不算对面的人流量。

肯德基选址人员将采集来的人流数据输入专用的计算机软件，就可以测算出，在此地投资额不能超过多少，超过多少这家店就不能开。

（2）选址时一定要考虑人流的主要动线会不会被竞争对手截住。

因为人们现在对品牌的忠诚度还没到说我就吃肯德基看见麦当劳就烦，好像还没有这种情况。只要你在我跟前，我今儿挺累的，我干嘛非再走那么一百米去吃别的，我先进你这儿了。除非这里边人特别多，找不着座了，我才往前挪挪。

但人流是有一个主要动线的，如果竞争对手的聚客点比肯德基选址更好的情况下那就有影响。如果是两个一样，就无所谓。例如北京北太平庄十字路口有一家肯德基店，如果往西一百米，竞争业者再开一家西式快餐店就不妥当了，因为主要客流是从东边过来的，再在那边开，大量客流就被肯德基截住了，开店效益就不会好。

（3）聚客点选择影响商圈选择

聚客点的选择也影响到商圈的选择。因为一个商圈有没有主要聚客点是这个商圈成熟度的重要标志。比如北京某新兴的居民小区，居民非常多，人口素质也很高，但据调查显示，找不到该小区哪里是主要聚客点，这时就可能先不去开店，当什么时候这个社区成熟了或比较成熟了，知道其中某个地方确实是主要聚客点才开。

为了规划好商圈，肯德基开发部门投入了巨大的努力。以北京肯德基公司而言，其开发部人员常年跑遍北京各个角落，对每个每年建筑和道路变化极大、当地人都易迷路的地方了如指掌。经常发生这种情况，北京肯德基公司接到某顾客电话，建议肯德基在他所在地方设点，开发人员一听地址就能随口说出当地的商业环境特征，是否适合开店。在北京，肯德基已经根据自己的调查划分出的商圈，成功开出了56家餐厅。

肯德基与麦当劳市场定位相似,顾客群基本上重合,所以经常可以看到一条街道一边是麦当劳,一边是肯德基,这就是肯德基采取的跟进策略。因为麦当劳在选择店址前已做过大量细致的市场调查,挨着它开店不仅可省去考察场地时间和精力,还可以节省许多选址成本。当然肯德基除了跟进策略外,它自己对店址的选择也很有优秀之处可以值得借鉴。

【案例1-3】麦当劳的选址策略及商圈调查

选址是否正确,是决定店铺日后能否赚钱的条件之一。1990年,美国最大快餐连锁店麦当劳进入内地市场,于深圳开设首间分店。直至今天,麦当劳在内地的扩张步伐快速,已建立逾600多间分店。

麦当劳的成功,除了品牌优势外,在选址方面更具敏锐目光,进驻具发展潜力的地区。难怪内地有不少零售企业,都愿意在麦当劳旁开店。以下让我们看一看麦当劳的选址策略:

1. 建频密网络

麦当劳的目标消费群是家庭成员和年轻人,所以在选址上,人潮聚集地是最主要的考虑因素。例如在旺区的儿童用品商店,或青少年运动连锁店附近,便会积极进驻;至于靠近繁忙地铁站的周边,在不同的出口也会设置分店,考虑为顾客提供方便,亦以频密的网络抢攻来自四方八面的顾客。

2. 对地区作评估

做生意是长线的投资,所以在拣选落脚地时,麦当劳都会做市场调查,对据点作为期3~6个月的严密考察。考察的内容,包括进驻城市的规划与发展、人口变动、消费和收入水平等。如果发现是老化的城市,则会打退堂鼓;相反,若有兴建中的新型住宅区、学校和商场等,则会纳入考虑的范围。

3. 对选址的有效客流评估

通过流经选址的客流进行缜密分析,通过年龄特点、着装特点(反映职业状况)、同行特点等客流特征进行统计分析,找出其中有效客流,以及对这个有效客流可能产生的消费频次进行评估,然后测算选址的盈利可能性。

3. 部分重要业态的选址要求

表1-15为部分重要业态的选址要求和租金水平评价。本书附录1列举了一些商业业态对选址的具体要求,包括商圈选择、立店障碍、面积要求、建筑要求、租金等方面。

部分重要业态的选址要求和租金水平评价　　表1-15

业态名称	商圈	交通条件	位置	面积范围（m²）	布置楼层	配套要求	租金承受力水平
综合购物中心	市中心、区域中心、社区商业中心	主要道路	中心	2万以上	全楼层	全部配置	☆☆—☆☆☆
大型超市	社区、传统居住区	主要道路	一般	5000~8000 15000~20000	3层以下建筑	水、电、网络、电话、车位、厕所	☆—☆☆
标准超市	小型社区或传统居住区	社区道路	一般街市	500~2000	2层以下	水、电、网络、电话、车位	☆☆
便利店	商务型、交通型、社区	要道	商业街侧、商务楼宇、社区要道	50~80 100~120	1层	水、电、网络、电话	☆☆—☆☆☆☆
专业购物中心（如红星美凯龙）	新旧居住区之间	快速道	相对独立	6万以上	5层以下	水、电、网络、电话、有线、车位、物流	☆—☆☆
奥特莱斯	近郊、无要求	高速公路出口1000m内	路角、醒目	2万~8万	1~2层	洗车、餐饮	☆—☆☆
银行营业部	城市中心、区域中心	支干道、地铁出口1000m	路角醒目	300~500	1~2层	建筑相对独立，单独的出入口的门	☆☆☆—☆☆☆☆
儿童体验	各层级商业中心的大商场	重要商业道路	核心区位	2000~5000	上部楼层	一般	☆☆☆
服饰市场（批发零售）	各等级商业中心	重要商业道	一般	不小于5000	1~5层	一般	☆☆☆
大型游乐场	各等级商业中心、大型社区	商业街道、支干道	醒目	3000~5000	4层以上均可视楼层控制	一般	☆☆—☆☆☆
大型餐饮（商务型）	CBD或商业中心	主干道	醒目	1500~2000，3000以上	单幢或3层以上	全部	☆☆以下
专业卖场（如国美）	各种商业中心	一般道路以上	沿街位置	2000~5000	1~4层	水、电、网络、电话、有线、车位、厕所	☆☆以下
大型健身会所	大型社区、办公区	支干道以上	相对独立	2000~5000 极端1万以上	全楼层	上下水、电、燃气、有线、通讯、独立车位	☆及以下
百货公司	市中心、区域中心	主要商业道路	中心位置	5000~20000	全楼层	全部	☆☆
西式快餐	市中心、区域中心	重要交通节点附近、主要商业街	沿街醒目位置	100~400	1层	上下水、电、部分需燃气	☆☆☆☆
连锁家电卖场	市中心、区域中心、大型社区中心	重要道路	沿街	2000~5000	2~3层或地下室	一般	☆☆
汽车4S店、汽配城	市区边缘	高速公路、主干道	沿街醒目	5000以上	1层为主	一般	☆☆以下
休闲会所	CBD、CLD	次干道	幽静或次干道	500~2000	独幢或2层上	餐饮	☆☆☆
美食街	各类商业中心一侧、大型社区、CBD、各类购物中心	主干道、次干道	沿街	5000以上	1~2层为主	餐饮	☆☆☆

下面案例是几个不同业态的商业企业对于选址的具体要求。

【案例1-4】永辉超市（业态类别：一线超市品牌）选址要求

1. 物业要求：需求面积5000~30000m^2。
2. 对商圈的要求：

（1）在项目1.5km范围内人口达到10万以上为佳，2km范围内常住人口可达到12万~15万人；

（2）须临近城市交通主干道，至少双向四车道，且无绿化带、立交桥、河流、山川等明显阻隔为佳；

（3）商圈内人口年龄结构以中青年为主，收入水平不低于当地平均水平；

（4）项目周边人口畅旺，道路与项目衔接性比较顺畅，车辆可以顺畅地进出停车场。

3. 对物业的要求：

（1）物业纵深在50m以上为佳，原则上不能低于40m，临街面不低于70m；

（2）层高不低于5m，对于期楼的层高要求不低于6m，净高在4.5m以上（空调排风口至地板的距离）；

（3）楼板承重在800kg/m^2以上，对期楼的要求在1000kg/m^2以上；

（4）柱距间要求9m以上，原则上不能低于8m；

（5）正门至少提供2个主出入口，免费外立面广告至少3个；

（6）每层有电动扶梯相连，地下车库与商场之间有竖向交通连接；

（7）商场要求有一定面积的广场。

4. 对停车场的要求：

（1）至少提供300个以上地上或地下的顾客免费停车位；

（2）必须为供应商提供20个以上的免费货车停车位；

（3）如商场在社区边缘需做到社区居民和商场客流分开，同时为商场供货车辆提供物流专用场地，40尺货柜车转弯半径18m。

5. 其他：

（1）市政电源为双回路或环网供电或其他当地政府批准的供电方式，总用电量应满足商场营运及司标广告等设备的用电需求，备用电源应满足应急照明、收银台、冷库、冷柜、监控、电脑主机等的用电需求，并提供商场独立使用的高低压配电系统、电表（可开具增值税发票）、变压器、备用发电机、强弱电井道及各回路独立开关箱；

（2）配备完善的给水排水系统，提供独立给水排水接驳口并安装独立水表，给水系统应满足商场及空调系统日常用水量及水压使用要求，储水满足市政府停水一天的商场用水需求；

（3）安装独立的中央空调系统，空调室内温度要求达到24℃正负度标准；

（4）物业租赁期限一般为20年或20年以上，不低于15年并提供一定的免租期。

【案例1-5】某汽车服务企业

经营面积约800~1200m²，小型店最小面积800~900m²一层为佳，但一、二层组合符合条件亦可洽谈，一楼面积最少不小于500m²。周边交通道路不少于四车道，一线二线城市的主、次商圈边缘，中高档社区商圈的中心地区，其他专业商圈的头尾。三线、四线城市的主商圈头尾。

层高要求：商场部净高不低于3.2m；施工部净高不低于4.2m；如施工部无法全部满足，在确保换油区三个车位净高不低于4.5m的前提下，其他区域可适当降低高度（其他区域净高不低于3.6m）。一楼不能有台阶，柱心距7~7.5m最佳，需汽车可以直接开进卖场。

建筑结构强度及立柱承重问题，确保屋面结构承载大于100kg/m²，确保结构强度可满足室内机组、风管、吊顶、室外机组、维护的要求。

供电150kW。给水2英寸进水管，标准水压。排污必须接入到指定位置，一般设置在商场和施工的中间区域。排水、消防须标准配置。

商铺所处位置十字路口为最佳，前面有停车场，面积不少于500m²，需安装洗车机，洗车机占地面积9.6m×4m，北方城市需要13m×5.5m），地下设置循环水装置，确保地下无电缆、管线通过，给水管路铺设（美车饰自建）确保给水管接入为2英寸。

【案例1-6】盒马鲜生（业态类别：食品/特产/礼品）选址要求

1. 建筑结构

（1）楼板荷载：售卖区：400kg/m²；加工间：500kg/m²；仓库区、冷库区域：700kg/m²；压缩机房/空调机房：700kg/m²；活鲜鱼池区：1000kg/m²。

（2）楼层层高：梁底标高：4.8m（标准梁）；设备管最低标

高（如有）：3.8m；标准柱距不小于8.0m×8.0m。

（3）结构局部下沉：要求冷库安装区域的结构梁及楼板下沉200mm；卸货区结构下沉250mm；液压升降平台结构下沉350mm。

（4）人防：人防楼板开孔由甲方负责报批协调。

2. 建筑规划

（1）建筑总平面：按照总体规划设计施工，保证车流、人流、货流路线与规划的合理性，其中厂商送货车流与顾客购物车，配送电瓶车车流应避免交叉；主入口人流动线应避免与购物车流交叉。车流设计通过规划和交通部门的审批。

（2）停车场：停车场（包括照明照度>80lx，停车交通标识，划线，减速，防撞等）合理布置。

（3）室外广场店招，广告，标识：提供店标、广告、灯箱位置和面积。

（4）辅助使用面积：应提供门店的后勤使用面积和位置。如店办公室、仓库、制冷机房（冷冻冷藏）、保洁工具间、保洁休息室等等。

3. 物流条件

（1）收货（独立使用）：独立卸货场地，不能低于9m×10m；若为非1层收货，车库限高3.5m以上；面向车辆停放面宽度至少9m以上，收货验收区深度至少8m以上，收货验收区总面积至少120m^2；至少有1台独立使用的货梯，有到门店存储区独立使用的通道，至少2m。

（2）履约出货—地下出货：独立使用出入口，出口和入口分离；出口部不高于10°，宽度3m以上，入口坡度不高于15°，宽度2m以上；可进行提升机开洞，约2个，约1.7m×2.3m。

（3）履约出货—地上出货（优先考虑）：提升出货区：宽度至少10m，深度至少7m，总面积130m^2（包含配送办公室+充电区）；作独立使用的配送车辆停放和周转场地宽度不小于10m，深度不小于6m，总面积不能小于150m^2。

4. 供电工程

（1）业主提供超市高压双电源双回路商业供电；

（2）盒马鲜生体验中心面积4500m^2以上：甲方提供250W/m^2的380V主电量供乙方使用，另需提供80~100KW的消防设备双配用电。

（3）业主没有空调系统的，要求再加70W/m^2的380V的用电量。

（4）甲方应为乙方提供独立的位于乙方租赁物业区域附近的低压配电房或专用配

电柜箱，并完成相应的电缆沟、送排风、照明及消防系统的施工。

（5）乙方在距离租赁区域较远处的设施，如排油烟机、冷却塔、补水泵、招牌灯箱、排污泵、扶梯等，如需甲方就近供电，甲方应予配合提供，乙方自行负责安装电表计量、交费。（注：主电4~5路电缆供电，开关、线缆满足负载要求；紧急备电一路电缆供电，开关、线缆满足负载要求。）

（6）业主需按要求将电缆敷设至乙方指定位置，并留头5m。

5. 电话、网络

（1）盒马鲜生体验中心用广域网网络线路由乙方自行向线路提供商申请，甲方不限制线路提供商，并且甲方许可任何网络提供商提供相关线路并为线路接入提供相应管道。

（2）甲方应当在整体移交前安装全部无线通信信号放大器，包括但不限于移动、联通、电信。

6. 环保：甲方建筑符合国家及当地环保标准，并最终通过当地验收，提供排污排水许可，甲方给予乙方办理项目环评必要的协助并提供相关资料。

7. 消防系统

（1）乙方租赁场地内的消防报警系统、喷淋系统、消防栓系统、消防排烟系统、防火分区系统及疏散通道等消防设备设施，按商业消防要求经消防部门验收合格，并取得合格意见书。

（2）乙方租赁期间，租赁场地内的原有消防报警系统、喷淋系统、消防栓系统、消防排烟系统、防火分区防火卷帘系统及甲方消控主机、联动系统、消防泵系统始终处于正常运行。

（3）乙方装修期间须改造消防系统及增设报警点位、模块等，甲方应积极配合并免费扩展主机点位、免费编程编码。甲方对乙方装修期间的消防改造、放水、补水、调试、点位接入须全力配合并不得收取任何费用。

（4）乙方租赁期间，甲方免费提供对乙方使用及乙方增加改造的消防系统设备设施的保养保修服务。

（5）场地交付时甲方提供一次消防报审、验收通过报告资料文件。

（6）维保统一由甲方负责。

8. 空调系统

提供中央空调：（1）冷负荷按照300W/m^2标准，热负荷按照100~120W/m^2标准，新风按照25~30m^3/（小时·人）或3L/（S·m^2）标准提供；室内温度达到：冬季不低于18℃，夏季不高于26℃；（2）提供空调图纸；（3）维保统一由甲方负责。

甲方若不能提供空调设备，则需：（1）提供满足空调运行条件的外机外置；（2）远离民居，满足环保对噪声的要求。

9. 厨房排烟/通风系统

（1）油烟排放口需设置在建筑最高点，符合环评要求；

（2）独立使用的排油烟井道截面积不小于2.5m²；

（3）补风井截面积不小于1.8 m²；

（4）若需改造由业主负责完成排烟管或者井道改造。

10. 供水系统

（1）供水管径：≥$DN75$（要求业主接至租赁区域）；

（2）水压要求：最不利点水压0.25MPa以上。

11. 排水/排污系统

（1）厨房及加工餐饮区：甲方需提供符合乙方餐厅厨房及加工餐饮区排油污条件的排水管道接口（排水管管径为$DN200$的球墨管）至乙方租赁场地内，此排水管须接入甲方提供给乙方单独使用的容积不小于12~15m³的隔油池；

（2）生鲜区排水：甲方需提供符合乙方生鲜区排水条件的排水管道接口（排水管管径为$DN150$，材质为球墨管或PVC管，）至乙方租赁场地内，此排水管须接入甲方废水管网排入市政污水管。

（3）排水方式应为自然排水，如果不能自然排水且隔油池不得不设于室内时，甲方应进行施工并安装能够自控的排水提升装置。每个池的提升泵均为自藕，带切削功能，应一用一备，隔油池房间并安装通风系统。

12. 冷藏冷冻系统

（1）室外冷凝器的面积要求55~60m²，且保证散热良好；

（2）压缩机房和冷凝器水平距离不超过40m、垂直高差不超25m，冷凝器的最低点要至少高于压缩机组上方2.5m；

（3）冷凝器需远离民宅约60m，甲方需保证提供的外机位置符合当地环保部门的要求。

13. 货梯扶梯

（1）甲方（业主）保证乙方营业时间内货梯/扶梯正常运行；

（2）甲方（业主）提供单台载重量为2t的货梯1台供乙方使用；

（3）货梯的使用权归乙方独家使用，若发生故障由甲方维修和保养。

14. 燃气：煤气需80m²/h以上，且燃气管道须由甲方接到乙方指定的位置。

【案例1-7】迪卡侬（业态类别：户外用品）选址要求

1. 物业要求：需求面积1500～6000m²；最小柱距8m；店铺层高6m。

2. 其他要求：

（1）项目必须位于主干道；

（2）项目商圈可以是老城区，可以是新老城过渡区，也可以是发展中区域；

（3）标准层高5.5m；

（4）荷载500kg/m²，仓库800kg/m²；

（5）承租楼层为一楼，且迪卡侬主入口门面要临主路，临街面要30m以上；

（6）承租的租赁面积以套内面积进行计租；

（7）租金必须包括所有费用，即包括但不限于物业管理费用、推广费，或是其他费；

（8）承租的租赁范围为长方形（一般长要求约80m，宽要求约50m）；

（9）承租的租赁范围内不能有核心筒，中间不能有中庭或是消防楼梯，租赁范围柱网要整齐，即使有消防楼梯均只靠旁边；

（10）迪卡侬的主入口前需要设约300m²的运动场，方便日后活动的举行；

（11）迪卡侬要求项目的可到达性（指路网的便利程度，是否有地铁、公交车，开车是否方便等）与可视性（要求在项目的整个外墙的各个位置有迪卡侬的标示、店招等，且要求尺寸越大越好）；

（12）项目停车位需要充足，要求停车位与商业面积配比在1：20（即2000m²的商业需配100个停车位），此点可需按照项目的实际情况综合评定。

【案例1-8】CGV星聚汇国际影城（业态类别：电影院）选址要求

1. 物业要求：需求面积4000～10000m²；最小柱距8m；店铺层高8m。

2. 其他要求：

（1）当地城市的主商圈或次商圈的复合商业地段；

（2）本商业项目在8万m^2以上；

（3）周边人流量大、消费能力高，3km范围内人口超过20万；

（4）交通便利；

（5）影院与餐饮、购物中心、KTV、网吧、健身中心形成良好的商业配套和强大的异业聚集效应；

（6）面积4000m^2以上，层高10.5m以上（净高9m），柱距8.4m以上（可抽柱）。

由于电影院是一种定制式的商业业态，希望项目在商业规划阶段或刚动工的阶段，双方就要接洽，并对工程细节等问题进行沟通与确认。

【案例1-9】世纪星滑冰俱乐部（业态类别：真冰场）选址要求

1. 物业要求：需求面积2500~2800m^2；最小柱距8m；店铺层高7m。

2. 其他要求：

（1）楼层荷载要求：静态600kg/m^2；

（2）楼层高度：7m以上；

（3）电容量：不低于600kW；

（4）冰场内无柱子；

（5）冰面区域内下沉50cm；

（6）建议冰面面积1250m^2或者1456m^2；

（7）配套面积：1:1或者1:1.5。

【案例1-10】和府捞面（业态类别：中式简餐）选址要求

1. 物业要求：需求面积100~200m^2；最小柱距3m；店铺层高3m。

2. 其他要求：

（1）电源三相五线：380V三相五线负载功率为135kw，电缆规格为YJV4×95+1×50mm^2电源线敷设到租户指定位，并预留5m；

（2）给水：上水要求管径≥DN32、水表到租户指定位置，水系统压力≥2.0MPa；

（3）排水：DN110厨房耐高温下水管及DN75展示柜下水管各一点位到租户指定位置，排水管道要接入商场污水处理系统；

（4）隔油池：提供公共隔油池；

（5）厨房排风：提供排烟量不小于12000m^3/小时排烟管道到租户指定位

（排烟主管道截面积≥0.24m²）；

（6）独立新风：提供8000m³/小时厨房独立新风，新风管道到租户租赁区（新风主管道截面积>0.24m²）；

（7）空调：提供每平方米400大卡（460W）冷量中央空调到租户；另提供3台空调室外机位置（4.2m长、1.5m宽），凉菜间空调室外机安装在厨房顶棚内；

（8）消防：按照要求留有喷淋、烟感、温感点位，消防栓到租户并统一报建，提供原建筑消防验收合格报告；

（9）招牌广告：提供外墙广告位；

（10）网络线：提供1路可以开通信号的网线（不低于10M）；

（11）垃圾房：提供垃圾房或物业指定公共点结构楼面荷载≥350kg/m²，装修层高≥3.6m；

（12）有关图纸：提供电子版消防喷淋图、烟感图/给水排水系统图、平面图/电气系统图、空调系统图、平面图、租赁区外立面图；

（13）施工临时用电、临时用水：施工进场前一周租赁区域需具备（10kw、三相五线）临时用电，正式用水点位；

（14）租赁区域要求：施工进场前一周租赁区域内实墙须完整，内部多余隔墙须拆除，内部无垃圾、无其他物料堆放；

（15）仓库：提供仓库位置图面积电量；

（16）物业装修规定：①提供物业装修手册（含装修押金、垃圾清运费、管理费、保险费水电、消防等）；②原建筑消防验收合格证（加盖公章）；③施工对接人联系方式、货梯位置；

（17）证照办理：①协助办理二装相关证照：消防、环保、营业执照等流程及联系方式；②表明证照办理特殊要求（是否有指定单位或供应商）。

【案例1-11】海底捞（业态类别：川式火锅）选址要求

1. 物业要求：需求面积800~1500m²；最小柱距4m；店铺层高4m。

2. 城市要求：

海底捞已开门店城市有保定、温州、泉州、唐山、佛山、大连、江门、惠州、咸阳、莆田。

3. 工程要求：

（1）面积：租赁区域使用面积在500~1200m²。

（2）层高：主梁到地面不低于3.6m。

（3）楼板承重：设计活荷载厨房区域不小于400kg/m²，其他区不小于350kg/m²;如不能达到此要求,我方有对原结构进行加固的权利;我方在屋面安放设备时,如该屋面不能满足设备承载要求,我方有对屋面进行加固的权利。

(4) 供电:

使用面积500~800m²,提供不小于350kW的电量;

使用面积800~1000m²,提供不小于400kW的电量;

使用面积1000~1200m²,提供不小于450kW的电量;

备注:如无法提供燃气,需要在原有用电量基础上增加200kW。

(5) 供水:供水管径不小于DN65mm;供水压力不小于0.3MPa。

(6) 排水:厨房及卫生间污水管线各一根,管径不小于DN150mm;可提供单独使用的室外隔油池,体积不小于4m³。

(7) 燃气:

1000m²以上:管径不低于DN65,保证我方燃气80m³/小时以上的流量。

500~1000m²:管径不低于DN50,保证我方燃气50m³/小时以上的流量。

(8) 暖通:甲方需提供室外空调、风机放置位置。

1000m²以上室外设备摆放面积不小于300m²;

500~1000m²室外设备摆放面积不小于150m²。

(9) 消防、环评:主体结构满足消防验收要求,主楼外墙离居民楼距离不低于30m。

(10) 房屋有合法的产权等资料;无法律纠纷、权属争议;符合公安、环境、卫生等主要部门的有关规定。

4. 商圈要求:

一般人流量要求在周边3km之内人口数量在20万以上,周边1~2km之内有大型的品牌商业和购物中心或者当地知名餐饮街和商业中心。

【案例1-12】DQ冰雪皇后(业态品类:甜品甜点)选址要求

1. 物业要求:需求面积60~200m²;最小柱距3m;店铺层高4m;需要排烟通道。

2. 其他要求:

商铺位置的要求是一楼或餐饮区,沿街有展示,位于主通道,面积要求60~200m²。

【案例1-13】一茶一坐（业态品类：茶餐厅）选址要求

1. 物业要求：需求面积300～350m²；最小柱距5m；店铺层高4m；需要排烟通道。

2. 其他要求：

（1）商铺成熟商圈：商业+商务型商圈，商业商圈；

（2）楼层：一层，1+2层，2层+1层门面；

（3）面积：使用面积350～400m²左右，如楼层单层层高在5.3m以上，可以考虑做夹层，面积可控制在250～300m²左右；特别规定：不能在住宅楼下；基础设施：水、电、媒、上下排水、隔油等；

（4）华南今年主要拓展广州区域，有合适的项目就可以考虑。

【案例1-14】永和豆浆（业态品类：中式简餐）选址要求

1. 物业要求：需求面积100～200m²。

2. 其他要求：

社区型或便利型商业街市、人流量大的街道、商铺门前无封闭交通围栏、高于1.8m的绿化。

【案例1-15】摩尔齿科（业态类别：医疗服务）选址要求

1. 物业要求：需求面积500～1000m²。

2. 其他要求：

（1）商圈地段：核心商圈

（2）面积需求：500～1000m²，有上下水

【案例1-16】星期8小镇（业态类别：儿童职业体验馆）选址要求

1. 物业要求：需求面积3000～10000m²；最小柱距5m；店铺层高5m。

2. 其他要求：

（1）门店位置要求醒目、可见度强；

（2）门店面积：3000～10000m²不等；

（3）店面通道：店面通道无障碍，并且属于主要通道，客流量大；

（4）店面广告：店面广告符合企业广告标准，可吸引顾客眼球；

（5）交通便利：物业要处于交通便利，有公共交通工具可到达的地方。

【案例1-17】汤姆熊欢乐世界（业态类别：电玩）选址要求

1. 物业要求：需求面积1200～1500m²；最小柱距5m；店铺层高4m。

2. 其他要求：1200～1500m²，层高：3m以上。

【案例1-18】Dyson戴森（业态类别：家居用品）选址要求

1. 物业要求：需求面积60～80m^2。

2. 其他要求：

（1）首选物业：城市综合体、购物中心、其他；

（2）品牌定位：中高端；

（3）合作期限：2～5年以上。

【案例1-19】漫咖啡（业态类别：咖啡）选址要求

1. 物业要求：需求面积300～2000m^2；最小柱距3m；店铺层高6.5m。

2. 其他要求：

（1）物业要求：成熟街区环境幽雅，层高在6.5m以上，或者1～2层商业；

（2）考虑1～2楼或者纯1楼或者独栋面积在300～1500m^2，合同期限不少于8年；

（3）需要上下水；需要排烟通道。

【案例1-20】言几又（业态类别：书店）选址要求

1. 物业要求：需求面积500～5000m^2；最小柱距3m；店铺层高4m。

2. 其他要求：

（1）首选物业：大型购物中心、位置可根据商场规划；

（2）整层整栋一手商用物业、需要适合容纳复合业态的空间；

（3）电梯消防配套齐全；

（4）有独立门面，适合做大型招牌；

（5）人均消费：100元左右。

【案例1-21】气味图书馆（业态类别：个人护理品/化妆品）选址要求

1. 物业要求：需求面积40～80m^2。

2. 其他要求：

（1）首选物业：城市综合体、购物中心、商业街；

（2）品牌定位：大众；消费阶层：大众阶层；

（3）合作期限：3年以上。

【案例1-22】苏宁电器连锁选址要求

1. 随着苏宁电器在全国的连锁扩张，在全国不同地区和级别的城市均需要符合开设商场条件的商业物业。具体区域要求如下：

副省级以上城市、直辖市、省会城市、副省级城市：核心商圈5000m^2以上；

区域商圈：4000m^2以上；

大型社区：3000m²以上；

地级城市：区人口50万以上，具有一定的购买能力；商业中心3000m²以上；

县级市场：江苏、浙江、广东等地的县级市内陆省份发展较快的县级市（百强县优先）副省级以上城市的较发达的郊区县：核心商圈核心位置：3000m²以上；

2. 苏宁电器连锁店选址标准如下：

产权：独立、清晰的产权；

区位：位于城市或某区域的商业中心，人流量大，交通便利；

面积：3000m²以上；

楼层：从1楼开始，地级市场楼层不超过4楼，县级市场楼层不超过3楼；

广场：物业距街道的距离在6m以上，有开阔的停车场地和门前广场；

设施：合格并正常使用的消防系统、合格并正常使用的供水供电系统，空调系统、扶梯和货梯（两层以上）。

四、招商原理

什么是招商；招商工作的重要性；招商工作的基本内容和过程。

1．招商基本知识

商业地产招商是指商业地产的开发商或权利人广揽商业资源（包括商品、经营商/代理商或运营机构），然后按照消费（采购）的需求决定业态定位、商业规划，把商业资源植入商业地产项目的过程。在商业和房地产行业中简称为"招商"。招商是商业地产开发项目的必须具备的职能。

2．商业地产招商工作的重要性

招商是商业地产开发的成功关键，是商业地产项目进入商业运营的第一步，没有商业企业进入经营，谈什么商业地产运营？所以，做好招商工作对商业地产开发和物业经营至关重要。

（1）招商可以使物业产生租金收益，使资产价值显性

没有商业经营，商业地产的价值就无法体现；实现有效开发就是要通过招商使商业物业投入商业运营，从而产生商业利润和租金，实现有效开发；没有招商就没有运营，没有运营就没有商业利润；没有商业利润，租金收益就呈虚拟化。招商实现后的预期收益，正是资产证券化的基础条件。

（2）招商是商业地产产品（商铺）实现销售的动力

由于商业地产过量开发，其市场稀缺性的特点不再具备，对商业地产而言，目前市场总体处于买方市场。如果要商业地产的产品实现销售，则需要两个条件：要么是地段位置特别好，被广泛认可；如果没有这种特点，那么就是通过招商来验证。招商的能力，关系到商铺产品销售的成败；如果在市场看不清项目的真实价值时，我们通过招商引进知名商业企业或者知名品牌，实际上起到了商业（企业或品牌）佐证商业地产产品价值的作用。在实践中，往往引进品牌大型商业企业、品牌商业等，商业地产产品就能实现销售的效用。

经过10年的市场发展，商铺投资者也积累了许多经验，投资者明白收益状况是"前低后高"，收益率是投资额的（每年）8%～10%之间，如果招商租金达不到这个目标，实际上会造成定价太高或收益低，无法实现销售。

（3）招商是商业地产定位决策的实现关键

商业地产的定位内容涉及商圈定位、目标消费、业态选择和招商对象、收益、经营模式、规划理念、融资及品牌特征等八个方面的定位，实现这八个方面的定位全在于招商。

其中，商圈地位的定位、目标消费的定位、业态选择和招商对象的定位、收益的定位等全靠招商的成功而实现；而对于商业地产的经营模式、规划、理念、品牌特征就必须按照定位对象的经营特点和业态租金来显现。而融资能力则在招商合约明确后，方能确定其租金放大的杠杆率，贷款机构(如银行等)根据租金收益评估物业价值，给予贷款数额和比例的贷款。

（4）成功招商是商业地产经营的前置条件

对于持有物业而言，业主总希望持有的商业物业价值不断增长；如果要做资产经营，人们就要看这个物业的租金收益和增长水平。如果入驻商业缴付的租金水平高于区域同类、同质物业水平，那么招商就是成功的。在租金水平低于平均水平时，可通过业态调整、强化管理，使物业价值提升，招商也是其中的必需手段；招商能力不强，就没有办法实现商品、商店的更替，业态调整、租金收入增加也无从说起了。在资产经营活动中，业主也不能获得资产经营的良好收益。

就我国商业地产的市场状况来看，招商是我国商业地产开发的薄弱环节，许多企业把招商部门视为可有可无，招商工作也没能引起开发企业经营决策层面的高度重视。由于招商工作市场不重视，企业内部地位不高，热心招商这门工作的人不多，使得招商人才变成了紧缺人才，但是随着商业地产的开发技术逐渐成熟，招商工作将越来越受到重视，招商人才会越来越得到尊重。

（5） 部分城市出让商业地块时，已经前置了运营要求和品牌要求，没有招商团队，开发商业地产项目已经不可行了。

3．招商工作的任务

招商部门（机构）是商业地产开发或经营企业（项目）的主要业务部门之一；招商人员是商业地产开发或经营（项目）的最主要的业务职能人员。在商业物业开发或经营时，招商职能承担如下主要任务：

（1）协助企业（项目）制定开发的目标：包括收益和利润目标、招商周期的时间目标、形象和品牌的目标；

（2）协助企业（项目）形成完整的商业地产开发架构，为项目运营提供条件，使项目真正能开发和运营起来；

（3）建立一支有效的招商队伍；

（4）建立与本项目所匹配的商业资源信息库；

（5）承担或参与主持项目的业态定位，提出建筑和配套要求；

（6）编制招商方案和实施计划；

（7）组织招商计划的实施；

（8）主持商务洽商和合约的商业部分条款；

（9）协助收益评估和测算；

（10）建立客户档案，向运营部门或物业转移客户。

招商职能在出色完成上述任务时，同时也帮助企业（项目或物业）完成了"经营实心化、资产优质化"的商业地产有效开发、良好运营的使命。

4．招商工作的理念

理念是指导行动的信念。进行招商工作应有以下四条理念：

（1）招商工作是实现或创造商业地产价值的主要途径之一

我们通过对商业地产比较准确的认识，通过比较系统完整的学习，熟练掌握招商技术，建立并且拥有强大而有效的商业资源信息库，形成良好人际关系和公关能力，去实现招商的目标，使项目运营起来，产生经济效益。

（2）招商职能和商业（企业）品牌经营商的合作关系

招商与商业（企业）品牌经营商是合作关系。毫无疑问，负责商业企业门店开发的职能部门，能够拥有自动获得的大量信息，这比自己盲目地去"扫街"要好得多。就这一点而言，招商人员是商业企业拓展部门的好伙伴，尤其专业的招商机构更要和各商业拓展部门建立长期的互动关系。建立这种关系可以使合作的商业拓展部门取得信息上的优势，去抢占企业发展需求门店选址；而专业的招商公司和商业企业（品牌经营商）建立良好的关系，则拥有了自己的稳定客户资源。

（3）招商和商业（企业）品牌经营商的利益冲突

招商与商业（企业）品牌经营商之间也存在利益冲突，这种冲突主要来自于商业利益。具体表现在合作条件商洽中，商业地产开发商或物业业主和商业企业或品牌经营商都有自己的成本测算和利润要求，从而产生冲突。在双方合作中，商业谈判是必需的，关键是通过谈判双方建立良好商洽基础，包括公平的、市场的商洽基础。为了弥合这种冲突，应当建议（双方）采用换位思考的方法。如果在这些基础上双方无法形成合作，肯定是其中一方的成本控制、利润或其他方面要求不能承受其中的条件，而且是没有调整空间，那么谈判就无法继续了。

（4）招商工作是高技术含量的工作

业务涉及的专业有商业地产、商业、金融、公关、信息、建筑、社会和消费等很多专业，作为招商人员必须以"学生的态度、专家的能力"去从事这个行业，才会有成果和进步。作为项目开发企业或商业资产经营机构，应当十分重视招商人才的培养，并且充分重视这项工作的重要性。

5. 招商工作的基本条件

招商工作的基本条件归纳起来就是四句话："消费有需求、物业有条件、商业要发展、招商可作为"。在这样四者条件都具备时，招商工作才能成立和完成。

（1）招商工作前提

招商工作不能务虚，必须务实，不能简单地认为通过推广就可以实现，更不可以无中生有，品牌落地才是真功夫。招商人员也不是什么神仙，什么问题都能解决。招商目标能不能完成，要看物业条件和招商工作的前提条件，成功招商的前提条件是区域要有市场资源，即商业最主要的因素——消费。没有消费这个招商的基础，也没有商业企业拓展市场的需求，招商人员的本领再大，也是无法完成招商任务的。

有些项目无法实现招商，问题可能出在定位，即业态定位对项目的商业环境不适合性。作为有经验的招商人员，就应该积极研究改变定位的可能性，研究的内容至少有如下六个方面：

- 改变业态对企业发展策略和发展策略的调整可能性；
- 改变业态对项目地理位置特点的利用和规划改变的可行性；对建筑及配套改变的可能性；
- 改变后的业态，在这个区域有没有消费市场；
- 改变后的业态，招商目标是否可以实现？有没有商业企业入驻项目、入驻条件是否可以接受；
- 改变业态的成本评估；包括时间成本，投资成本是否增加？增加的数额是否可以接受。

- 业态改变后的收益变动状况是否可以接受；

（2）招商工作的基础

招商工作是合成性的业务，是为消费、商业物业匹配合适的商业资源——商品、商品经营者。区域内没有该类商品的经营者，外部商业企业（品牌代理商）又没有这个区域的发展规划，这就等于没有招商对象。此时招商的基础条件不具备，招商人员须将这个信息反馈给定位决策者，必须对业态进行调整，或者等待，否则无法完成招商任务。

（3）招商实现的主要条件——商机

我们提出"商机招商"是招商成功的根本原因，它包括了"商机招商、商企引导"两个方面。所谓商机招商是指吸引商业企业进驻项目（或物业）的主要理由不是建筑、租金或人际关系，而是区域内有这类商品销售市场——"商机"。这个"商机"包括了商品实现销售的机会，品牌展示的机会，目标消费者引导认知商品的机会，替代同类商品竞争者、取得市场份额的机会。招商一定是以"商机"为前提来吸引商品经营者的。而所谓的"商企引导"是指招商人员在商企不了解物业（开发项目）所含有的商机或者判断有误差时，必须以符合商业逻辑的表述、演绎，去引导商业企业看到招商人员所了解到的商机，客观上有商机、主观上有强大的引导能力，物业条件也适合，这样的招商工作是可以完成的。

6．招商工作的简单流程

图1-14　招商工作的简单流程

图1-14是招商工作的简单流程。招商人员在接手任务时，首先要对物业的各项条件（开发项目）进行认真的判析，对市场和商圈、消费基础、商业资源、市场行情等因素充分了解；对招商的物业、未来运营模式以及各类取费标准了解，然后在此基础上形成招商方案，在招商方案获准后，通过各种招商办法实施招商，完成招商任务，达到招商的目标。

在实施招商过程中，通过各种招商手段向商业企业或品牌代理输出招商商机的信息，在经过商业企业对其所经营的商品进行市场调查并且其结论认可我们推荐的项目后，双方进行商洽，形成招商成果，租赁双方合约订立，并且主动协调运营和物业管理，为商业企业提供装修和开业条件，让商业企业按时开业，圆满完成招商工作。

第二篇

招商业务研究

招商工作并不简单，招商职能以一个商业中间过程的角色，参与商业地产开发、商业物业的全过程，并在商业地产开发（物业经营）各个环节中发挥无可替代的作用。那么，招商职能为商业地产开发（物业经营）发挥怎样的作用呢？本篇就招商工作范围界定、招商理念、工作机制、招商形式、业务流程设计、招商管理等内容进行阐述，帮助招商人员建立一个具有完整性、系统性的招商业务研究系统。

一、招商在商业地产开发和运营各阶段中的任务

从商业地产开发流程图（图1-1）来看，招商对商业地产开发各个阶段工作都具有重要意义，并成为商业地产开发（经营）活动中最重要的职能之一。

1．项目研究阶段

在这个阶段，招商职能通过对商业市场、消费、地块（物业）、规划、商业资源、开发投资的回报要求等基础条件的研究，形成对项目开发方向的建议。如果项目基础条件确实不具备，招商职能可给出暂时不可开发的意见（图2-1）。

2．业态定位阶段

在项目（物业）业态定位阶段，招商职能不仅仅要考虑项目拥有的各种商业资源，并结合商业的可行性来给项目决策部门提出建议，还要从不同业态的租金水平进行业态比选，从而提出合理的业态组合。需要说明的是这种定位选项是建立在图2-2中上部消费对象三个因素之上的，即消费的规模（数量）、消费能力和消费倾向，要在对消费的基础有了明确了解之后才能形成商业地产的业态定位方向。

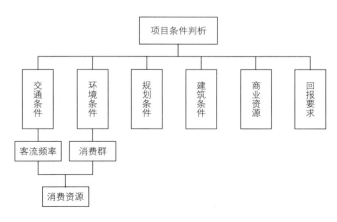

图2-1　招商在项目研究阶段的任务

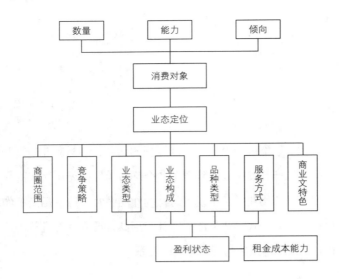

图2-2 招商在业态定位阶段的任务

作为商业地产开发商（或物业经营者），进行业态定位决策，就是选择项目的可行性和未来的收益，为了避免纸上谈兵，结论都是反复讨论和实际招商论证得来的。国内著名的商业地产运营机构——阿尔达商业地产运营机构在许多项目都导入了"以招论定"的定位方法。所谓"以招论定"就是在项目定位时和参与这些业态经营的商业企业（品牌经营商）进行研讨，来论证定位的正确与否，这样做的好处是解决了项目开发（或物业经营的）可行性和收益状况预判的问题。业态定位可以落实，即行话所言的有"落地性"。这种定位的方法，已经成为我国商业地产业态定位判断和决策的一种主要定式。

3．规划阶段

在这个阶段，招商职能（包括运营职能）和设计、规划职能让建筑设计能满足商业的实际需求。在尊重规划的前提下，招商职能协同运营职能，以及对建筑有特殊要求的商业企业，负责对建筑的商业适用性提出要求和论证（图2-3）。

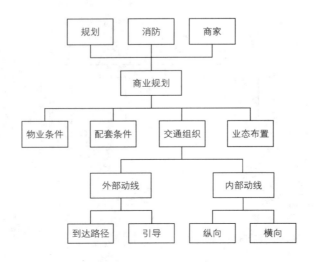

图2-3 招商在规划阶段的任务

4. 商业文化策划阶段

在业态确定后，策划和招商职能协同作战，形成商业文化策划。在这个阶段，招商职能应对策划职能的创意进行把关，发挥自己的专业，对策划提出的商业文化、商业主题进行评价，并且说明这种商业文化的特征是什么，对开发项目（经营物业）能产生多少增值空间。以上海的"新天地"、源于美国奥兰治的"橙色街区"为例，有商业文化的优质物业比周边类似物业租金高出20%～30%，这是需要引起开发商（物业经营者）重视的。

商业地产发展到今天，竞争很激烈，为了达到"商景一体"的良好商业氛围效果，吸引消费者，就必须引进商业地产组合设计的办法，建筑设计不再是设计单位一家的事情。"组合设计"理念是作者姜新国在实战中提出的：即商业建筑的设计应当由招商和运营、策划、设计、开发以及CI、内部装饰、美陈、景观等单位一同参与，使得商业建筑具有适用、价值、特色的特质，成为公众喜欢、商业企业（品牌经营商）愿意进驻的、产租率高的物业。而在这阶段，招商须理解各种商品；尤其是品牌商品的文化内涵，进行高度提炼出这种业态所需要的张扬的商业文化和主题，并且对商业建筑的形象设计提出具体的要求（图2-4）。

商业地产的智能化管理，包括营销会员管理、物流、财务、协同办公、考核等子系统内容。（内容多、另外著书专叙）

在规划阶段，还要明确未来项目的商业地产智能化，可以达到外部扩大商圈（增加流量），内部提高坪效（图2-5）。

5. 经济测算阶段

在这个阶段，招商职能应根据自己掌握的商业经营的方式、商业企业的租金承受力，提出量化的经济数据指标，供物业经营职能、融资职能进行项目开发的前期效益和融资能力的估测。（图2-6）

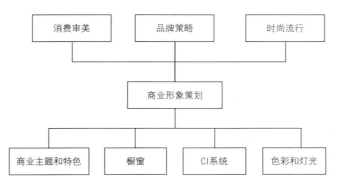

图2-4　招商在商业文化策划阶段的任务

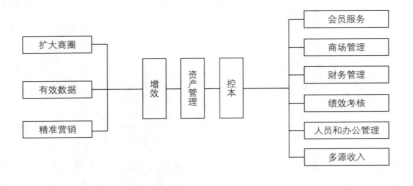

图2-5 智能化管理—资产管理的增效与控本

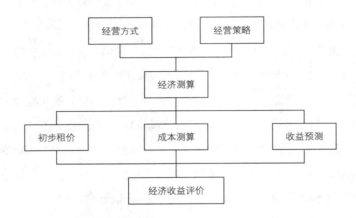

图2-6 招商在经济测算阶段的任务

6．招商和运营阶段

在这个阶段，招商职能须通过自己的努力使出租率、合同收益最大化，并和商业运营职能形成开发项目（经营物业）的运营和管理方案，以此和经营者共同形成项目的效益测算。（图2-7）

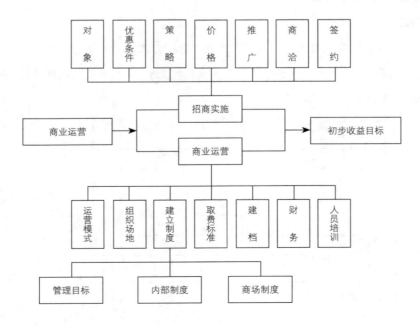

图2-7 招商在商业运营阶段的任务

7. 开业筹备阶段

协助商业运营职能，移交招商客户，邀请商业企业（品牌经营商）进场装修，确保开业目标的时间和开业率的实现。在这个阶段，招商工作有一个重要的任务，就是要催促已经签约的商业企业，进场装修，以保证商场开业时的开业率。并及时把商业企业进场的时间、办证办照的资料要求、物业配合的要求，传递给运营和物业管理等配合机构（图2-8）。

不管未来是谁运营，招商还要做好商户（品牌）储备，为开业后项目调整做准备。

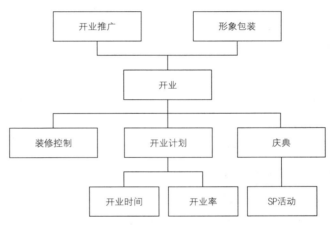

图2-8　招商在开业筹备阶段的任务

8. 前期调整阶段

任何一个商场从开业到正常经营都需要经过调整阶段，在这个阶段，招商职能和商业运营职能共同对滞销商品及其经营者进行考核和甄别，淘汰销售额小、对整个商场经营没有明显促进作用的商品、业种，引进有活力的、销售前景好、利润率高的适销商品。在这个过程中，逐步形成招商职能和运营职能融合，把招商职能变为商场正常运营职能。

二、招商工作的业务范围界定

如果说商业建筑是商业地产的硬件的话，那么商业地产运营体系则是这台"机器"上的软件，而招商工作则是给这台"机器"的运转安装能量模块和软件，时常还要对模块进行更新，并对运营这个软件提出调整的要求。以适应新能量模块的能量输出的要求。尽管招商工作贯穿商业地产开发（物业经营）的全过程，但是须对其在各个环节中的作用作出明确界定，以免角色错位、任务无法完成，造成全局工作失衡的局面。

招商工作毕竟是商业运营的前置业务，在商业地产开发（物业经营）中起到十分关键的作用；但对个别项目而言，它只是一种突击性、阶段性的工作，并不能替代商业地产的全部工作和后期运营的主角——商业地产（经营物业）的运营和管理。

1．招商工作的主要职能

招商工作是运营商业的日常工作，但对新开发的项目或者调整比例大的商业物业而言，招商工作是一项突击性的工作，是企业、机构在一段时间内，为了集中解决物业导入商业的任务而专门设立的职能。招商部门承担着如下主要工作：实施招商方案；为开发项目（经营物业）引进商业企业；达到经营目标提出的时间、金额、面积、品牌的目标，为正常运营提供条件。

2．招商工作的兼容职能

招商工作是商业地产开发中不可或缺的角色，在开发或建设阶段，招商工作的兼容职能包括：①参与市场研究，主要是消费和商业方面的研究；②参与业态定位的研究和论证；③商业规划的建议、商业文化的建议；④物业经营模式和策略的建议；⑤为后期运营提供条件等。

这些事务不仅仅经营决策者需要，参与招商执行者也必须参与或主持。

3．业态（商品）调整工作

商场进入运营状态后，为了保持商业的竞争力、新鲜度、活力，商场（商业项目）就必须经常进行品牌更新和商品调整，以保证消费者的新鲜感、兴趣、兴奋度，保持经常光顾项目（包括线上浏览、点击、下单），提高下单频次，实现更多的销售额，从而提高租金收益。

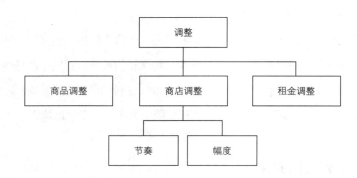

图2-9　招商工作的兼容职能

三、招商机制

1．招商工作的原则

招商工作要秉承以下四项原则：

一是遵纪守法的原则。

国家对零售业及开店有许多法律法规，招商须在遵纪守法的条件下进行，包括《公司法》《合同法》，以及税收、消防、食品卫生、公共治安等法律法规，这是招商人员要了解和遵守的。（详见附录1）

二是效益最大化的原则。

效益最大化是每个企业所追求的理想经营状态，但在现实中，这种状态总是受到客观条件的限制，只能达到相对的效益最大化。所以，提出招商工作有限的、合理的、效益最大化的原则。

其实追求商业物业收益最大化可以通过"大店效应""品牌效应"，以及商场服务、提供会员合理便利和优惠等促销活动策划来实现的。

三是双赢的原则。

由于商业物业经营长期、持续的特点，一定要有"双赢"的思想。在信息不对称的情况下，如果我们片面追求获得某些单方面的好处，主要是超额租金，其实这种好处是不可能长久的，从长期来看，甚至可能是危害的。假设：在招商过程中，我们在对方不了解行情的情况下，取得了合同的超额租价的好处。但是时间长了，对方了解了行情，就会感到很不愉快，首先是要求降价，我们为了这种既得的好处，大都是不会同意，于是可能双方产生纷争；产生纷争以后，作为开发商（或物业业主）可能会遭遇涉讼的"财产保全"——商业物业不能经营就无法取得租金收益、同时造成无形资产（主要是企业或项目的口碑）的损失，所以单赢想法是不能的，也是行不通的。

"双赢"的原则也是符合商业地产升值的原理，即商业企业盈利好，求租人增加，物业因需求者多而提租空间打开。

四是换位思考的原则。

我们把自己当作商业企业、品牌经营者来思考选址、销售、成本等一系列问题，那么对招商的思维会有很大帮助，所以招商人员要有协助商业拓展的思路，双方有了共同的话语，招商工作就会变得顺利一些。

反之，招商人员不顾对方的选址是否合适、未来经营状况，以"填满"思维进行招商，这种凑合起来的商店组合，开业不久就会产生不适合的商业商场，造成商场商户流失过多、过快，造成商场散场，无法持续经营。

2．招商工作的重点

找到消费资源，是招商工作的重点，并引导商业企业关注未来的消费市场。

招商工作的重点在于前期工作中的消费研究、准确的业态定位、诱人的商业主题策划、合适公平的租金定价，再加上找到优秀的商业合作方，这样就会和商业企业（品牌经营商）的对口职责——门店开发人员有了共同的话语；双方共同推广营销，取得良好业绩。

3．诱商的机制

实施"诱商"方案，使招商工作进入"坐着招商"的理想状态。"诱商"是指引导目标商家认同和发现商机。

在实际招商工作中，有两种状态：一种是客户主动联系招商方，即甲方"坐着招商"，使招商方处在未来商洽关系中的有利地位，创造招商工作的有利局面；另一种是我们联系客户，即"跑动招商"，由招商人员主动去进行客商访谈、客户联系，这样商务洽谈甲方就会处于不利的位置。"坐着招商"是一种理想状态，而实际上，由于目前国内商业地产相对过剩，一般项目都处于"跑动招商"的状态。为了取得招商良好的招商业绩和成果，招商人员在市场和消费研究、前期定位、租价制订、优惠措施、育商、诱商措施方面要多花点工夫，以便创造良好的招商条件，使项目（商业物业）运转起来，以实现招商工作的总体目标。

诱商机制的设计，实际上是引导商业企业进入我们设计的招商的轨道。

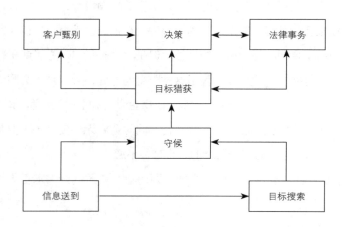

图2-10　诱商的机制

图2-10是一个诱商机制示意图，诱商是在善意的前提下进行的。通过图示的招商业务设计，有可能使我们达到"坐着招商"的效果。诱商机制设计有如下要素：

（1）精确的市场数据——使目标商业企业（品牌经营商）动心的消费基础数据的搜集和编制，进入大数据时代，可以用"流量"、APP上的会员数量进行诱导商业企业；

（2）项目（经营物业）所在的商圈、交通条件、建筑和配套条件的有利要素提炼；

（3）已经完成的主力店、品牌、友邻店、竞争店的签约信息，可产生示范效应；

（4）可以提供的各种"育商"措施；

（5）商业企业、品牌经营商发展门店信息的获得及传播渠道；

（6）便捷、可寻的接洽通道；

（7）未来项目的运营策略和重要商业营销获得策划思路，给商业企业、品牌经营商的信心；未来商场的良好前景模拟。

通过以上要素的设计，使招商处于有利地位，顺利进入后序的业态、业种、品牌比选、客户甄别、商务洽谈、合约订立的阶段业务程序。

四、常用的五种招商模式

开发商业项目（经营物业）招商是开发商（业主）绕不过的话题、卸不掉的担子，对于开发商（物业业主）而言，无论是直接招商还是间接招商，都必须参与到招商工作中来。在实际招商业务中，主要有这样四种招商模式。

1. 自主招商

就是由开发商（物业业主）自行组建招商团队，确定招商目标，开展招商业务。自主招商是一种基本的招商模式，也是本书主要讲述的内容。此处对自主招商以外的其他三种模式作简单介绍，以便与自主招商进行比较。

2. 委托招商

委托招商是委托中介服务。按照国际先进的经营理念，采用业务"外包"的办法，把一些专业要求高、企业专门投入成本高而效率低的业务外包给专门机构以实现经营效益优化。比如，美国最大的商业地产公司西蒙集团和商业服务机构建立良好的业务关系。实现部分业务外包，是商业地产专业化的一个发展方向。在实战中，许多开发商认为业务外包以后，企业就不用参与招商业务了，其实这种想法是不对的，因为受委托招商机构无法替代开发商或物业业主做出经营决策，如规划调整、建筑改变、工程界面定界、租金定价、合同订立、客户管理等应该由开发商或物业业主自己负责的部分。

委托招商有两个选项：一是委托专业的招商机构招商，在选择这类机构时，应当考察招商的历史和服务的项目，更要考察招商机构主要招商人员的从业经历和成功案例的难易程度；二是委托商业机构招商，这类机构的成功概率不高，因为支持了委托项目（经营物业）会影响这类机构已在经营的项目。在委托招商时要做好以下工作：

（1）比较真实的市场数据（也可以由委托方做）；

（2）本方的真实意图，包括经营策略等；

（3）比较完整的建筑图纸（规划、方案）和配套条件；

（4）明确的招商目标，包括时间、租金、面积、品牌要求；

（5）合理的合作或服务的酬金等。

3．商房合作

这是一种间接招商的形式，商业地产开发商（物业业主）通过和专业商业机构或有过成功案例的其他开发商（业主）合作，以实现招商的目标。这种合作模式实际上是商业地产开发商（物业业主）付出更大的代价，去谋求招商的成功。在选择这类招商形式时，委托方（开发商或物业业主）应当充分考察合作对象的聚商能力、品牌代理商的响应概率，这样才能确保合作成功。在商房合作中要注意以下事项：

（1）合作的类型是以物业的产权或者租期作价，作为合作的条件之一；

（2）导入品牌的数量；

（3）三个合作的深度：招商、商业运营、管理—资产经营和管理；

（4）分利的办法；有管理、租金提成等多种办法。

（5）双方的分工和各方承担的责任；

（6）品牌是否输出，如输出该怎样计费？

近期国内也有一些企业进行"轻资产"运营、"品牌输出"，作为业主或投资者，一定要注意这类服务商的操作实效。一个项目的成功不等于每个项目都会成功，一定要看到适合你项目的招商或运营方案。

4．加盟导商

这是在针对一些项目所在区域缺乏品牌资源的情况下提出的一种导入商业资源的新模式，这种模式也可以说是一种间接实现招商的手段。

目前国内连锁商业有许多通过加盟的办法来扩大市场份额（如红星、美凯龙），这对投资商业物业的人来说，可能是一条实现"经营实心化"的途径，而作为商业地产开发商或项目运营方可以借助加盟的办法，导入项目的品牌商业资源，通过加盟这一非常规的招商手段，迂回地实现招商目标。在加盟导商时，有以下要点需要注意：

（1）品牌市场的影响力和品牌的真伪；

（2）品牌使用的费用、回收年限；

（3）培养和辅导、管理技术的输入；

（4）人员培训和物料保障供应；

（5）带动物业升值和经营（出租、销售）的作用评价。

5. 众筹招商

这不是招商的主流方式，但是随着"共享经济"的兴起，业主或招商方把自己变为商业经营中的一员，然后发起"众筹"模式的招商，或者委托有影响力的商业品牌发起商业"众筹"。让商业企业（品牌经营商）参与到整个商业项目的经营管理中来，共享项目经营成果。

五、招商工作的业务流程

招商工作大体上经过以下六个环节，来推动招商工作展开，以实现招商目标。

1. 信息披露

招商业务开始首先是信息披露，让商业企业（品牌经营商）知道我们项目（经营物业）可能是他们门店发展的机会或选择；信息发布的渠道很多，作者不主张做硬性广告，可以采用商业论坛发言、项目业态定位论证会、软文、进入专业群讨论业态定位、网络话题讨论、邀请考察等办法进行。

2. 多个商业企业备选

为了实现招商目标，招商对象肯定不会捆绑在一家商业企业之上，招商人员应当进行广泛搜索，多处接触，形成多个商业企业（品牌经营商）处于备选的状态，使招商项目（经营物业）在商业企业（品牌经营商）的竞合关系中处于有利地位。

3. 商业企业没有明确意向，继续推广

形成多个商业企业（品牌经营商）处于备选的状态时，并不急于和这些商业企业进入实质性洽谈程序，而是通过推广活动，使招商项目进一步引起商业企业关注和重视；同时也是对关注项目（经营物业）的商业企业（品牌经营商）产生压力，产生合作的紧迫感。

4. 了解对方情况

在商业企业（品牌经营商）意向明确、洽商氛围形成时，进入双方互相考察和深入了解和紧密磋商的程序。

主要考察内容：

（1）商品特色，对消费的吸引力，判断商品销售是主动吸引性还是依附型的；

（2）经营状况；包括客流、销售业绩、竞争力；

（3）商品陈列和布置，商品的包装、商业模式营销手段、品质、价格；

（4）商店装饰特点，风格、个性；

（5）和环境的融合性，和相邻商店的关系，对物业的要求；

5．双方认定后进入合约研究程序

在商业企业（品牌经营商）考察物业结果满意，开发企业（物业业主）对商业企业经营能力认可后进入合约讨论程序；并且确定物业能满足这类商业经营的要求；

6．签约程序

在进入签约之前，有许多法律事务要准备，主要有签约主体资格预审，履约能力的评价，包括偿付能力、资信、信守合约的诚信度，以及合约的协商、签约条件的认可、法律文本的准备、重要条款的论证和研究才能完成一份合同签订。

六、招商组织和分工

1．招商的组织架构

招商的组织架构呈扁平状，如图2-11所示，是一种战时状况的组织结构形式，以适应招商这种目标性强、时间紧凑、如同战斗一样的突击性的任务。这个组织架构具有反应快、决策程序过程短的特点。在科技高速发展的今天，可以借助现代办公管理系统，对招商工作进行全息管理。

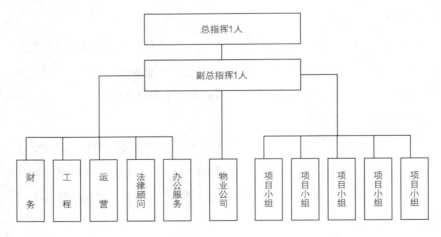

图2-11　招商的组织架构

2．招商和项目其他职能的关系

招商工作是商业地产开发（经营物业）活动中的突击工作，需要企业给予很多的配合和支持；招商工作又是一项系统工程，它和项目其他职能的工作有机地联系在一起，表现为很强的体系性。而且还有延续的要求，即招商结束，通过开业，顺利进入运营状态。

招商和项目其他职能关系如图2-11、图2-12所示。

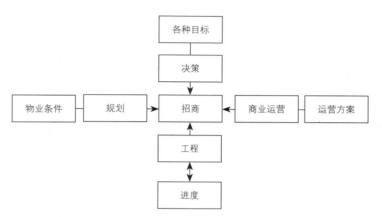

图2-12 招商和项目其他职能的关系

3. 招商团队的管理架构

招商团队的管理方法宜采用"目标管理法"。即全体成员为实现招商目标而形成一个组织体系,所有的管理都是为了这个目标的实现而服务或者设计工作、行动规范。

通过(图2-13)的管理体系,使全体招商人员的"劲"都往目标上使。

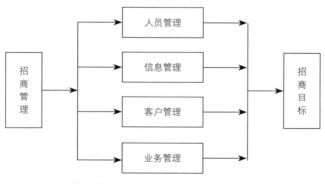

图2-13 招商的管理体系

4. 招商工作的分工

其实招商工作就是一个工作整体,每个人都是多面手,参与到完成招商目标的"战役"中。但是再具体的工作还是要有比较明确的分工。招商工作按以下五条业务线路进行分工:

(1)协调线:分工企业内部各职能部门的协调;因为要完成招商目标,需要内部各职能部门通力协作,包括工程部——工期、建筑、配套等,办公室或开发部的商业办证优惠政策落实、财务部的结算要求、物业的管理要求，运营方的要求以及公司决策层对业态（客商）的取舍等，这条线的工作由招商总监（经理）亲自担任。

（2）客户资源线：这是招商工作的业务主线，按照行业划分进行分工，由各分工的招商团队成员来完成。

（3）市场推广线：包括项目包装、活动策划、文案整理、招商推广，一般这条业务线由经理或主要业务骨干兼任。

（4）工程线：由专人保管物业图纸、读图、给招商人员讲图，此工作可以由工程部兼任，但招商职能一定要有人对口。

（5）管理线：分全面管理和专业管理及各个组合的管理，包括对业务人员、客户、信息、目标等管理内容，由招商总监（经理）担任，副职协助。

七、招商工作管理要点

招商工作的管理既有企业内部的部门管理的共性又有招商工作的个性，招商工作管理工作有以下要点：

1．项目（或物业）的运营管理

招商期间物业的定位和选向，主要由招商职能来控制，对整个物业要有通盘的思考。包括导入业态的均衡性、互补性、互动性、合理的竞争性，使商业规划在良好的收益前提下实现。

运用一些商业地产特有的方法来提高收益，在商业地产项目定位、规划和运营活动中，要注意尊重一些商业地产特有的投资、经营规律，包括"生死交叉点""聚集和共同效应""水盆效应""大店效应""名店效应""坪效联动效应""商业运营的二八效应""双叉效应""业态互动效应""通道效应""浮球效应"等十一大效应。

（1）生死交叉点

图2-14中A-A为目标收益线，B-B为财务成本线，C-C为一般商业地

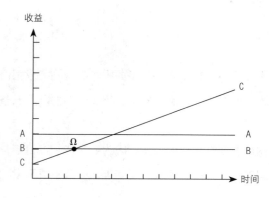

图2-14　生死交叉点（一）

产收益变化线。其特点如下：

1）商业地产收益表现为先低后高的特性；
2）在B-Ω阶段，通常表现为C-Ω，即负收益；
3）在Ω-B阶段，项目出现盈余；
4）当发生A-C状态时，项目达到收益时的要求；
5）在通常情况下，A-C>BC；
6）C线长期在B线下方运行，项目失败。

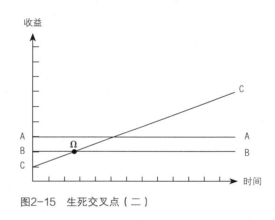

图2-15　生死交叉点（二）

图2-15中B-B为财务成本线，C-C为一般商业地产收益变化线。

B-B线抬高时：由于B-B线抬高，意味C-Ω阶段周期变长，假设C-Ω为5年，假设现行市场年利率为8.2%，在现值条件下，以静态方法计算，41%收益为财务成本，周期越长，财务成本越大，抵消转化了物业价值增长（按收益法估值）。

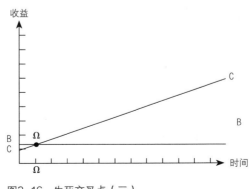

图2-16　生死交叉点（三）

图2-16中B-B为财务成本线，C-C为一般商业地产收益变化线。

B-B线降低时：由于B-B下降，主要是财务成本下降，意味着C-Ω的周期变短，假设C-Ω为1年，现行市场化年利率为8.2%，在现值条件下，以静态方法计算，仅8.2%收益转化为财务成本，周期短而后期物业收益增幅大。

（2）聚集和共同效应：商业地产开发、运营的关键是"动员"——调动各种手段聚集所需的商业资源（招商）、消费资源（吸引客流）到开发或运营的商业地产项目中来。这种聚集具有良好的相互促进作用；由于已经进驻的知名品牌商业企业的示范效应，带动商业企业在项目或物业中聚集。聚集以后会产生"共振"效应，吸引更多的消费者和商业企业，聚集效应具有促进商业繁荣、物业升值的功效。

（3）水盆效应：城市商业地产的总量越大，楼层物业的价值越低；

人们购物游逛的习惯总是喜欢逛一层商场，而不太愿意上楼；在商业地产供应量小的时候，楼层商业物业的价值略小于首层物业，当首层物业供应量增加时，楼层商业物业价值下降，如同$1m^3$的水放在底面积为$1m^2$的水盆里，水的高度为1m高，当水盆的面积扩大到$2m^2$，水位下降到0.5m，宏观上的商业物业的楼层价值也是这样。这种现象我把他称之为"水盆效应"。在中国，水盆效应比较敏感的地区是江西（南昌）、安徽、上海等城市和地区，而敏感度略低的市是比较寒冷的内蒙古、黑龙江、辽宁等地区。

（4）大店效应：大店吸引客流提升周边物业价值；毫无疑义，大型商店（如大型超市、百货商场、电影院等）对大型商业项目（如购物中心）的吸引消费、引导招商有着巨大的作用，通常情况下，大店带来的客流可以使周边小店的营业状况获得改善和提升。假设，某大型超市每日吸引客流10000人，如果有10%的客流进入大型超市旁边的小型商店，那就有1000人进入，营业员只要认真销售，实现商品销售的概率很高，商店会取得良好收益。如果没有大店效应，小店的客流可能只有200～300人/天。大店效应带来客流，也带动大店附近的物业增租增值。从业主方面来看：为大店招商实现，业主会给大店优惠的租金条件，但是大店面积大，优惠折让租金，甚至给予装修补贴过多，将会导致业主租金收益下降。我们在确定主力店（大店）占整个项目的面积收益比重时，应当充分考虑到大店的带动系数，即大店带动周边小型商店的面积和租金比例数值，如果大店面积过大，而带动系数低，则业主会严重亏损。大店带动系数为：

$$S=Z/Q$$

其中S为带动系数，Z为大店租金收益，Q为受益于大店的面积。在一般情况下，大店租金收益水平≤整个商业项目的租金平均水平，而受益（大店）引进整个商业项目的平均水平＞大店租金水平，产生S数值越大，带动项目其他商业物业的得益面积越大，租金越高，则这个主力店引进得越成功。

大店效应分析：假设，一个面积为10万m^2的商场，其日租金为2元/（m^2·天）。10万m^2×2元/（m^2·天）=20万元/天。当引进大超市时：出租面积的租金为1.2元/（m^2·天），这部分租金收入为2.4万元，而其他部分因而收益：余下部分物业租金可能上升为4元/（m^2·天），因此我们得到"大店效应"运用的成果数据。大超市部分租金收入为2.4万元，而余下部分为24万，两者相加为26.4万＞原来的平均租金，理论上增加收入6.4万元/天。

（5）名店效应：上海的八佰伴商场由于用花费3000万元"补装"的优惠条件，吸引了一批世界名牌店进驻，一跃成为当时上海百联集团旗下销售额最高的商场；一、二线知名品牌同样有提升周边商业品牌的功效，其原理与"大店效应"相仿，但是名店效应更多地作用于高附加值的高档商品经营物业，如百货、品牌专卖店、高档餐饮。名店效应同样可使商业坪效——租金坪效提高，但对扩大商业面积出租的效果小于大店效益。

（6）坪效联动效应：在中国大陆，商业物业经营和商业经营往往二元化，即商业物业业主不经营商业，经营商业的企业不经营物业，甚至不关注考核物业升值。按此现状，我们把商业和物业的收益分别进行考核，发现物业和商业的坪效有联动关系，其基本规律：商业坪效决定租金坪效，商业盈利状况好，物业租金就上涨；如果物业租金上涨，而商业效益差，那么就出现"客商流失、低价求客（商）"情况，实际上形成商业坪效下降并引起租金坪效下降的现象。

（7）商场运营中"二八效应"：在招商率达80%，或者运营中的商场经营面积（出租率或入驻率）下降到80%时，这时项目处在一个关键的点位：当招商率达到80%时（不计主力店）意味着这个商场可以开业，加上后期的持续招商和经营扩大，这个商场可能达到100%面积运营。反之，一个在运营的商场，客商流失率达到20%，而商场实际入驻率只有80%，这是一个十分危险的点位，如果不迅速补充招商，这个商场有可能会失败（溃场）。为什么恰恰是80%？一是"二八"定律；二是马太效应（马太效应源自马太福音：有的，给他更多，没有的，连他手里的也剥夺掉；三是商业环境和消费心理学关系的原理：商业不景气→客流减少→商业更不景气→客流更少→直至商场关门。所以很多商场在空铺上用喷绘图案作为围挡，甚至辅以灯光亮化，以减弱空置商业物业对其他商店及客流的负面影响。

（8）双叉效应：这是用于商业物业收益测算的一种工具。主力店、品牌店或特色店在整个商业项目或（物业）中应当占有一个合理的比重，比重过小或比重过大都会造成租金收益没有达到最优化,这种现象把它称之双叉效应。当租金和面积交叉点出现在A位时,说明主力店或品牌、特色店的折让太多,不能对整个项目或(商场)起到促进繁荣、提升物业价值的作用,而引进大店面积过大、给予主力店或品牌店、特色店的优惠条件太多,也会导致收益率下降,从而回归到平均租金水平,甚至低于平均水平。

说明:假设当商业地产(项目或物业)引进大型超市2万m^2时,总体租金收入上升到5元/(m^2·天),这是出现了第一个交叉点C点,说明物业收益发生了变化,租金变化线开始向上移动。但是,随着大面积出租比重过大,给予商业企业招商优惠条件太多,租金出现了下降,于是出现了E点。E点的出现,反映可能产生的两个问题:一是有必要的商业竞争,导致租金下降;二是物业经营策略失误,以至于租金收入减少。

图2-17并不是通过数学演算,而是要对每一份招商合同认真的审核、计算之后得到的详细收益分析。

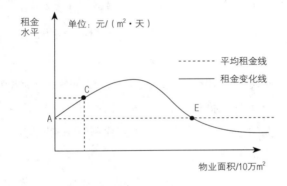

图2-17 双叉效应

(9)业态互动效应:中国大陆的商业(除电商)在国际属于比较一般的水平,其中有一条是经营理念的差距——商业经营究竟以谁为主,即商品导向型还是消费导向型。

所谓商品导向型,就是商业经营时不考虑消费者的能力、习惯以及购物倾向等,具体表现为采用商品紧缺时期的商场管理方法。在商场布置时,从便于品类机械控制出发,把同类商品集中在一起,其负面影响是,会使得商店之间竞争过于激烈,引导消费过度选择。在中国大陆,商品、商业竞争的主要手段就是价格竞争,而价格竞争所导致的结局往往是把商品档次降低、价格降低、服务价值降低、商品附加值下降等,商业营利性变差,最终导致物业租金水平下降。

而消费导向型则是按照消费心理学中人们消费的联想创作思维,进行商品关联组合。如上海浦东嘉里中心,和传统不一样,在一个商业区域中,卖床上用品的,旁边卖儿童用品,旁边还有书店。这是根据消费者生活场景的关联思维来组合业态。

再如香港某购物中心中有一家名表店,店里都是国际一线、二线名表,如百达翡丽、江诗丹顿、万国、爱彼、伯爵、宝玑等,笔者以此为题,询问过很多商家和消费者。问:这个店旁边开什么店很适合,结果大部分回答是:珠宝、奢侈品—包袋、服饰、美食……但事实上,旁边那家店是经营高级滋补品商店,经营商品是冬虫夏草、鹿茸、鱼翅、哈士蟆等,经询问这家店的生意很好;表面上看上去这两家店的业态关系没有商业逻辑,但从消费的角度来分析,存在着消费主体的一致性,这就是业态布置策划的艺术性。

在商业项目(商场)布局策划中,有一些很有趣的现象:①业态互动:利用消费的互动性进行布置,引成连贯消费的效果;②业态共振:把许多同类商品分置在一起,形成竞争—聚集效应,从而达到共振效果;③按照消费习惯进行介入式布置,如在服饰中布置饰品、眼镜,在百货商场中布置咖啡馆、餐厅等,利用上述业态布置的策划方法,会使商店共生共荣,达到1+1≥2的经营效果。

(10)通道效应

商业物业外部的交通组织和内部组织是否合理,路径的宽窄对商业经营十分重要,通道效应有个非常有趣的表述为"宽街无闹市"。利用通道宽窄,以表现商业经营的意图,如百货商场强调品质,所以通道设计得略宽一些(如4~5m);而大型超市、市场,为了显示热闹的场景,往往会把卖场主通道设计得窄一些(如2.4~3.2m之间)。根据通道和商业之间的关系,我们为了显示商场品质特征,就要把通道设计得宽一些;为了显示商场繁荣,就把通道设计得窄一些。

(11)浮球效应:

①商业地产租金收益增长,物业整体估值上升(图2-18)。

②商业地产租金收益下降,物业整体估值下降(图2-19)。

③出售价格低,投资者收益上升,高于市场平均收益,交易趋向成交;反之,出售价格高,收益下降,非战略性投资或前瞻性投资,成交概率下降(图2-20)。

上述变动如同水箱之中的浮球和水体变化关系,故称之为"浮球效应"。

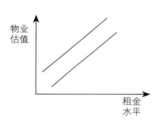

图2-18 浮球效应(一)

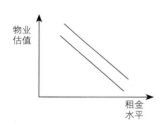

图2-19 浮球效应(二)

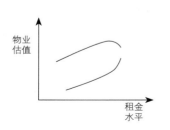

图2-20 浮球效应(三)

2. 委托方关系

无论是企业内部设置的招商职能还是接受委托的专业招商机构，所承担的工作都是整个商业地产开发项目（或者物业）经营环节上一个局部的工作，作为执行这项任务的招商职能必须处理好全局关系或委托的关系，充分了解全局的发展意图或者项目发展（或物业经营）策略，自动调整招商职能在企业、项目（物业）全局策略上的作用。

3. 商业信息的管理

对项目而言，商业企业（品牌经营商）就是项目的商业资源，这些资源也是要进行管理的，在资源内部共享的条件下，也要对资源进行维护、补充、调整，必要时还要控制信息利用的范围，原则上是不公开使用，在商业地产相对过剩的市场环境下，商业资源需要重点保护。对储存商业资源信息的设备应当设置分级管理和防火墙，防止失窃、复制以及病毒。控制备份数量。

4. 人员的管理

招商人员的管理包括：人员配置的数量和分工岗位的需求，以及人员成本控制。除了用企业的规章制度对人员进行管理、规范他们的行为。还要对招商工作这一突击性的工作，作出一些特殊的规定。

招商人员的管理宜采用"目标管理"法，以招商部门的共同目标、共同利益激励，全部人员在实现招商目标时体现自身价值，在具体实施中，以目标分解、分解到个人。招商工作具有很强的时间性，确定具体的日期，从而形成具体的招商计划，这个计划必须具体地落实到每个招商人员，变成每个人具体的招商任务。在任务饱满的部门其他人际的关系问题就会比较少，人员管理的任务就会轻。

对于人员管理还可以借助科技智能化手段（如泛微系统）进行打卡考勤、实时工作进度进行管理。

5. 根据分工职责进行管理

在招商工作中，职责分工有业务、管理、服务三个职责范围。招商的管理也要根据分工职责进行管理。

业务分配制度：招商工作有专业分工，确定分工以后，将业务分配到每个分工的组合中去，招商须采用分配制度，以免产生容易完成的业务抢着干、不易实现招商目标的业务没有人做的现象，造成项目招商不均衡而无法全面完整地达到招商目标和开业要求。

业务管理：主要分为信息管理、客户管理以及人员管理等，除信息专人管理外，客户管理和人员管理工作由项目经理承担管理职责。

招商业务人员的职责分配有两种办法：一是按招商面积、位置进行分配；二是按照招商方案设定的商业分类明确职责范围。前者目标明确，但可能产生业态重复引进的冲突；后者有物业的面积、楼盘、位置冲突，容易造成招商物业的关键部位需求量大、局部物业客户聚集，又有一些条件不太好的位置没有客户。为了避免上述冲突，招商职责分配既要明确商业的业态、业种划分，更加结合商场业态规划进行职责分配，在招商目标明确的条件下，同时对既有资源、业态、面积、部位的责任分配到具体的工作人员。

考核制度：目标分解后，以时间、面积进行考核，一般情况下，招商目标和客户确定，业态和品牌目标调整，租金定价权或者修正权不授予招商总经理以下的业务人员，必要时由决策层控制、考核。

6．制订具体的管理措施

招商业务的管理目标，就是要把招商工作处于控制状态，如何达到这种控制状态呢？在借助科技、智慧工具之时，还要对人进行调整、控制，做法有如下几种：

（1）业务控制——招商工作的"两会""两报"制度

每天晨会：汇报昨天工作进展，品牌落实情况；工作难点解决；布置当日工作内容。

周会：招商人员以书面形式汇报上周工作进展，全体人员分析项目招商形势，分析商业布局的实际厂商情况和进驻商家情况，对招商工作进行平衡和即时调整。

"两报"是指招商职能的日报表和周报表的制度，"两报"由部门领导（招商总监、经理）亲自制作。

（2）工作检查——招商工作日记

招商是对人的工作，数据不能反映工作真实状况，对招商人员实行招商工作（台账）制度、日记（台账）制度，由招商部经理每星期进行一次不定期抽查，每月进行一次汇总，集中察看各人的工作认真程度、业务进度等，并进行交流，对落后于进度的人员，经理（总监）应当给予督促和援助。

（3）监督方法——设业务流水账，做标识

整个招商职能设立业务流水台账、直观的平面标识，以减少差错。招商目标对象签约后，可以在管理系统、平面图上做标识，可以使招商工作落实情况直观反映。

（4）激励方法——插旗竞赛办法

为激活大家努力完成招商目标，以挂图或沙盘形式，进行各组合的插旗竞赛活动。

招商人员业绩考核工作由招商总监（经理）负责，同时，招商总监（经理）的业绩考核由项目总经理负责或投资方（业主）直接负责。

7．合理进行利益分配

应根据项目招商的易难程度、承担职责的多少，对实现招商目标的贡献大小进行分配。通常情况下，以不低于招商中介费用的30%对完成招商人员进行奖励，对于招商人员的职薪水平比较高的公司或专业机构，可以调低奖励比例上限。优秀的招商经理、重大突破性招商目标实现，都应当重奖。

八、招商人员的素质培养

1．招商人员的基本要求

（1）基本要求：男女不限，年龄在25～45岁间，招商工作需要有社会经历，所以适当放宽年龄的要求。最好选择那些善于学习，能吃苦，熟悉商业、商品、品牌的人员。

（2）基础知识：人文学课、经济学、商业零售业、房地产基本知识、建筑原理、金融常识、法律知识，并且有较强的阅读表达、写作能力。

（3）性格特征：情商略高，友善、乐观、向上、热情开朗、敏捷、善于表述，有礼节，善于交际，谦虚好学。

2．招商人员的特殊素质

（1）善于观察：商业地产发展速度和业态变化周期、商品更新周期很短，不善于观察和总结，知识和技术很快就老化，无法适应招商工作新的要求，所以善于观察行业变化，是招商人员特质。

（2）注重实践，有实战能力：招商人员往往都有明确任务指标考核，在工作中以实战为主；书本知识能给招商人员形成基础知识，不一定能适合千变万化的实战，所以，商业地产市场零售业态、发生的现实案例、商业现场才是最值得学习、最有时效性的知识。

（3）杂家气质：商业地产涉及的专业很多，对从事商业地产核心工作的招商人员知识面要求很高，所以提出招商人员杂家气质的要求，这样才能成为优秀的商业地产招商专业人员。

（4）抗压能力：由于招商工作为突击性任务，在一个阶段中，工作压力很大；优秀的招商人员应当有这种抗压能力，要有"风雨之中，更加挺立"的潜质。

（5）勤快："勤学习"、"勤考察"、"勤访客"也是成功的招商人员的特质。

3．招商人员的职业操守

职业操守是指人们在从事职业活动中必须遵从的最低道德底线和行业规范。它具有基础性、制约性的特点，凡从业者必须做到。招商的职业操守是招商人员在招商活动中所遵守的行为规范的总和。它既是对招商人员在招商工作中的行为要求，又是对自己道德的一种完善。其实，一个人不管从事何种职业，都必须具备良好的职业操守，否则将一事无成。

招商人员职业操守包括：

（1）职业理念：也是人生理念的一部分，即人为什么而工作的理念。如果有人仅仅把招商工作作为谋生手段或高薪途径，那么这种职业理念是不健全的。

如果我们招商团队的人员把招商工作（哪怕是短暂的一段经历）作为事业的一个突破口，作为自己理想的一个阶梯，作为职场一个走向成功的台阶、个人才华的一次综合测试，那么他（她）会有毅力、耐力、智力去做好招商这一件事情。

（2）以诚待人：以诚待人可以使人无往不前。真诚是人类的美德，也是招商业务中人际交往的首要准则，过于机巧、险诈，终有被人识破之时，不但个人的无形资产受损，还会伤害到企业利益。

（3）守信重约：招商人员不要轻易承诺，但是有诺必守。为企业和本人树立良好的信誉。遵守一切与公司业务有关的法律法规和制度，并始终以诚信的方式对人处事，是我们的立身之本，也是每个招商人员的切身利益所在。

（4）确保公司资产安全：确保公司的资产安全，这些资产包括企业对商业物业定价、交易情况、商业资源和客户情况以及公司财产，专有的知识产权、秘密信息、技术资料和其他资源等。

（5）如实汇报工作进展：招商工作有其全面性、系统性、同步性、差异性和前后顺序的安排，如实汇报真实工作的进展，有利于全局的统筹。有时候为了个人或小团体暂时利益，谎报工作绩效进展，可能造成招商项目全局误判，会给企业（项目或物业）造成巨大的损失。

（6）保密：是招商工作人员底线。招商人员参与企业内部或项目工作比较多，对商业物业的市场资源、市场状态了解比较清楚，应当在公开场合慎言，即使安排发言或参与推广、宣传活动，要在企业规定的口径下发布信息。同时也要避免在公共场合讨论任何企业内部的信息或机密。作为员工，不能把这些信息泄露给招商对象或竞争项目的业务人员。

（7）遵守商业地产行业的规则：不要到竞争项目（物业、商场内部）去拍照，不要挖竞争对手的主要招商人员，不要接受竞争项目（物业、商场人员）的馈赠和宴请，不要抄袭对手的创意和招商手法。

九、招商工作推进的步骤和方法

1．工作步骤

（1）第一步，筹建阶段，招商职能首先要落实场地、人员、资金；有了场地才能招收招商工作人员；然后为了开展招商，需要落实办公、交通工具。

（2）第二步，制订招商工作的规章制度。在工作开展之前，要明确业务守则和招商人员的行为规范，并且按照任务易难、目标可实现程度、工作周期，制订奖惩制度，设计业务流程和管控体系，使招商工作有序地展开。

（3）第三步，进入业务导入阶段，招商工作按照以下顺序进行：

1）组织招商人员研究、了解项目；

2）确立招商目标；

3）分配招商任务；

4）公布工作计划及奖惩制度；

5）进入招商实施阶段；

6）执行招商方案；

7）业态平衡和招商方案调整，商户调整、平面调整；

8）成果确认；

9）实现招商目标；

10）接轨运营、物业管理工作，客户档案分送；

11）结案阶段——参与开业策划活动。

在此以后，招商职能融入商场运营和管理体系，商品调整和补充招商成为商场运营和管理工作中一项经常性的业务。

2．招商工作推进方法

如图2-21所示，招商工作推进不是单线作战，需融合三条业务条线协同进行：

（1）建筑工程——商场装修计划和进度；

（2）租金（或商业物业产品价格）定价过程——市场接受程度；

（3）形象推广——品牌、形象市场认可度。

在建筑工程竣工前一年左右，建筑外观形象出现后招商（或营销）的工作会渐入佳境，在项目（经营物业）的品牌形象已经开始建立、商业条件被认可的前提下，招商工作才能取得有效进展。

租金价格要在市场里达成共识，招商人员要进行价格的解释培训，以说服客户，让市场接受定价。

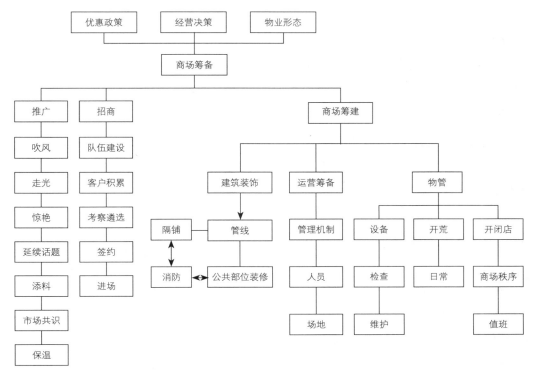

图2-21 招商工作推进方法

在战略定位中的重要招商对象确立前（如电影院、国际品牌、大型超市、知名餐饮等），也不宜过早进行一般商业企业、品牌经营商的招商，因为这些客户不会很早决定是否开店，如果过早和他们商洽，会导致招商工作欲速不达，租金压低既不利于口碑传播，又会挫伤军心，也不会产生"坐着招商"的效果。

3. 招商需要落实的优惠政策和条件

为了推进招商，项目产权人、地方政府都有可能给进驻的商业企业一些启动期的支持，如果没有这些优惠政策和条件，招商会比较困难。所以在招商过程中，应当积极争取优惠政策和条件，这些优惠政策和条件主要从政府、开发商（物业业主）、商业运营和管理这三个方面落实。

（1）地方政府可以提供的育商政策

税收主要是地方税方面的优惠，收费包括项目建设中的税费、办证或管理费，或者承担一些与项目相关的公共设施包括市政、道路、绿化的投资。

上述政府给予的育商政策，各地经济水平不一样，政府育商的措施也不一样，无法做到一刀切。所以在招商活动展开前,要落实这些条件,政府把政策给了我们,我们才能拿着这个优惠条件去招商。

(2)项目开发商(物业业主)可以提供的招商优惠条件

有运营广告投入、提供商业推广消费端空间、试营业、免租期、提供外墙广告位等。针对部分特殊商业企业或品牌经营商需要专门制订招商条件,如合理的装修补贴。

(3)运营管理商给予招商的支持

商业管理费、物业管理费的减免措施,具体的有免"三个月""半年""一年"不等。实际上许多商业管理费、物业费的减免都是由开发商(或物业主)进行暗中贴费承担的。

需要说明的是提供一些有利于商业企业经营的优惠条件是辅助性的,属于招商活动中的"润滑剂",不是推动招商的重要手段,不宜滥用,用得不好适得其反。吸引商业企业的是商业利润实现可能的高概率。

十、招商工作的难点

都说招商难,那么,究竟是哪些因素造成了招商难这一局面呢?了解了这些,也就知道了招商的难点所在。

1. 规划失当

规划失当是造成招商难的主要原因之一。商业项目会更多地引起地方政府领导的重视,并对项目提出一些具体要求,这种要求有时是正确的,但也有不少是给项目的规划设置了不当的条件。在项目规划中,行政意志或规划往往过分注重商业街或商业物业的形象性、景观性、利益性,而忽略了商业地产规划本身的特性。比如说"宽街无闹市",这是商界的共识,南京夫子庙这么繁华,一般街面也就8~10m,可是在许多地方,把商业街规划成交通主干道,窄者30m,宽者40~80m,如西安西大街这样的商业街是很难繁荣的。由于规划失当,导致我国新开发的商业物业市场出现"量"的失控、位置误判、"形"的控制失当、"尺度"控制失当等以致造成许多空置商业物业,这是造成招商难的一大主因。

2. 商业物业过量开发

这个问题其实也源自于规划失控,部分地方政府为了地方财政,推出大量商业地块,在住宅等其他房地产项目中,大量搭配商业地产,还有为了发展区域经济,把商业地产开发作为重要抓手,以为多开发商业地产就可以发展地方的第三产业,结果造成大量商业物业空置,市场供求失衡,所以过量开发、供求失衡,也是招商难的主因之一。

3．开发商过度追求产品性开发

过度追求产品性开发，目的是为了谋得超额利润或回笼资金。中国及其东南亚人喜欢投资商业物业，"一铺养三代"概念深入人心，加上政策许可，商业用地供应充足，所以全国搞了大量的产品性开发的商业地产项目，其后果比较严重：一是过量开发；二是不合适的开发。产品性开发的商业项目往往只适合作街铺或市场类产品，不适合商场模式的经营，但是由于许多规划控制的商场式的物业也进行产品销售，由于难以营运管理，纠纷较多，所以很难招商。

4．定位不准

商业地产定位是一门综合技术，是建立在各种判断之上的决策，包括消费基础、商业资源、租金水平、开发模式、市场接受程度、品牌认知等因素的准确判断。如果失去了对项目的全面把握，造成商业定位不准，也会造成招商困难。比方说苏州某区是很适合做家居产业的，可是偏偏有人把项目定位成服装城，而周边的常熟服装城市场影响力很大，来这个区做服装的人少而少之。招商怎么会不难呢？

5．建筑设计不适应商业需求

商业建筑设计要适应所定位业态的需求，也要有商业通用性；而由于产品开发盛行，许多项目定位是商业，建筑设计只注重产品设计，忽视产品的商业实际使用要求，造成这类物业较难用于商业，所以招商也很难。

6．不重视招商在商业地产开发中的作用

招商工作是商业地产开发业务的关键环节，许多人不知道这个原理，有些全国知名大企业把招商部门作为营销部门的一个下属职能，招商成了可有可无的事情。由于开发商只注重产品开发，谋求商业地产的产品开发利润，对招商不太重视，就现状来讲，很不重视招商职能在商业地产开发过程中的重要作用，用房地产单线配置机构方法去开发商业地产，那么招商也成了这些企业和项目的难点了。

随着商业地产的空置率不断上升，许多不重视招商的项目碰到了困难；今后随着"招商定输赢"的商业地产开发理念越来越深入人心，招商机构（职能）将越来越受到重视。

7．主力店选择不当

主力店——又被称之为"锚店"，即整个项目居重要位置的'压舱石'，吸引客流的超强磁场，给整个商业项目带来巨大的客流，否则就不是主力店了。上海某一大型购物中心，主力店由开发商自行开店担当，既无知名度，也没有消费人知基础和运营策略，

市场对这个主力店不认可，招商一直很难，后来这个购物中心把主力店换成知名连锁大型超市，招商问题就化难为易了。

8．招商推广策略不当

招商是一门艺术，如在招商推广中，不能十分直白地做硬性招商广告，招商做硬广告的结果是越做越没有客户上门，这是因为做了招商的硬广告，实际上是向市场宣告："没有商业资源、招商十分困难"，商业企业一看，等你招好了再来，于是，等着看我们实际招商进展，大家都这样的心态，会造成招商越做广告越少人问津。

9．卖散商铺使法律纠纷频现

商场物业要以产权商铺形式销售，大多采用包租方式，这种方式的后遗症是法律纠纷很多；卖散商铺，小业主众多，利益很难平衡，纠纷很多，许多商业企业（品牌）拒绝这类项目，所以也很难招商。

十一、招商难的对策和解决办法

招商是商业地产最直接、最有效的方法。在招商过程逐步调整项目存在的不足，以满足商业企业的选址要求。

针对以上导致招商困难的九个方面，可以从以下几方面对策来解决招商难这一问题：

对策1：商业建筑设计方案要有"完美""完整"性

能超过行政或规划的开发目标要求，这时这个开发项目会得到政府更多的支持。在确定规划时，政府的本愿是要把项目的目标提高、做好。但是政府对商业的规划并不是真正了解，所以我们在项目规划中既要反映商业需求，又要照顾到政府的期待；在政府期待满足的同时，充分考虑到未来商业的经营。如能这样去做，开发项目会得到政府很好支持，那么招商也会不难了。在上海某休闲街原来的路幅很宽，为了进一步推进商业繁荣，打造时尚、休闲生活一条街，该街在原来的路中央设置一排花坛，这样既降低客流速度，也弥补了原来宽街对街穿越困难的不足，使得商业气氛浓郁起来。由此可见，政府意志在推进经济发展的前提下是可以改变的。像该街这样做，商业环境条件改善了，那么招商困难就迎刃而解了。

对策2：重视商业地产过量问题

针对商业地产过量问题，有积极和消极两种解决办法。积极的解决办法就是参与市场竞争，打破原来商业格局，积极解决的办法很多，如智能商业地产运营系统的运营，商品价格和品质、建筑、商户服务、SP活动、业态创新等。如1995年家乐福进军上海曲阳新村就是打破了原来商业的平衡，由于业态新颖、商品性价比高、特色鲜明、品种比较齐全，赢得了市场，在这个商圈中站住了脚。消极的办法就是改变业态，从常规的零售业态，转成其他商业业态，如上海建国西路上有个商业物业，零售始终做不好，后来改为特色儿童教育就成功了。

排除改变用途（如改为养老院、联合办公、创意产业用房、"商改居"）的可能性；扩大业态思考范围，用新业态的思路也是商业地产解决过量问题的对策之一，由于网络业态出现的冲击，消费转型，业态升级及扩容、创新、商业领域里已经出现或将会出现升级业态或创新业态。和21世纪前10年相比，已经出现的新型业态成功融入商业项目的有"O2O"的生鲜超市、机器人商店、儿童体验、口腔诊所、书房面馆等，复合型的新业态有咖啡花店、家居艺术集成店、服饰花店、禅艺茶馆等。随着商业旅游化，商场客厅化、艺术化发展，业态扩容、不断进行商业面积配置要求会增加，对商业地产招商困难缓解去化有实质性帮助。

对策3：运营模式创新，使"散售"商业物业也能运营起来

商业地产产品设计的理想状态是"三元归一"，即投资开发的要求、规划要求、商业使用要求，在一个商业规划方案中完整体现，如果其中有困难时，只有对开发商的要求进行调整。这是因为市场不可能为我们调整，由于商业地产过剩，商业企业（品牌经营商）有选择权，如果我们不调整，在同等条件下商业企业（品牌经营商）选择其他商业物业；规划较难调整，因为规划是法律行为，具有强制性，调整余地不大。剩下来的只有开发商进行调整，适度抑制产品开发追求超高利润的冲动，把商业项目做得更符合商业对建筑的需求。

在商业地产产品（商铺产品）优化以后，对销售型的项目也要根据散卖后的商业地产产权管理制订相适应的运营体系，如建立业主经营委员会和业主公约统一经营规划，以及公司制的管理方法、业态控制方法、租赁年限等，便散售商业地产也能统一经营，为招商展开顺利进行提供法律条件。

对策4：树立全面参与"招商"的意识

树立"招商"全面参与的意识，要实施"以招论定"的定位策略，把商业地产的开发过程全部纳入"商业适用，价值追求"的轨道上来。招商在项目前期已经给出了开发方向，在招商难题没有形成"死结"之前全员参与，问题得到解决，所以招商不应该成为难题。

对策5：组合设计

建筑设计不能满足现代商业发展的需求是国内外多见的现象，建议在规划阶段采用

组合设计的办法，即商业、策划（咨询）、建筑为主，组合网上经营功能、景观、灯光、CI和标识协同设计，把建筑设计得更有商业性。如果建筑已经建成，那么，必须重新制作商业方案，根据建筑的特点进行调整，如商业建筑实在影响物业价值体现，就必须对建筑不合理的部分进行改造，必要时重建，唐山就有过商业建筑拆除重建的案例。

需要重视的是，随着科技的发展，工业4.0、产业2025的实施，商业智能化时代即将到来，国际上许多商业以及阿尔达商置已经在此作了良好实践并形成实际运用，这是行业应当关注的。

对策6：重视招商人才的培养和引进

在经营决策时重视他们的意见。中国房地产行业尤其是住宅开发的暴利已经得到控制，今后商业物业投资、开发、经营以及资产管理，是中国房地产企业可持续发展的重要方向，重视招商、运营的作用，重视招商、运营人才的培养已经提上了企业的议事日程。有了专业的人才配置，在商业地产开发经营中发挥作用，招商的难度也会下降。

对策7：对主力店导入采用评价的办法

大部分人只知道引进主力店能带动商业繁荣，但是缺少理性分析，即带动的面积有多少、带动周边物业增加收益的作用有多大、消费者对这个主力店的认同率有多少，经过这样理性分析、量化的比较，这样选择的主力店、次主力店、特色店、品牌店就会成功率高。

对策8：商机招商取胜

每个项目都有它的特点，给出这个项目（经营物业）对商业的适合性，以这种适合性对这类物业需求的商业企业（品牌经营商）进行有策略性的推广，那么采用这样的办法成功概率就比较高。如世博源是会后利用建筑，建筑形态很特殊，作者运用"平纵交汇"的布置理念，解决建筑特殊的问题，然后按照区域商业空缺以及世博遗产的特点，把弱点当成特点，把这个项目定位于有情景、体验特点的街区化购物中心，以"特色"取胜，在规划完成同时进行招商导向，结果很快就完成了招商任务。

对策9：业主培训

对卖散的商业物业，那么就要花一些精力去解决"商铺散售人心散"的问题，解决了这个问题以后，则招商也会不难。

解决卖散商业物业人心不齐的有效办法就是"共同利益"的"业主培训"，商铺投资在中国属于一般投资者比较认同的投资品种，其经营方式、收益途径和住宅投资不尽然相同，有其自己的规律，对于卖散的商业物业经营难度更高，那么要达到物业经营产生利润就必须在"共同利益"思考下对业主进行培训，使卖散的商业物业回到整体经营的轨道上来。"业主培训"的要点如下：

（1）树立共同利益的理念，走共同经营、共同取利的道路；

（2）均衡利益分配，以投资额为分配收益基准，进行租金平均分配；

（3）告知商业物业租金"前低后高"的成长规律，使散铺业主能对当期收益的要求更加合理化；

（4）提出好的招商方案，目标收益要符合市场回报要求，并初步落实意向客户，以让业主知道物业未来的收益情况；

（5）组织业主参观散售而不能运营起来的项目，总结别人走过弯路和经验、教训，使大家尽快形成"共同经营，共同利益"的共识；

（6）反面教育。如果不合作出租，将会变成死结，那么三五年没有收益都是可能的，市场上这空置的商业物业很多，可为前车之鉴。

如此招数，可以解决"散户散铺"招商问题。需要说明的是，左这其中有一些策划、培训、模拟招商的费用，这就要让销售商业物业者来承担，或者全体业主自愿同意承担这些费用。

第三篇

招商的筹备工作

在正式开展招商工作之前，有许多筹备工作要做，否则工作一开展就乱套。许多招商项目特别顺利，其实很多重要工作在前期已经完成了。招商工作确确实实是一项特别务实的工作，这项工作的开展都是从实际出发，来制定这项工作的策略、定价，制订招商的行动方案，我们把招商实施分成两个部分：一个是招商的前期筹备工作，是确定招商的目标和策略以及完成一些必要的基础工作；另一部分则是招商的"行动"工作，即招商的实际操作。

为了解决招商会碰到的问题，避免后期矛盾产生，不妨"工作情景模拟"，把将发生的工作提前做好，这才是真正的务实。

通过本篇学习，可以使我们知道"运筹帷幄之中，决胜招商战场"的台后功夫。

一、如何确定招商任务的目标

招商目标是什么？目标就是可以指标量化的行动方向，然后按照这个方向，进行任务的分解和计划安排，形成"人人有目标、个个有进度"，全体人员为招商目标实现而共同努力的局面。招商目标需要确定以下内容：

1. 时间目标

项目（出租物业）大到一定规模以上，招商周期是差不多的，如3万m^2到10万m^2的招商周期就是差不多的，这样类型的项目招商周期一般控制在六个月至一年，规模再大的项目就可能涉及特殊业态，周期会有所变化，所以时间安排要考虑到这种特殊性。需要说明的是影响招商周期的是招商难度，包括商业企业的数量和商业品牌选址要求、商业发展的计划、商业投资的赢利状况、业态的市场环境、消费基础等。

如果是分期招商的项目（出租物业），在计划表的时间总轴上显示总体进度之外，还要有分期计划以及每次招商的进程计划安排等。

2. 面积目标

整体同步招商项目（出租物业）的面积目标，就是整个项目（出租物业）的建筑面积，但是对于大型项目而言，要按照招商阶段的时间目标和策略订立面积目标。这个目标落实具体项目中，就是具体的楼层、部位和导入的业态和品牌的目标。

3. 租金目标

租金目标也就是收益目标。经过市场调查后，决策部门将各种楼层、面积、位置上的单套商铺进行估测，汇总后形成整个项目的收益目标。具体的租金定价具有很强的技术性和专业性，根据租赁面积大小、位置不同、离主动线的近远、朝向、业态的租金承受力而专门订立。

递增率也是租金目标的内容之一，这个指标是关系到未来物业的增值率的最重要指标。如果有资产证券化的计划，这个指标会变成刚性指标。

4．特定商店目标

大型百货、购物中心的市场影响力标杆之一就是品牌商品的数量，品牌如LV、Gucci、Bubbery等国际名牌或品牌超市、影院、儿童体验等；

商业街上的名店目标：如国际品牌的旗舰店；

休闲商业街中特色目标：如茶饮中的星巴克、一茶一座；冰品中的哈根达斯；

大型购物中心中的业态配合目标：如国美或苏宁家电。

大型汽车城中的名车4S店的目标，如兰博基尼、玛莎拉蒂、法拉利、保时捷、宝马、奔驰、宾利等。

在招商实际操作中，结合具体项目还有各个项目中的具体目标，如购物中心中的主力店、次主力店、特色店、品牌店目标；如引进知名院线、大型超市、儿童体验、溜冰场、知名百货、品牌集合店、蜡像馆、运动卖场等具体的主力店目标。

二、如何进行招商项目的前期研究

为了清楚地了解招商项目，科学地制订招商策略，合理地制订租价和收益目标，缜密地编制招商方案。招商人员须对招商项目做前期研究，前期研究主要有以下几个方面的内容：

1．消费的研究

主要研究区域的宏观经济水平、主导产业及其产业构成、投资以及招商引资的情况、社会商品零售额，以及项目所在商圈内的消费规模、人口数量、就业、收入、恩格尔系数、支出情况、消费倾向、消费市场规模大小、商业和商品的销售需求，以确定招商的对象和各种可以商业引进的业态。

2．市场的研究

主要研究所在商圈的商业发展情况，包括重要的商业设施、著名品牌商品和项目的关系、发展状况、聚客能力、盈利水平等。

还包括商业物业市场总体状况（如商业物业面积供大于求，供求平衡，求大于供）、人均面积以及行情——产品价格、业态租金、商圈租金、街市租金、物业租金以及产品"六个差比"的情况。为业态定位、商业发展策略、租金定价、物业经营策略、收益目标的制订提供市场依据。

3．对招商项目（出租）物业的建筑和配套条件进行研究

包括空间位置、相邻关系、交通条件和客流进入的入口、建筑条件（楼层、楼高、柱网、负荷、通道）等。对配套条件进行研究的内容有：车位、厕所、供电、上下水、空调、新风、消防设施、网络、电话、播音、外部广告位、广场、商业建筑的特点，包括视觉、游逛、风格和情景、可达性等特点的研究，以确定对商业的适合性。

招商还须对未来的智能营销和管理系统和运营模式、管理成本进行研究。

4．商业资源的研究

需要品牌、知名商业企业担当主力店的大型商业项目要对上述商业资源在本地市场影响力的研究；包括有引导性、指标性的商业品牌、大型商业企业、知名商业企业、品牌经营商在这个城市所在商圈中的开店计划，以及这些商业企业（品牌经营商）的租金承受能力、开店类型、成本控制等内容。

5．经营条件的研究

通过对当地对第三产业扶持政策，优商、育商的措施，对项目扶持"一事一议"政策的研究，金融条件的研究（如山东某大型商企在山东省内可以银企合作，销售消费卡，使之销售在山东省一直名列前茅），判析出未来商业经营的优势和不足，并在条件争取和招商方案作出优势提炼或不足弥补。

6．对物业经营策略的研究

不同的物业经营策略有不同的招商要求，对租约及未来租户退出都有不同的安排。

实在的目标方案，应当建立在这些研究的基础之上，编制出切实可行的招商方案。

三、如何分解招商任务

招商任务要层层分解，明确责任，落实到人，限定时限，才能做好招商工作。

1．招商任务分解的原则

（1）按照招商目标、招商方案和需要引进的业态、品牌进行任务分解；

（2）按照招商面积任务量分解；

（3）按照未来管理和运营的模式进行分解；

（4）按照业态的关联性进行设置专业岗位；

（5）按照人员的特长、拥有资源的优势分配工作；

（6）按照招商易难程度、工作量的大小进行人事搭配。

2．招商任务分解的方法

招商工作分解要整体理念，即一项工作拆解成若干个分项工作，在同一时期合理地、同步地完成，达到开业目标的工作原则如下：

（1）整体均衡，同步进展，保证开业目标；

（2）以时间为主轴，专业归口为方向，分解各项工作。

3．招商业务分类的一般划分

以下以招商工作中常见的百货类购物中心为例，进行招商业务分类的一般划分：

（1）品牌专项：包含品牌商品中的名牌手表、男装、快时尚集合店、皮鞋、包袋、饰品等，布置在重要的商业区域，如商场首层；

（2）包袋专项：皮件、皮鞋、包袋类；

（3）饰品专项：钻石、黄铂金等贵金属、其他宝玉石、珍珠、高档礼品等商品；

（4）化妆品专项：包括化妆品集成店，以及男女香水、唇膏、皮肤护理、护发等个人系列护理品等；

（5）女装专项：职业、休闲、少女服装及内衣；

（6）男装专项：正装、衬衣、领带、裤装；

（7）运动和休闲服饰专项：运动和户外品牌、休闲系列、健身设备等；

（8）文具和体育用品专项：笔、打火机、礼品、办公桌饰品及礼品；

（9）家具家电类专项：小家电、寝具、家庭软装饰品、茶艺用具、厨房系列、康乐椅等；

（10）儿童系列专项，包括童装、玩具、早教、儿童乐园、儿童食品等；

（11）餐饮专项：快餐、茶饮、小吃、西餐；

（12）健身娱乐类专项：电影、溜冰场、大型游艺馆、运动会所；

（13）医药类：药房、保健、滋补品；

（14）电子产品：手机、机器人、智能家电；

（15）生鲜超市、面包面点及其他烘焙制品、现商品家居类；

（16）金融、保险、彩票、设计师和创意作品、艺术品陈列、汽车展示、旅行社等。

4．结合规则

按品牌经营商户数和业态分布、楼层管理的规律进行组合，形成招商专业分工。

（1）品牌组：分管品牌商品、男装、皮鞋、饰品等专项；

（2）服装组：分管女装、化妆品、包袋、一般男装等专项；

（3）运动组：分管休闲、运动服饰、健身、体育器具和用品等专项；

（4）家居组：分管通讯电子、智能服务机器人电器、家居用品、文化、礼品、儿童用品等专项；

（5）餐饮组：分管各类快餐、西餐、茶餐厅、咖啡、茶歇、中餐、烘焙、休闲食品等专项；

（6）综合组：主要分管金融、保险、旅游、医药、彩票、艺术、汽车等商品。

5．难易程度评价

表 3-1

	承租面积	租金目标	招商技术	业务数量	难度评价
品牌科	····	·····	·····	···	☆☆☆☆☆
服装科	···	····	···	····	☆☆☆☆
运动科	··	··	··	··	☆☆
家居科	··	··	···	···	☆☆☆
餐饮科	·	··	··	··	☆
综合科	···	··	···	···	☆☆☆☆

说明：表3-1招商难易程度表是根据上海商业资源的情况而模拟编制的，各地商业资源配置情况不一样，须根据实际情况编列、评价。

6．任务分解规则及说明

按照4:3:2:2:1:4的难度系数分解任务，分值越高，难度越大，任务分解说明如下：

（1）品牌组：该组承担的任务是整个项目招商活动中起动力和示范作用的业务组，这个部门的工作开展顺利与否，关系到整个项目或商场成功与否以及产租率和商场档次；这是因为品牌组所承担招商对象的选址要求高、企业规模大、营利性强、专业程度高等特点决定的，这是招商规则设计中最为强大的一块，一般由招商责任人亲自承担这项工作。

（2）服饰组：承担实现租金目标和大面积的重任，事务性工作也特别多。

（3）运动组：如果招商物业自行组合商品，那么属于中等招商难度，配置中等的招商力量。如果这个楼层（或部分楼面）招商对象是有专业运营商，可以实现整层或者大面积出租，那么招商难度下降为一般，人员可以一般配置，但要招商主要责任人（招商总监或经理）亲自参与。

（4）家居组：招商难度不高，分类较多，事务多。

(5)餐饮组：由于专业分工和行业专门技术要求，在百货商场招商中专门设立餐饮组，工作量较大，主要是商业配套的技术要求有专业要求，需要配置专业人员。

(6)综合组：知识构成高，门类相关性小，工作量大。

四、如何进行租金定价

商业物业租金定价是一门专业技术，它是资产评估、房地产估价体系中的一门专门技术，更是一门经营策略艺术，它不是简单的市场价格模拟和比较，也不是估价活动的数学推算，它的基础数据来自于市场，技术来自于估价专业，但是（定价）决策却来自经验和全局的经营战略上的思考。这种定价的方法没有想象当中那么科学和精确，但是更实用、更适合市场实际。

1．定价的基础——租赁市场行情的实际

- 业态租金；
- 商圈平均租金、比较对象的租金水平；
- 街市租金；
- 价格的六个差比（包括业态租金差比）。

2．如何进行租金定价

（1）第一步，设置合理的差比

包括路段差、位置差、物业差、楼层差、面积差、业态差，这种差比一是在项目（经营物业）当地市场通过大量调查获得，通常在确定这种差比之后，对各种物业进行定价。为了理性定价，可以设计评价表对各类物业、各个楼层、各个区位，招引进业态的租金承受力，进行综合评分，然后提出价格意见。

（2）第二步，定价示范

"市场比较法"是商业物业估价中经常采用的办法，采用标准样本的办法可以使物业定价具有可比性，样本选择越多，准确性越高。同时要考虑到招商竞争的因素。

1）首先采用标准样本法找到参考价格，一般来讲，标准样本以"间"为单位，面积设置在50~80m^2，位置选择首层沿街物业，同类的物业形态、位置、面积等才具有比较性；

2）其次分析样本的市场行情及出租率；

3）然后比照项目进行数据修正；

4）业态租金因素；

5）竞争因素。

第一次修正的依据

修正的各个因素如下：位置系数；楼层系数；面积系数；可布置程度系数；商业适合性系数；业态系数。

第二次价格修正系数——技术修正

前期优惠折让的因素；平均收益调整的因素；竞争和诱商措施的因素；商业租金水平的因素。

第三次修正价格的系数——策略性修正

竞争的因素；融资的因素；业绩的要求；资产价值及收益要求；税收方面的考虑等。

6）最后根据"市场比较法"得出的租金价格。

表3-2和表3-3是市场比较法中用到的定价示范表和内部比较示范表。

定价示范表　　　　　　　　　　　　　　　表3-2

名称＼比较项目	位置修正系数	业态修正系数	商场牌誉修正系数	客户优惠修正系数	租金水平	修正分值
A商场						
B商场						
C商场						
D商场						
E商场						
F商场						
本商场						

通过以上比较：本商场标准样本租金为每天每平方米××元。得到样本以后，本商场其他出租单元与之比较，得出各单元的价格。

内部比较示范表　　　　　　　　　　　　　表3-3

名称＼比较项目	楼层修正系数	面积修正系数	位置修正系数	业态修正系数	竞争因素	价格差异
标准单元						标准租金
比较单元						比较租金范围

＊如前期收益（2～3年）偏低，需通过中期业态调整、递增率的增幅设计来调整。

3. 定价策略

商业物业的租金定价策略是"低开高走",这种策略是符合商业发展和繁荣的规律,同样也符合商场前期优惠入驻商业企业和品牌经营商的诱商、育商的规则。

(1) 制定价格策略的考虑因素

1) 租期:优惠期的租期不宜太长(如小于200m^2的非餐饮类商店租期一般不超过3年),不利于今后调价;在招商时就要考虑未来的调价余地和调价频率设置。

2) 定价策略和销售关系:按照收益法,租金定价要支持房价,成为销售定价的依据。

3) 收益目标:策略性地达到一定年限的收益总目标,如某项目的年收益要求为1000万元;在商业物业前期,可能收益达不到这个要求。我们通过平均收益的办法达到目标收益:如

原来目标为每年1000万元×3年=3000万元,

我们采用差额调整,同样达到这个收益要求:

第一年:800万元;第二年1000万元;第三年1200万元;

800万元+1000万元+1200万元=3000万元。

(2) 价格策略的种类

租金不是平均、机械地分摊在每个楼板面积上,而是有区别、有差异、有作用、有目的地制订价格策略,价格策略有以下几种:

1) 总的价格策略:前低后高,逐步推高。这符合商业物业价值增长的规律,也符合商业发展的特点。前期向商业企业让利,培养商业;在商业繁荣后,实施"末位淘汰制、优秀能续约"的办法,有节制、有节奏地提升租金,逐步达到租金目标、收益目标。如某些商店租期超过3年以上,则要设计好递增率条款。曾经有项目采用租金价格"一步到位"或"零租金"的办法效果都很不好。

2) 差别化的租价:业态不同、承租面积规模不同,要实现差别化的租价;对于个别特别重要的品牌经营商可以尝试扣率,或象征性收取租金(如试营业)的办法,一般这类企业进场了以后,不会轻易退场,因为他们投资了装修、设备、商品,退场意味着亏损。

3) 租价控制:对特别区位,如包口、商场主要形象面、商场内部的外圈、电梯口等特殊位置采用高定价,以限制经营能力弱、企业规模小、形象一般的商业企业进入这些"节点"位置。

五、如何制定租金收取、押金、递增率的策略

法律没有规定租金支付办法，是由租赁双方自行约定的合同标的，押金多少表示出租方对租赁合同的履约保证安全系数的设定。递增率则是双方对未来租金上升趋势判断的妥协。在这三个方面还是有招商策略在其中的。

1．租金收取

有按月支付、按季支付、半年支付、一年支付、一年以上的支付方式，在首期支付的租金中，有折现的因素在其中，那么会影响租价，按月、季、半年度支付都属于常规支付，一般情况下，先付租金，进入租期。

如果是一年以上的支付方式，在首期付款时肯定有折现因素在其中，要适当让价格。

有些项目采用20年租金一次性收讫，具有融资的性质，只有求严重大于供时，才可以采取这种租金收取的方法。

2．押金

是双方租赁关系维护的保证，由于出租方已经把物业交由承租方使用，那么押金肯定是承租方向出租方支付，押金收取办法，一般在相当于一个月租金到半年租金等量数额，对于可能违约的承租人需多收一些押金，有些过渡性的租赁客户，则少收或不收押金，以减少退租时产生的损失。

如果是按照商户要求进行装修的，应当多收押金，押金数量不少于装修投入的50%。

3．递增

又分为固定递增和环比递增两种，固定递增是基数不变，每一个周期做"加法"，环比递增是"利滚利"，每一个周期做乘法，即（1+递增率）×本期租金。递增率常规从平均每年递增1%到8%不等，只有极好的物业才能达到8%以上。具体递增率的确定同租金定价一样，需要通过市场调查获得，有必要自己算一下，是否合理。也有人把递增率和上年度政府公布的CPI指数挂钩或银行一年期利息挂钩的办法，在选用这些方法时，一定要对物业的供求关系作明确的判断，有利则高，不利则低。

上述三个方面的具体内容，不能在推广期间公开，视招商聚客的情况而定。

六、如何制定招商推进策略

1．项目包装

（1）招商，需要项目有魅力

项目的包装：如商品需要包装一样，招商项目（经营物业）同样需要包装；商品没有包装，既反映了经营者对商品和营销的不重视，也反映对购买者不重视，那么这样的营销注定是不成功的，所以招商项目也需要包装。

招商项目包装的第一要点：商机。对于商品经营者而言还有什么语言比"赚钱""利润"更生动呢？所以商机提炼是包装招商项目的第一要点，对重要招商对象还要针对他们开店要求，整理出专门的数据。

项目包装还要梳理有利条件，策划术语为"三点一性"——"优点、亮点、卖点、竞争性"，尤其是对商圈同类项目的竞争优势的提炼。如位置优势、规模优势、建筑优势、服务优势、运营方能力优势、前期落实的主次力店、品牌店等。

（2）现场包装

招商是一项突击的工作，突击性的工作——具有"打仗"的一切特点，要具有良好的组织性、系统性、严密性，不能忽视每一个情节。招商现场是项目未来最直观地展现，要求有良好的形象性——这种形象性我们把它比喻成"三个秀场"。现场包装的三个秀场包括了招商办公现场、商业现场、运营商办公室。

包装要点提示：

因为是临时性办公设施，以布置简洁为主。

招商现场要清洁、整齐、还要有繁忙感觉。

商业现场要规范，严格整齐。

运营商办公现场要有条不紊的感觉。厕所要干净。

（3）人物包装

关键人物形象包装要求：

招商总监——商业信息多、人脉广、世事练达的商场精英；

运营商项目总经理——商场高管，沉稳、干练，履历很重要。

上述形象包装能增强招商对象对项目招商团队的信心。

（4）招商资料准备

招商手册、图纸及说明、开业方案后期营运思路等，整齐装订，封面要有设计感。

2．招商顺序安排

招商要有策略性，安排招商顺序是招商策略在具体实施中的时间策略,让"大店效应""名店效应"的价值充分体现,既可以让常规店的商业企业对项目的信息提升,又可以便招商工作的工作量变少,收益上升(表3-4)。

招商顺序　　　　　　　　　　表3-4

序号 效用	商业分类	作用	租金水平	时间
第一序列	主力店(大超、百货)	招商成功关键	低,有边际效应	前期完成
第二序列	次主力店	协同效应	低,有协同效应	前期完成
第三序列	名牌特色店	标杆作用	中等,有示范作用	前期完成
第四序列	配套商业	业态和谐	中—高,量大	中期完成
第五序列	常规店群	丰富商品	中高量大,平衡收益	后期完成

说明:如强调品质业态,第三序列调为第一序列

3. 制订招商优惠措施的策略

主要是分别对待的策略。

招商优惠措施分普遍受惠和个别受惠两种方式:

(1)普遍受惠的办法:全面减租、免租、减管理费、享受地方政府一般的扶持政策。作用是培育商业,增加竞争力,促进商业繁荣,具体数量通过市场调查来确定。

(2)个别受惠的办法:除了可以同时享受普惠的政策条件外,个别受惠的内容有和地方政府商议的"一事一议"的特殊优惠,包括地方税收奖励、免除一些规费、办理证照的优惠,特别制订的免租减费的条件;特别重要的对象还可以由开发商(物业业主)补贴装修费。上海青浦奥特莱斯就曾经采用过这种办法,成功地引入数个国际一线品牌,从而带动二、三线品牌的招商,另外还有保证营业额(如不足,由开发商或业主补贴)等措施。

一般情况下,个别受惠的办法肯定优于普遍受惠的招商优惠办法,两种优惠办法在一家企业不能叠加计算。

(3)注意免租、减租对估值的影响:在订立带有免租或减租条款合同时,应当标明租金、优惠租金的时间、数额,不能简单地从原来租金上减去,会影响资产估值。

4. 招商的时机选择

一般情况下招商在年初春节过后正式展开(但应当年前做好客户的储备),这是当年度的开店计划开始落实的时候,如果在国庆以后开展,则是第二年的开店计划,一般我们抓紧这两头开展招商活动,推进招商工作实质性的进展;年底、年初是招商的两个关键时机节点。

5．商品选择和业态组合的策略

业态不是一种固定的商业模式，是消费、商业环境、商品、商品经营合力下的一种商业生存状况。进入21世纪以来，中国商业发生了巨大的变化，这主要是：

①经济发展，消费升级；

②科技进步，网络商业空间打开，线上线下互相渗透；

③服务质量提高，商业营销方法逐步改变。

由于这些变化，如果还用工业时代形成的业态形式去思考商品选择和业态组合，都会是落后的业态。

（1）对商业企业（品牌经营商）而言，他们对消费的影响力是不同的，通常情况下，高端品牌商品是引领消费，而大众品牌日常商品则是适合消费，在制订商品选择和业态组合策略时，要注意到商业的引导性和适合性，才能制订好商品选择和业态组合策略，在通常情况下有这样三种策略选向：

1）满足日常消费的业态，要突出价格优势和商品全的优势。这类商品通常在大型超市销售，并不具游逛性、趣味性，网购概率会越来越高，所以在线上有强大优势的"大润发"力推"飞牛网"，以适合业态升级和消费改变。

2）满足情趣化消费要有体验性。网络商业出现，部分实物商品的销售通道改变，造成商业地产的部分商品和业态消费；另外一方面，部分新商品、新业态的出现又增加了商业地产的需求；而这些增量的商品、业态多数是服务类的，如保健、运动、体验、创意类，这些业态都需要良好的商业环境；而线下的实物商品销售为了弥补网络商业展示型不强，体验感、实物感弱的不足，而增强商业的场景设计。

自作者姜新国从2008年提出"商业地产情景化"以来，中国商业地产的场景设计和体验业态有了很大的进步，出现了一大批情景化商业地产和体验业态，前者如"K11""远洋大古里""芳草地"等，后者如"智慧运动""儿童体验""创意餐饮"等。

商品选择和业态组合放在有特色的商业场景下，会变得更有魅力。

3）满足人们时尚消费的要求，注重品牌商品的市场号召力；谁有市场号召力，就选择谁，在行机构参与的上海青浦奥特莱斯招商商品选择中，重视了两类商品。一是高端品牌，如杰尼亚、阿玛尼、BOSS、百利、登喜路等；另一类是数量取胜的工厂直销的耐克和阿迪达斯。这种既重视商品品质又重视商品销售数量的商品选择策略对上海青浦奥特莱斯成功招商和经营起到了十分重要的作用。

（2）业态组合并不是固守一种格式，要注意区域性。各地的消费倾向、喜好、习惯不一样，有必要进行专门研究。

在国内一线大城市，足部保健和商务宴请没有必然的关系，但在湖南省的一些城市，往往商务应酬活动的压台戏就是"洗脚"。所以在决定业态组合策略时，要注意到这些业态组合的特性。在成都有洗脚和洋酒、麻将和咖啡的组合，这在上海是不可想象的。

（3）在制定业态组合策略时还要遵循以下规则：

1）消费行为的连贯性；

2）商品、业种、业态的互动性；

3）商品、业种、业态组合后形成的特色；

4）互相提升价值的作用。

业态组合有如下思考线索：一是线上线下并重；二是生活习惯和购物习惯；三是混搭；四是实物结合服务；五是跨界组合，如和艺术、教育、音乐、绿植组合。

【案例3-1】外婆家、黄记煌、辣宴等18家品牌餐饮选址标准

1. 外婆家

企业名称：浙江外婆家餐饮有限公司

品牌名称：外婆家

业态类别：餐饮美食—中餐

品牌定位：中高档

面积需求：$800 \sim 1000 m^2$

合作期限：$5 \sim 10$ 年

计划拓展区域：全国，华东区域

重点考虑城市：省会城市及一线城市

物业使用方式：租赁

首选物业：购物中心，商业街

开店方式：独立经营

物业要求：商业街区，人流量较高，周边品牌业态聚集，有较高消费能力。门店形象良好，有独立招牌和广告位，门宽不少于3m，店面方正。

2. 一茶一坐

品牌名称：一茶一坐

企业名称：上海一茶一坐餐饮有限公司

业态类别：餐饮美食——中餐

品牌定位：中高档

面积需求：350～400m²

合作期限：5～10年

计划拓展区域：全国，西南区域

重点考虑城市：一二线城市及省会城市

物业使用方式：租赁，合作

首选物业：购物中心，社区商业，商业街，百货

开店方式：独立经营

物业要求

1）成熟商圈：商业+商务型商圈，商业商圈；

2）楼层：一层，1+2层，2层+1层门面；

3）面积：使用面积350～400m²，如楼层单层层高在5.3m以上，可以考虑做夹层，面积可控制在250～300m²左右；特别规定：不能在住宅楼下；基础设施：水，电，燃气，上下排水，隔油等。

3. 黄记煌三汁焖锅

企业名称：北京黄记煌餐饮管理有限公司

品牌名称：黄记煌三汁焖锅

业态类别：餐饮美食——中餐

品牌定位：中档

面积需求：250～500m²

合作期限：5～8年

计划拓展区域：全国

重点考虑城市：江浙、全国二三线城市

物业使用方式：租赁

首选物业：购物中心，商业街，百货，其他

开店方式：独立经营

物业要求：

1）商圈选择：社区型或便利型商业街市、人流量大的街道、商铺门前无封闭交通隔栏、高于1.8m的绿化；

2）目标客户群：以上班一族、家庭、个人消费为主；

3）面积：250m²以上；

4）建筑要求：餐厅门前须有相应的停车场，具备厨房污水排放的生化处理装置以及有限排放通道；

5）租金承受：低层为1.5元/（m² · 天）以上，视地段、商圈确定租价。楼上餐厅租金略低；

6）租期：3年以上。

4. 小南国

企业名称：上海小南国餐饮有限公司

品牌名称：小南国

业态类别：餐饮美食——中餐

品牌定位：中高档

面积需求：700～1500m²

合作期限：5～10年

计划拓展区域：全国

重点考虑城市：江苏、浙江、山东、北京

物业使用方式：租赁

首选物业：购物中心，商业街

开店方式：独立经营

物业要求：

1）城市的商业中心、繁华商圈；

2）交通便利，单店面积：700～1500m²；

3）城市人口：100万以上。

设计要求：楼层层高5m以上。

能承受租金：看具体区域的行情，没有特别限制。

选址要求：主要是商务区，而不是繁华的商业区。最好是产权单一的物业，能提供更加人性化的物业管理服务。

5. 同庆楼

企业名称：安徽同庆楼集团有限公司

品牌名称：同庆楼

业态类别：餐饮美食——大型酒楼/美食广场

品牌定位：高档

面积需求：1000～5000m²

合作期限：12～15年

计划拓展区域：全国

重点考虑城市：华东区域

物业使用方式：租赁，购买

首选物业：购物中心，商业街

开店方式：独立经营

物业要求：

1）地理位置和交通情况：临近公路干线、地铁沿线、交通枢纽、机场、火车站、汽车枢纽站等位置，临近工业区、商贸中心、展览中心、商务中心等交通便利地点。

2）市场条件：所处区域内有较为合理的行业分布，如办公、购物、娱乐等场所与之互补；该区域有良好的经济文化发展前；周边较多企事业单位和交大的人流量、车流量。

6. 川味观

企业名称：杭州川味观餐饮管理有限公司

品牌名称：川味观

业态类别：餐饮美食——大型酒楼/美食广场

品牌定位：中高档

面积需求：200～500m^2

合作期限：3～5年

计划拓展区域：全国

重点考虑城市：杭州

物业使用方式：租赁

首选物业：社区商业，商业街，其他

开店方式：加盟经营

物业要求：

1）商圈选择：客流繁忙之处，如繁华商业街市、车站、空港码头以及消费水平中等以上的区域性商业街市或特别繁华的社区型街市。

2）建筑要求：框架结构，层高不低于4.5m。配套设施：电力不少于20kW/100m^2，有充足的自来水供应，有油烟气排放通道，有污水排放、生活处理装置，位置在地下室或一、二、三楼均可；

3）面积要求：200～500m^2。

7. 毛家饭店

企业名称：贵阳市百茂餐饮管理有限公司

品牌名称：毛家饭店

业态类别：餐饮美食——大型酒楼/美食广场

品牌定位：中高档

面积需求：300~500m²

合作期限：5~10年

租金预算：3~10元/（天·m²）

计划拓展区域：西南区域

重点考虑城市：贵阳、昆明

物业使用方式：租赁，购买

首选物业：购物中心，社区商业，商业街

开店方式：独立经营

物业要求：

1）城市的商业中心、繁华商圈；

2）交通便利，单店面积：700~1500m²；

3）城市人口：100万以上。

设计要求：楼层层高5m以上。

能承受租金：看具体区域的行情，没有特别限制。

选址要求：主要是商务区，而不是繁华的商业区。最好是业权单一的物业，能提供更加人性化的物业管理服务。

8. 避风塘

企业名称：上海避风塘美食有限公司

品牌名称：避风塘

业态类别：餐饮美食——中餐

品牌定位：大众化

面积需求：550~650m²

合作期限：8~10年

计划拓展区域：华东区域

重点考虑城市：江浙沪

物业使用方式：租赁

首选物业：购物中心，商业街，其他

开店方式：独立经营，合作经营

首选物业：为写字楼底商及配套商业，社区底商及配套商业

物业使用：租赁

需求面积：550～650m²

合同期限：8年以上

9. 俏江南

企业名称：俏江南股份有限公司

品牌名称：俏江南

业态类别：餐饮美食——中餐

品牌定位：高档

面积需求：600～800m²

合作期限：8～10年

计划拓展区域：华南区域，华东区域，华北区域，华中区域

重点考虑城市：一线及省会城市

物业使用方式：租赁，购买

首选物业：购物中心

开店方式：独立经营

物业要求：

1）城市的商业中心、繁华商圈；

2）交通便利，单店面积：600～800m²；

3）城市人口：100万以上。

设计要求：楼层层高5m以上。

能承受租金：看具体区域的行情，没有特别限制；

选址要求：主要是商务区，而不是繁华的商业区。最好是业权单一的物业，能提供更加人性化的物业管理服务。

10. 德香苑北京烤鸭

企业名称：重庆盛联餐饮文化有限公司

品牌名称：德香苑北京烤鸭

业态类别：餐饮美食——中餐

品牌定位：中高档

面积需求：300～500m²

合作期限：8～10年

计划拓展区域：全国

重点考虑城市：成都重庆福州北京

物业使用方式：租赁

首选物业：购物中心

开店方式：独立经营，加盟经营

物业要求：

1）店铺面积应控制在300~500m²。

2）店铺签约期应控制在1~3年左右。

3）店铺应有独立广告位，同时在餐饮类广告专区有相应的广告位。

4）店铺开业所需水、电、气等相应的条件。

11. 川仁百味

企业名称：川人百味（餐饮）集团

品牌名称：川仁百味

业态类别：餐饮美食—中餐

品牌定位：中高档

面积需求：250~300m²

合作期限：6~8年

计划拓展区域：全国

重点考虑城市：全国二三线城市

物业使用方式：租赁

首选物业：购物中心

开店方式：独立经营

物业要求

1）大型商超、购物中心、商业综合体内餐饮区域；

2）商业圈繁华路段、客流量大的街边店铺；

3）专业市场内餐饮区。

12. 小厨娘精菜馆

企业名称：江苏小厨娘餐饮管理有限公司

品牌名称：小厨娘精菜馆

业态类别：餐饮美食—中餐

品牌定位：高档

面积需求：500~700m²

合作期限：10~15年

计划拓展区域：全国

重点考虑城市：江苏地区

物业使用方式：租赁

首选物业：购物中心，商业街

开店方式：独立经营

物业要求：统一装修风格，统一经营模式，具备良好的地理位置、交通便利、有停车位。

商圈选择：选址于人口不少于5万人的居住区域或社区型、区域型、都市型商圈。

建筑要求：框架式建筑，厨房可小于餐厅营业面积的三分之一，其余同餐厅。楼上商铺亦可。

13. 椒艳时光

企业名称：茉莉时光酒店管理有限公司

品牌名称：椒艳时光

业态类别：餐饮美食—中餐

品牌定位：中高档

面积需求：200~300m²

合作期限：5~8年

计划拓展区域：华北区域

重点考虑城市：青岛烟台山东省沿海城市

物业使用方式：租赁

首选物业：购物中心

开店方式：独立经营

物业要求：

1）大型商超、购物中心、商业综合体内餐饮区域；

2）商业圈繁华路段、客流量大的街边店铺；

3）专业市场内餐饮区。

14. 谷香九号

企业名称：河南谷香九号餐饮有限公司

品牌名称：谷香九号

业态类别：餐饮美食—中餐

品牌定位：中高档

面积需求：300~500m²

合作期限：5~10年

计划拓展区域：全国

重点考虑城市：山东

物业使用方式：租赁

首选物业：购物中心，商业街，商业裙楼

开店方式：独立经营，合作经营

选址标准：市区内主要商圈、大型综合体、高档购物中心、甲级写字楼。

物业要求：

1）以室内没有柱子、障碍墙为最好；

2）可以独立开门，入口门宽1.6m、高2m为标准；

3）店铺门脸最好宽10 m以上由透明玻璃构成；

4）排水方面，提供厨房排水、污水排放系统。市政指定排污口或通道；

5）电力方面，提供24小时提供动力三项五线电源（有独立的配电柜）；

6）电源电力有（如果有天然气）80kW左右，如果没有天然气要在150kW以上；

7）若有中央空调，需提供中央空调送冷暖时间，若无中央空调要提供分体空调室外机安装位置及安装条件；

8）室内高不能低于4.5m；

9）原则上店内需有或可建卫生间；（若设置不可时最好附近有公厕）

10）带有地下室时，可以进行地下管道安装。店铺外有台阶时尽量允许我方建造坡道；

11）进风、排风直排式与主管道相通，排烟量20000风量左右，送风10000风量左右；

12）具备消防系统，提供消防验收报告。协助验收开业；

13）弱点条件：电话、网络正常提供，要有充足的各移动电话运营商的网络信号。

15．一会馆

企业名称：广州致信药业有限公司

品牌名称：一会馆

业态类别：餐饮美食——中餐

品牌定位：高档

面积需求：2000～3000m^2

合作期限：15~20年

计划拓展区域：华南区域

重点考虑城市：广州佛山惠州

物业使用方式：租赁

首选物业：其他

开店方式：独立经营

物业要求：

1）实用面积2000~3000m^2左右；

2）有合适的广告位、招牌展示位、停车位等；

3）具体要求按我公司房产技术条件双方达成协议为宜；

4）开发商需协助我公司办好各项审批手续。

16．辣宴

企业名称：深圳市天下湘军餐饮集团

品牌名称：辣宴

业态类别：餐饮美食—中餐

品牌定位：大众化

面积需求：200~400m^2

合作期限：3~5年

计划拓展区域：全国

重点考虑城市：深圳

物业使用方式：租赁，其他

首选物业：购物中心，社区商业，商业街，百货

开店方式：独立经营，其他

物业要求：

1）两个分店距离在3km以上；

2）单层使用面积在1600~2000m^2之内；

3）不在居民楼下，且离居民楼25m以上；

4）净层高3.8m以上；

5）首选成熟商圈，百货公司，购物中心；

6）停车位充足。

17．黄四娘酱骨

企业名称：济南先大餐饮管理集团

品牌名称：黄四娘酱骨

业态类别：餐饮美食—中餐

品牌定位：中高档

面积需求：100~150m²

合作期限：1~3年

计划拓展区域：全国

重点考虑城市：全国一二线城市

物业使用方式：租赁

首选物业：购物中心，社区商业，商业街，超市

开店方式：独立经营，加盟经营

物业要求：商业街区，人流量较高，周边品牌业态聚集，有较高消费能力。门店形象良好，有独立招牌和广告位，门宽不少于3m，店面方正。

18. 四道菜

企业名称：福州四道菜餐饮管理有限公司

品牌名称：四道菜

业态类别：餐饮美食——中餐

品牌定位：中高档

面积需求：300~500m²

合作期限：10~15年

计划拓展区域：华东区域

重点考虑城市：福州

物业使用方式：租赁

首选物业：购物中心，商业街

开店方式：独立经营

物业要求：

1）大型商超、购物中心、商业综合体内餐饮区域；

2）商业圈繁华路段、客流量大的街边店铺；

3）专业市场内餐饮区。

【案例3-2】苏州诚品书店的商品选择和业态

被誉为台湾"文化地标"的诚品书店于2015年11月29日在苏州开出大陆首家旗舰店，作为典型的复合式业态的成功代表，在诚品书店的复合式门店中，其图书销售区只占到总经营面积的20%~30%，其他销售区域则引进了服饰、文创、家居、美容、餐饮、儿童、教育等多种业态。这些业态的引进，不仅

增加了诚品的租金收入，更大大提升了诚品的服务功能和集客能力。诚品还兼做地产开发商，以文化优势撬动房地产开发。

苏州店是集文化、商务、观光、休闲、自然、住宅于一体的城市文化综合体。总建筑面积超过13万m^2，其中2栋塔楼做商业住宅和4层裙楼做书店及文创商场（表3-5、表3-6）。

苏州诚品物业规划　　　　　　　　　　　表3-5

功能	详情	
书店	裙楼部分 1.5万 m^2	诚品目前规模最大旗舰书店
诚品居所	南楼：24层大平层住宅	与日本三菱地所株式会社共同开发，共计292户可售商品房源
	北楼：26层酒店式公寓	

苏州诚品书店各层业态分布　　　　　　　表3-6

楼层	楼层定位	业态
4F	乐活健康	瑜伽会所
3F	人文视野	诚品书店、诚品精品文具馆、诚品展演厅、云门舞集舞蹈教室；蔬食料理、法式料理、创意轻食餐饮
2F	创意设计	诚品书店、诚品风格文具馆、诚品儿童馆、设计用品、家居杂货、香氛保养、包袋配件、手作教学、旅行服务、婴童用品及服饰；西式餐厅、中式料理、英式下午茶、咖啡轻食甜点、庄园红酒
1F	风格美学	品牌概念店、国际品牌服饰、原创设计服饰鞋履、精品配饰、香氛保养、美发沙龙、花艺、3C数码、复合式餐饮、咖啡轻食甜点
B1	潮流生活	诚品生活采集X苏州；文创集市、潮流服饰配件、鞋履、自行车；泰式料理、中式料理、日式料理、甜品小食、顾客服务中心

6．新业态谱系

互联网打开另一个商业空间并导致商品扩容。在商业生态性变化影响，实物商品流失的背景下，购物中心出现了以餐饮为代表的服务业态、体验业态比重上升；由于互联网打开了新的零售空间，非传统零售业态的金融（银行柜员机、理财专柜）、保险（在线销售和服务）、数字音乐和图书、医疗（遥诊）、陪聊和陪玩以及办公、创意等进入零售领域；各类业态都上线触网，线上和线下商业空间发生了交汇和融合，业态谱系发生了变化和扩容。

以消费为源头，编列业态谱系，可以达到满足生活需求，改变中国零售业和商品制造行业的产业结构，优化供给侧的功效。

根据国内贸易局1998年6月5日发布的关于商业业态分类指导意见，商业业态包括百货店、超级市场、大型综合超市、便利店、专业市场、主题商城、专卖店、购物中心和仓储式商场等8种形式。

阿尔达在对现下商业地产的梳理后形成了全面的新商业业态谱系表，

共梳理有业态大类15个，细分业种119个，具体品类220个。

（1）业态种类（业态三个种类）

线上业态：在线通过检索商品、浏览商品、确认订单、在线支付、商品交付并包含后期延伸服务的商品购买交易过程；如在线办理电子车险、购买某类金融理财产品等；

融合业态：主要是指在线上完成购买过程，线下获取商品或服务的业态；如，在某网站完成衣服的购买行为后，通过物流物品到达手上使用；通过某外卖平台订餐后，获得餐品后再线上确认付款完成购买行为；网上预定后家政如期上门服务等；

线下业态：通过线上平台的商品展示，主要的体验、试用、交易过程在线下完成的业态。如高端定制服装、数码产品、美容护理等购买行为；

（2）业态类型（15个类型）：金融、数码出版物、在线交流、在线充值/支付、电商、生活、文化艺术、健康、餐饮、个人装扮、儿童体验、娱乐、集合店、商场、专业市场。

（3）业种类型（119个业种）：如银行、陪聊、网络销售、宠物店、维修、高科技生活、体育健身、旅游商品、中式餐饮、儿童体验、网吧等。

业种类型（一）　　　　　　　　　　　　　　　　表3-7

| 银行 | 保险 | 投资理财 | 证券交易 | 网络游戏 | 书籍 | 影音作品 | 陪玩 | 陪聊 | 手机充值 | 生活缴费 | 彩票 | 电话销售 | 网络销售 | 电视营业厅 | 便利店 | 超市 | 银行 | 旅游 | 宠物店 | 花店 | 烟酒茶 | 皮具护理 | 洗衣店 | 文印店 | 跨境电商 | 地产中介 | 装饰公司 | 家庭食用产品 | 典当行 | 寄卖 | 电子产品回收 | 珠宝名表智能管家 | 格子铺 | 奢侈品扩展 | 婚庆 | 维修 | 汽车服务 | 生活服务 | 高科技生活 | 月子会所 | 体检中心 | 社区医院 | 中医养生 | 艺术养生 | 健康管理 | 口腔护理 |

业种类型（二）　　　　　　　　　　　　　　　　表3-8

| 视力训练 | 足浴 | 汤浴 | SPA | 桑拿按摩 | 医疗护理用品 | 遥诊 | 摄影 | 艺术培训 | 教育培训 | 影音音像店 | 书店 | 剧场 | 创意品牌专卖店 | 瓷、陶品集市 | 工艺品 | 文具店 | 画廊 | 古玩收藏 | 旅游商品 | 中式 | 西式 | 休闲餐饮 | 日本料理 | 东南亚菜 | 韩国料理 | 其他 | 美容护理 | 服妆 | 精品 | 母婴生活馆 | 幼儿园 | 托儿所 | 儿童体验 | 婴童乐 | KTV | 电影院 | 溜冰场 | 电玩 | 手作坊 | 密室逃脱 | 桌游室 | 撞球室 | VR | 真人CS | 农家乐 | 棋牌室 | 麦趴馆 |

【案例3-3】成都某服饰市场的招商策略案例

1. 项目位置：城市中心的非核心区位

2. 商业楼层共9层，其中地下2层

3. 面积：单层面积8000m^2

4. 业态类型：市场

5. 经营品种：服饰、箱包等

6. 招商策略

（1）情景模拟；

（2）吹风式的推广；

（3）蓄势待发。

7. 效果

（1）招商实现率95%；

（2）租金7年里上升200%以上；

（3）招商楼层已经达到9层以上，可以说是国内市场类商业物业招商的奇迹。

8. 案例评点

这个项目在位置上，并没有明显优势，因为在2000年以前，市场业态主要集中另外商圈，而且建筑条件不好，商业面积分布在-2至7层的楼面，如何来突破这些困难呢？

策略一：市场的情景模拟，这个项目在招商之前以成功商场作为商场布置的蓝本；

策略二：在对外传播中说那个成功市场许多经营者要过来；

策略三：掌握招商节奏，控制招商楼层、面积，在市场达成共识。

招商者很理性，并没有一下子推出全部楼层，而是每次推出两层，等待蓄客率达到150%以上，招商可以选择商户，填满两个楼层后，再推出两个楼层，使市场始终处于出租方市场。

评点：前期"无中生有"式的策划，后期理性控制的计划，使这个项目取得前所未有的成功，在大城市最繁华的商业街上3层以上物业空置都很多，而这个市场能把人招到7层，实在可谓国内招商成功之杰作。

【案例3-4】上海某购物中心招商策略调整案例

1. 项目位置：该区域商业中心（层级高于地级城市商业中心）客运交通枢纽

2. 楼层：地下1、2层，地上7层

3. 面积：32万m^2，上海最大的（单体）购物中心之一

4. 项目类型：购物中心

5. 经营类型：生活用品、餐饮、休闲、娱乐等

6. 当时招商策略：在开发商业地产的同时，发展商业；既获得房地产利润，同时带动企业的商业地产发展，于是自己开设

了百货、超市、书城、美食街等，其余向社会招商。

7. 决策的结果：三分之二专卖店，没有招到，1楼30个商铺空着，6、7楼大部分空置，除自营面积之外，招商面积未过半。

8. 案例评点：项目条件优势：次中心商业位置，市内公共交通枢纽，商业建筑大，有竞争力。招商时机也很好，处于经济上升期，那么错在什么地方呢？错在招商的策略上。

（1）不知道商业地产的经营之道；开发商赚取的是房地产利润，而非商业利润；

（2）自创商业品牌，号召力不够；商业品牌没有树立；

（3）没有深入介入商业领域；

（4）没有高层次的商业人才参与项目。

开业半年就开始调整经营策略——重新招商，先后引进家乐福、苏宁家电等知名商业企业；品牌更新率50%，出租面积上升为95%，商业营收大幅度增加，原来自设超市的日营业款为20万元，而家乐福则达到每天120万元。按照商业地产的规律，商业利润高，推动租金；租金收入高，物业价值提升。由于出租率提高，租金翻番，这个项目走出"自己招自己，没有商业品牌，项目没有影响力"的困境，已成为上海知名的商业地标之一。

【案例3-5】某奥特莱斯中的知名快餐企业招商策略

1. 项目位置：城市近郊，高速公路出口，离市中心17公里，是奥特莱斯合适的选址

2. 楼层：二层为主，部分三层

3. 商业布局：围合式街区

4. 商铺形式：专卖店

5. 业态类型：品牌折扣+工厂直销的奥特莱斯

6. 主要经营商品：下架的国际、国内名牌及工厂直销的品牌商品，包括服饰、包袋、鞋类、饰品、眼镜等

7. 招商时间：2005～2006年

8. 招商难点：希望引进某国际知名连锁西式快餐，开发商自行招商邀请5次，始终未如愿。

9. 案例分析：

在2005年，该奥特莱斯开始招商时，这种业态还不为大家所了解，这个西式快餐企业的开发部人员，对这个业态并不熟悉，一看商场开在城市近郊，担心没有人气，并且明显不符合该企业开店选址的各项要求，所以一直不肯上报项目，以至开发商多次上门没有结果。

后来参与这个奥特莱斯招商的本书作者、上海在行机构蒋珺，针对这个情况进行深入分析，得出如下结论：

（1）奥特莱斯在国外已经比较成熟，该餐饮公司的开发部国内人员不了解这种业态带来的中端的、有活力的消费人群，而这种消费恰恰又是这种西式快餐的主流人群。

（2）开发商的招商人员不知该快餐公司的内部决策程序，找的都是不了解奥特莱斯的国内的门店开发人员，所以去了多次也没有效果，因为这些门店开发人员在上报门店选址时不报告奥特莱斯这个选址，所以他们的主管也不知道。

（3）在行机构的蒋珺了解到，这个快餐企业的年开店计划尚缺一家，必须在年底之前完成。

根据上述信息不对称、开店目标没有实际进展的情况，直接找该快餐企业的外方管理人员，外方人员听到奥特莱斯，就感觉该店必须要开，因为他知道这种业态的特性和针对消费对象的消费能力、消费欲望是比较强的，加上年内还有一家门店计划没落实，所以在其获得招商信息后，在很短时间内就到现场考察，在了解到数个国际一、二线品牌已经签约后，其当场决定这个店要开，于是开发商一直不能落实的西式快餐店终于落实了。

在这个案例中，招商的策略是有针对性、实效性，在充分掌握商业企业的开店要求和发展计划情况后，找到关键人物，突破了名店、品牌一直未能落实瓶颈，顺利地完成了该著名西式快餐招商的品牌目标。

七、如何编制招商方案

招商方案包括：项目（物业）价值认识、商业定位（或修正）、招商策略、行动方案、效益预期等内容，归纳起来三句话："做什么？（了解项目或物业的情况）""怎么做？""结果是什么？"重点在于"怎么做""结果是什么"。编制的要求是方案简明、基础实在、数据可靠、进程明确。招商方案有如下要素和效用：

1. 对项目（物业）的分析

主要从现时的市场条件、资源配置条件、物业条件、对物业经营思路等要素展开，为"做什么"提供依据。

有关数据有：市场条件包括供求关系、租金（业态和区域、"七个差比"）等。资源配套方面：关注已经签约的重要商业企业，拟进入这个城市、这个商圈的重要商业企业；物业条件：包括项目所在商圈及竞争情况、消费情况，建筑对先前定位的适合性评价，各种配套对业态的适合性评价（车位、消防、排污、油烟处理等）；物业经营思路：物业经营类型（销售还是持有）价格及其收益要求、开业的时间要求等。

2. 定位和定位修正

一般情况下，在这个阶段，业态定位确定、建筑规划已经定型，甚至已经开工，所以分析先前定位或者定位修正一定要尊重现实，否则就是脱离实际，使招商方案无法实施。在这个阶段，招商职能对定位的修正，主要在业态深化、商业规划和业态布置、商业资源配置的"落实"——招商对象的确定等方面，并且为经济效益测算提供依据。

3. 招商策略开始导入实施

确立招商的目标和任务，包括租金、面积、时间、品牌等方面的招商目标，并围绕目标提出招商策略、推广方案、聚商办法、所需要的配套条件以及可以达到的效果。

4. 行动方案编制方法

招商行动方案是项目招商的实施方案，更是指导招商人员如何进行招商的行动方案。这个方案来自于市场实际，根据商业物业的实际、招商人员的实际而编制的。招商行动方案，主要有以下内容：

（1）建立招商组织。招商组织是一种"战时"的组织形式，招商的行动方案就如同一个作战的方案，具有"分工到位、时间到点"的要求。以目标为动力推动各项工作，以时间为主轴安排计划，以现有人员为基础分解各项业务。

（2）总体计划和工作进程。工作量的评估，工作人员的业务分配，工作计划和周期，阶段工作要点和阶段工作目标，重点客户的落实的时间节点等，筹备工作的计划。

（3）制度：包括操作流程、管控机制、绩效考核等。

（4）人员：到岗、培训、人员配合和组合、明确分工。

（5）文件编制：招商手册、图纸、内部汇总表、流转表、审批表。

（6）招商现场：内外的引导人员、接待台、洽谈室、看板、办公家具和低值易耗品。

（7）CI：外部包装方案、LOGO、CI应用系列（可以和开发商合用）。

（8）商业资源信息库。

（9）首次公开招商活动的策划方案等。

（10）推广方案：推广基调、节点、力度、传媒和通道、形式、成本及投放计划。

（11）招商实时调整的预案。

（12）招商工作的考核办法。

（13）招商工作需要配合的请求。

（14）招商和运营的工作界面和衔接。

（15）招商和物业的工作界面和衔接。

（16）开业筹备。

5．招商的成本考核

（1）用工数量

（2）各个岗位的基本工资

（3）激励方法和数额估计

（4）办公和装修费用

（5）推广费用

（6）商务费用

（7）低值易耗品、交通费用、支付日期和用款计划

招商工作的业务流程设计

不同的项目有不同的招商策略。在不同的招商策略思维下，招商工作的流程设计就要根据不同项目开发类型、业态定位、经济目标要求等，合理制订招商工作的业务流程。

一个示范性的招商方案

一、对招商项目了解

1. 项目总体规划

2. 开竣工日期和开业日期

3. 开发类型——持有，销售，部分销售？

4. 业态定位和当地商业资源

5. 项目工程总体计划进度

6. 项目营销计划及进度（如有）

7. 项目商业规划

8. 商业建筑与空间

楼层布置意图，业态布置意图，动线设计意图，主次、一般店铺的比重，品牌、主力店的作用、评价，特殊商店的建筑及配套要求。

（1）建筑形态和空间分布

（2）店铺的分隔方案

（3）楼层之间的交通方式（重点交通）

（4）水平动线和各区域通达性

（5）通道宽度的合理性

（6）店铺、通道、展示面分析

（7）商业空间的视觉分析（如电梯井、招牌、陈列对商业展示性的影响）

（8）休憩区的外摆区的设置

（9）功能配套——停车场、设备区、快递交接室

（10）店招规划和照明规划

（11）特殊业种配套设施（餐饮排烟系统，隔油池等）

（12）景观（外部和内部）分析

二、招商项目的市场调研

1. 市场调研计划制定

（1）确定市场调查范围、内容、数据要求

（2）工作量、工作周期预估

（3）调研方式确定（自行或委托）

（4）调研计划和经费安排

（5）调研辅助工具到位（统计表格/统计工具/个人名片/公司及项目介绍等）

（6）调研工作分配和绩效考核方法制定

（7）调研工作培训

（8）调研工作展开

2. 市场调研内容

（1）周边基础人流量数据：人口：总人口，常住人口，外来人口，男女性别比例，年龄比例，人口分布，人口密度

（2）周边基础车流量数据

（3）消费调研：所在城市各项经济指标，产业构成，行业收入特点分析，消费支出数据收集，消费习惯、倾向数据，区域特有的民俗、节庆了解。

3. 商圈确定

（1）商圈范围：客流到达半径；商品吸引力半径；物流成本的分级商圈。

（2）商圈分层：核心商圈；外围商圈；影响商圈。

（3）城市商圈图绘制：城市商圈分布和重要商业项目分布；商圈内业态分布图；商圈内品牌分布图；商圈内商业物业租金分布图和商业物业销售价格分布图。

（4）商圈内项目交通情况调研：地铁路线，主要道路和公交，停车设施；项目周边的交通设施和道路走向，公交路线，流量统计数，停车设施。

（5）重要商业项目的专题研究：名称；位置；交通条件；建筑规模，楼层；业态类型，构成；主力店；品牌店；租金水平；年销售额和坪效；互联网和智能化水平；运营方和常用促销手段；优势和不足。

（6）城市规划研究：居住人口变动；交通变动；商圈变动；批准或立项的其他商业项目。

三、项目招商可行性分析报告

（一）项目商业定位

1. 市场调查数据分析

（1）形成商圈判断

（2）消费市场的判断

（3）主要竞争对手的判断

2. 发展战略抉择

（1）价格取胜

（2）品质取胜

（3）特色取胜

（4）规模取胜

3. 项目商业定位

（1）商圈选择决策

（2）业态定位和品类组合

（3）会员系统选择和量级定位

（4）商业经营模式定位

（二）业态落位

1. 主次力店落位

2. 品牌店落位

3. 组合店落位

4. 特色店落位

5. 业态、品牌、特色，组合分析

6. 业种融合、优化，增效分析

（三）文化和创意

1. 商业主题和特色方案

2. 主要景观方案

3. 商业情景化方案综合分析和优化

4. 文艺活动合作方落实

（四）收益考核

1. 销售额目标

2. 租金收入目标

3. 坪效目标

4. KPI考核

5. 现金流量

6. 对销售物业（商业、酒店、住宅等）增值、促去化的作用

7. 优惠条件制订（免租、补装等）

8. 收益平衡静态、动态分析

四、招商实施方案

1. 招商计划和目标

（1）时间目标

（2）面积目标

（3）商户目标（主力、次主力、品牌、特色店）

（4）租金目标

2. 招商组织

（1）招商办公地点选定

（2）招商团队组建（招商专员、策划文案、平面设计、后勤人员等）

（3）业务分工

（4）管理：考勤制度；工作跟进（钉钉或泛微）；激励机制设计；培训计划。

3. 招商渠道设计

（1）政府招商渠道

（2）人脉招商渠道（如商业拓展社群等）

（3）行业招商渠道

（4）市场化招商渠道

4. 招商条件调整

（1）根据市场调研、商户要求，制订招商优惠方案（免租、装修费用、物管费用等）

（2）租金策略和平衡方案

（3）实施能力增强，工作量、人员配置量、职薪、激励机制调整

五、招商前期介入工作

1. 招商内部人员对招商项目、招商条件的学习、培训和示范

2. 同设计部门配合完成招商方面的VI整体设计，招商手册稿样设计、内容确定，招商手册设计定搞、印刷发包，招商DM稿样设计和定稿

3. 招商资源库建立

（1）已有商户的数量、面积，对招商工作推进的作用

（2）业态方案完成的可行性分析（数量、面积、作用等）

（3）楼层布置方案完成的可行性分析（数量、面积、影响性）

（4）商户和商场面积之比

（5）商户租金贡献率和总租金的目标之比例

（6）招商工作任务完成的方案形成

4. 招商工作开展

（1）招商辅助工具准备到位

（2）招商费用预算和审批

（3）招商资料制作分发

（4）招商计划进度确认，工作分配完成

（5）招商工作动员大会

（6）已有商户的合作意向深化和新商户联络

（7）阶段工作小结和及时调整

（8）商户签约准备

（9）现场考核

（10）工程界面衔接

5. 招商业务进展、计划总体分析，下一轮工作展开

6. 招商工作总体进度控制和协调

（1）主力店进驻意向明确，次力店进驻意向明确

（2）主力店和部分次力店合作合同签订，部分知名品牌成功签订入驻合同

（3）主力店、次力店全部完成合约签订，一般商户招商合约准备

7. 一般商户筛选

8. 招商工作最后调整

（1）优质商户选出

（2）租金平衡优化

（3）服务要求汇总，转发运营、工程、物业

9. 商户签约和进场

六、开业筹备

1. 开业日期和活动策划方案完成

2. 装修进场，主要商户（主力店、次主力店、品牌商户）基本到位，开业面积的80%以上

3. 进入开业筹备阶段

4. 一般商户进场，招商面积达80%以上，进入开业程序

5. 开业

八、如何建立项目的商业资源库

商业资源信息库通信是招商职能（机构）的核心资源，要做好招商工作就必须要有强大的商业资源信息库作支持；强大、可靠、有效的商业资源信息库就是招商职能（机构）实力的象征之一。

商业资源库分为"外库"和"内库"。进入"大数据"时代，招商建立"外库"是为获得更多商业资源。包括两个部分：

一是本项目商圈（以物流成本，消费者可达的半径距离）为界，消费人群的数量、画像、消费习惯和倾向、可能产生的消费数据等，以此调整业态和作为招商推介依据。

二是搜索商业企业可能来商圈设店的信息，包括这些企业的选址要求和租金承受力等。

"外库"仅仅作为外部信息存在是一些专业公众号、网络、行业协会、企业的目录

和链接，而"内库"则是招商项目的目标对象或招商进行中的客户。本书对"内库"的建立进行比较充分的表达。

1. 建立商业资源信息库的主要原则

（1）一定商户资源的规模为基础，可以进行商户选择和储备；

（2）一定周期进行更新：过时信息不如没有，所以要对商业资源信息库进行定期更新；

（3）企业个人双保险：在和商业企业建立业务关系时，既要"认人"，又要认企业；否则一旦商业企业的人事变动，商业关系就可能无法延续；

（4）经常沟通和互动：要经常和商业企业联系人互动，以保证信息的有效性。

（5）商业资源信息的维护：商业资源信息要定期"刷新"，因为商业企业（品牌经营商）的发展策略、选择区域、经营模式、商品种类、门店要求都会有变化，所以要对信息资源定期维护。

（6）便于搜索：便于搜索的前提是信息同码，可以从不同角度、线索、特征进入搜索界面，可以迅速地查到需要查找的客户。

2. 商业资源信息库的内容要素

（1）企业信息：企业名称及简介、联系人、主管领导、地址、电话、手机、传真、邮编、邮箱、微信、QQ、公众号、网站等；

（2）划分类型：属于线上线下融合还是线下为主的业态？业态类型是零售、服务、DIY、体验学习、创意类；

（3）划分行业：（业态细分）以餐饮为例，信息编制有三条搜索线索：①分类：中餐（细分：商务、家常、快餐、风味等）；②区域；③价格，10~1000元/人以上；

（4）门店发展计划；

（5）选址要求（区位、路段、位置等）；

（6）面积要求；

（7）建筑要求（楼层、位置、建筑结构、荷载等）；

（8）配套要求；

（9）租金范围；

（10）本方联系人；

（11）接洽记录（意向、对方诉求、冲突点、处理结果、下次商洽的时间）。

3. 商业信息资源的检索办法

为了达到提高工作效率的作用，检索途径应当多角度、多特征、多通道。

（1）企业名称检索；

（2）联系人姓名检索；

（3）商业信息检索：业态、业种、经营商品；

（4）适合楼层检索；

（5）面积需求检索；

（6）租金水平检索；

（7）日期检索。

九、如何进行招商方案的实时修正

1. 招商方案调整是必然的

前期定位是模拟定位，是经过调查结合经验，并和主要商业企业达成共识或协议，是各方对未来商业一种预判性的决策。招商工作是把这预判性的决策付诸行动的时候，人们会发现原来定位和现实有差异，造成这种差异的原因是多种多样的。

（1）业态变化和升级了：包括互联网商业出现的业态进化、消费需求的变化、商品的升级、经营或服务的变化、商业模式的进化等。

（2）人和人之间对原来的定位在想象中取得一致，但是在商业企业或品牌经营、商品、橱柜、经营或服务、商业模式等一一变得十分具象而看得见、摸得着的时候，有部分人会感觉到和想象中的定位不一样，于是人们的认识出现差异。

（3）商业物业租赁市场行情的变化，导致商业地产项目（物业业主）"见异思迁"；为了追求高租金而进行业态调整。

（4）建筑、配套受到规划控制而出现的变化；

（5）原来的定位和选择确实不合理。

由于上述原因，造成原来的定位方案必须要按照现时的招商实际、市场发生的实际情况进行调整，这个调整是对原来方案的完善，是必需的、正常的，作为项目参与者和招商人员应当接受这种事实，主动地参与到这种调整活动中去。

2. 招商方案实时调整原则

（1）满足商业更具有可行性的原则；

（2）更适合消费需求的原则；

（3）满足内部商业生态总体平衡的原则；

（4）满足商业整体效益有所提高的原则；

（5）原来的建筑配套条件能满足新选择业态的原则。

3．招商方案实时调整的方法

由于招商实施即将开始，或已经开始，现实调整可能会变动业态结构、收益平衡，部分招商成果变成无效。但是调整后的招商方案更有可实施性，招商目标距离更清晰。所以招商方案调整必须更加务实，调整的目的就是为了完成招商任务。

（1）消费征询：可以采用专业研究机构的消费数据分析、商圈和现场问卷形式，采集市场第一手信息，作为调整的依据；

（2）邻店征询：如果实时调整的店铺旁面积已出租，我们可以尝试征询已经出租店铺经营者的意见，友邻店可以带来客流，择邻也是商业选址的重要依据之一。

（3）通过市场比较法分析，收益是否比原来更高、更稳定。

通过以上方法，达到招商方案实时调整的准确性、合理性，确保招商工作不受调整的影响而持续、顺利地进行。否则，没有这样的原则和方法，招商工作会因为内部产生的疑惑、分歧而影响整体进展，也会在客户选择方面犹豫不决，影响招商的整体效果。

（4）招商方案实时调整的方法

颠覆性的调整：从整体业态定位开始，到招商对象可落实程度，以及收益状况重新论证。

部分调整：一定关注代替业态、业种的评价，整个项目内部的商业生态平衡评价，合作条件变动的评价，收益变动的评价。做好了这几项评价才能确定招商方案部分调整的内容。

第四篇

招商行动

在我们形成招商方案、做好招商的筹备工作、招商人员培训完成后，招商工作也开始切入正题——展开招商工作，我们把它称为"招商行动"工作。

如何展开招商工作呢？这个并不是以招商组织或个人意志为导向，而是要适合招商对象的办事顺序和业务规则（至少是形式上的）。如果按照这种顺序的规则来开展招商，会有事半功倍的效果；反之则会很累，招商效果也会很差。

本篇主要就招商"行动"这个命题展开的，通过本篇的学习，可以了解到招商活动展开中各种实用方法和技术。

一、招商工作实施五步法

招商工作的五步法如图4-1所示，这个五步法是商业开店的规则，同样也是招商工作实施的步骤。

1. 招商信息获得

通过外部信息发布通道（数据信息、行业信息、新闻信息、社群信息等），建立项目的信息发布管道，针对特定目标（如主力店、品牌店）还要建立专门的信息通道，如发现空缺予以寻找。

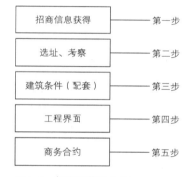

图4-1 招商工作五步法

在第一步的过程中，商业企业或品牌经营商在他们战略布局的区域（或者虽然不是发展区域，但是选址条件特别好的）内搜索合适的门店选址。

2. 选址、考察

在第二步过程中，获得信息并到现场考察后，进入选址的论证过程：包括合作方认识、商圈、位置、客流量、交通条件等。在这个阶段不宜过早商讨商务条件。

3. 建筑条件（配套）

在第三步过程中，在选址得到确认后，商业企业会对建筑条件、承租面积、配套设施进行认真地征询和内部评价。

4. 工程界面

在第四步过程中，商业企业或品牌经营商会就工程界面、经营配套（水、电、煤、网络、有线电视等）进行询问和了解，并且在这个过程中明确使用这个出租物业的所需投资、装修工程量，以确定出租方和承租方各自需要承担建筑或配套的工程和造价。

5．商务合约

在第五步过程中，双方在明确了选址、建筑、装修方案后，就双方权利、义务、责任、分工以及租金等合同要素进行充分商洽，最后形成双方的租赁（或合作的）合约。

上述五步工作必须循序推进，否则会造成招商工作的"返工"，造成无谓劳动，降低工作效率。

二、招商基础工作检查

招商的筹备工作结束，进入招商实施阶段，在实施之前，除了应当由领导或者决策层确定招商的策略、方针、目标、收益、具体的定价等，还有许多内部事项必须落实到人。招商前的基础工作涉及的事务很多，必须全面、系统地检查，如果没有做好，后面即将实施的招商工作就没有效率。基础工作检查可以归纳为九个字：人、财、物、责、权、利、楼、商、管。

1．人

招商人员到位，合格可用，听从分配，有团结精神的招商人员，达到"人可用"，要求需要事先的培训，完成"以操代练"的考核。一般招商人员需要2~3个月的培训和对物业、市场、资源的了解，经过了这一个时期，招商人员方可进入角色——"招商"。

在上岗之前，应该与之建立劳动关系，明确工作要求和业绩考核方法，并对招商结束的去向安排有所交流。

2．财

招商活动所需要的经费，在招商方案明确的同时，我们已经造好预算，在招商工作实施前，这项经费（或用款额度）就要到位了，招商工作展开后，应按计划支付，并报销核算及时调整用数额度。

3．物

包括办公场地、设施、物料等。这个时候这些硬件都落实、验收了，否则无法开展工作。

4．责

建立队伍的目标确立，分工责任、业务范围的界定还有考核办法、内部制度，这些工作在招商前已经完成，在这个阶段应当让团队、人员增加了解。

5．权

明确各级经理的权利，其中可以授予招商总监的权力包括：

（1）现场指挥权；

（2）业务分配权；

（3）商务谈判授权：包括合作条件、商铺选择和调整、价格上浮等代位权限等；

（4）对招商人员考核的权利；

（5）对招商人员奖惩的建议权；

（6）参与定位、决策的参与权；

（7）企业财物使用、保管权；

（8）小额经费的审批权。

6．利

招商人员的薪水、绩效考核和奖惩办法和激励机制。

7．楼

招商物业在招商期间，由招商职能代行管理权，其他管理职能（包括工程施工、现场管理、商业运营物业）予以全面配合。

8．商

包括商业资源信息库、客户关系管理以及为此展开各种接触、邀请、商洽等活动。

9．管

商业运营的衔接以及未来商业项目（物业）运营模式的各种管理制度、各种取费标准。

把上述九个方面的内容考虑到了，招商工作的要素基本具备了，但是招商筹备工作的头绪还没有理清，那么下一步是制订一个好的招商筹备工作计划。

三、招商实施的步骤和计划

1．招商实施的步骤

（1）招商方案通过。

（2）落实人员、办公场地和经费；没有这些，招商工作无法展开。

（3）装修方案：外部引导、内部布置（接待、办公、洽谈、财务、经理室、看板、灯光、广告位、接待台、墙面、地坪、办公家具（订货）、通信（电话、网络）、会议室（演播设备）。

（4）招商推广大纲、工程图纸、和运营、物业对接、管理文件取得，CI形象文件取得。

（5）内部培训、考察项目、商业资源信息库建设。

（6）人员进场、业务考核、分配工作、发布战前动员会，开始执行招商方案。

2．招商计划表

在招商计划安排时，不能布置单线计划，而应该进行网状计划，许多工作可以同步交叉进行的。

四、如何进行物业推介

物业推介的前提是找对人：找对门店开发责任人；找对这个业务分管的、审核的开发部门负责人；找对有发展意向的企业。

1．推介要求

简练明了，表述符合商业逻辑，尽量采用商业术语，不是商业地产，更不是房地产术语，表达要口语化。推介的目的就是要让人了解我们的项目和招商的要求。

招商人员一定要有开口三句话就能吸引客户注意的能力！

2．推介方式和时间控制

3D制作——控制在5分钟之内，在这个时间范围内推广效果最好。

PPT——控制20张幻灯片之内，理由同上。

口头推介——初次推介，语言控制，忌啰嗦，力求3分钟把要点讲清楚，因为项目介绍随"五步法"逐渐进展，客户会详尽准确地了解我们的项目（经营物业）。

其实了解一个项目（物业）并不是我们在短短的5分钟内能讲得清楚，原则是：要素清晰，关心对方诉求。最重要是有策略，明确回答询问。

3．关心客商的真实诉求点

在商务接洽中，有时客户话题讲远了，那么我们不可以心急，用逐步转移焦点的办法把话题拉回来，否则随着客户的话题展开，我们的工作效率会很低；要关心客户的真实诉求点，对于客户关心的要点，可以推迟回答，但不可以回避。

4．准确介绍建筑条件

掌握业态对建筑条件需求，比较准确的推介物业，包括对建筑结构、动线设计、楼层、内部高度、柱网、负荷以及配套等，必要时对着图纸介绍。

××购物中心招商工作总体进度表(示范表)

表 4-1

时间 内容	1	2	3	4	5	6	7	8	9	10	11	12	13	14	15	16	17	18	19	20	21	22	23	24	25	26	27
招商筹备																											
项目研究																											
招商方案																											
内部程序																											
资源库																											
招商实施																											
审核平衡																											

5. 物业推介示范表

×××购物中心招商推介书

推荐指数：★★★★★

推荐机构：

推荐理由：优质消费基础、区域型商业中心核心区位、部分品牌经营商、主力商业已经签约、商业建筑有特色。

1. 所在城市：项目位于苏南经济发达带上的最主要的城市——××市，有×××万人口。

2. 位置：商业广场位于该城市的新旧区交界之处。项目为原政府办公楼旧址，紧邻开发中的城市中心广场。

3. 商业类型：公园式购物中心。

4. 物业形态：项目围绕中心广场布置：南向是A商业街、西向是B商业街、北向是××购物中心；商业面积分布如下：

5. 商业面积和业态定位方向

A街：×××××平方米；共2层。

B街：×××××平方米；共2层，局部3层。

体验式的购物中心地上×××××平方米；2层为主，局部4层。

地下负一层×××××平方米。车位××××个。

6. 开竣工日期

项目一期于××××年××月竣工，购物中心于××××年×月开工，预计××××年××月竣工。

7. 招商情况

地下1层目前已和××大型超市签约，大型娱乐城、儿童体验、数码城、院线在已签意向中。

8. 拟引进商业

国际二、三线品牌专卖、体育品牌专卖、中西连锁快餐、咖啡馆、黄金首饰、流行服饰、时尚包袋鞋类、儿童用品、家居百货、智能家居、通信、银行、美容、健身、大型健身会所和私人会所、体育运动品牌、名酒专卖、高端滋补品……

9. 拟开业时间

欢迎各大商家莅临考察。

现场接待：××市×××购物中心

现场地址：××市×××路××号

咨询电话：

联系人：×××先生

E-mail、电话、微信：

6. 制作招商推介文件（门店建议书）

在取得对方回复后，准备或续发市场资料文件，文件名称可以叫"门店建议书"或"××项目市场研究报告"，前者提供给意向比较明显的客户，后者提供给意向一般的客户。

文件要素主要有关商业方面的内容，从前期的市场研究报告中摘录，结合现时市场状况和客户背景进行编写，门店建议书内容纲要如下：

前言

（注：控制在800字之内，把项目要素高度概括地说明清楚。）

第一部分　项目介绍

一、项目条件

1. 商业环境和位置
2. 消费市场条件
3. 交通条件
4. 物业和配套条件
5. 适合业态
6. 市场行情

二、项目定位原则及说明

1. 定位思路
2. 项目开发原则
3. 商业定位原则

三、项目类型定位

1. 物业开发类型
2. 商业类型
3. 项目特点告知

四、项目地位的介绍

1. 占据所在城市商圈的重要位置
2. 服务半径和商圈中的商业信息

五、业态定位

1. 业态定位的方法
2. 商品选择

3. 业态选择及评价

第二部分 商业规划部分

一、商业规划原则的说明

1. 主次合理

2. 总体均衡

3. 业态分布（有互动性，达到商业全面繁荣）

4. 规模设置（基本符合商业开店的规模需求）

5. 时区划分（日夜、动静分开，有互动性）

二、商业规划的说明

1. 业态意向和商业面积需求

2. 空间布置的说明

3. 业态布置的说明

4. 动线布置的说明

5. 主入口设置的说明

6. 建筑条件（图纸说明）以及技术参数

7. 配套设施（列表说明）以及技术参数

三、风貌特色的说明

（一）理念总体构思

（二）商业主题和立面、灯光、环境设计理念

1. 概念

2. 某某行业的发展趋势

（三）概念导入和表现意向

1. 主要景观

2. 主要艺术

3. 美陈设计意向等

（四）灯光

1. 灯光艺术设计说明

2. 外部照明方案

3. 内部照明方案

4. LED广告设计方案

5. 橱窗照明样式等

（五）店招样式

1. 店招规划

2. 样式

3. 字体、颜色等艺术要求

（六）引导性标识

1. 总则
2. 引导性标识规划
3. 标识及文字说明
4. 导向标的表现

第三部分　项目经营策略和时序

1. 经营策略和运营方案
2. 会员服务体系和线上商业经营规划及配置
3. 已经导入的知名企业
4. 开业计划
5. 可以提供的优惠条件和商户服务主要内容

在发出上述文件的3天后，可以邀请对方来现场考察。

五、如何编制招商手册

房地产行业中有一句笑话："卖楼就是卖楼书"。这话虽然比较偏颇，但是，由此可见开发商、代理公司对楼书的重视程度。但是开发商、代理机构（物业业主）对招商手册就不那么重视，稍许认真点做一个单页或折页，不太认真的只有几张商场平面图，其余都完全依靠招商人员口述。对此我们还是有不同看法的，大型、重要的商业项目（物业）还是要编制一份时尚、简明、精美的招商手册。要知道，有时候精美的招商手册能在商业企业（品牌经营商）犹豫不决的时候起到助推作用（如上海新天地的时尚风貌，对商业企业的吸引力）。

一本好的招商手册往往需要"形""色""文""意""图""纸"均美的特点，整个招商手册就是以时尚的方式给人讲述商业童话，让人不能轻易忘记。招商手册策划有如下要素：

1．意念

LOGO是项目意念的外化，是整个招商手册的灵魂，在"商业成功"的具象物上，去调配手册各种要素，没有商业意念，整个手册尽管目录、排序、色彩等各个方面都做得很好，但是还是会给人没有分量的感觉，设计意念——商业成功是手册设计的灵魂，在这种强烈的意念产生视觉形象——LOGO。

2．形式

手册的大小、长宽比、翻阅方式、厚度。既要符合黄金比例要求，又要不同凡响，异形的招商手册有不同凡响感觉，但制作成本略高。

3．色彩

比楼书更有多的选择，关注当年度的流行色，注意区域文化中的颜色忌讳。比如在广东部分区域，宝蓝色则是白事的颜色，慎用、不用区域忌讳色彩。

4．文字

广告语适度夸张，要有气势，介绍词要说"商言商语"。一般情况下，没有落实的主力商业不宜指明。一是为了避免"商业欺诈"之嫌疑；二是可能弄巧成拙，排斥同类商业企业来商洽招商事项。

5．图像

尽量不采用地图；也不简单采用工程技术图纸，在招商手册中使用的是经过艺术处理修正图；因为地图太具体，视觉观感比较杂，而工程技术图纸也有许多设计的机械痕迹，所以也要经过简图处理，使得项目（商业物业）一目了然。

6．纸张

纸张克数（厚度）、类型、艺术纸的艺术都有选择性。

7．其他一些要素：地理位置、物业介绍、联系方法等。

8．给招商人员留出签字或放置名片的位置。

六、如何制作业务工具

业务工具是指招商活动中用于上报下达、客户往来的工作表单和记录，如果不事先制作好业务工具，会引起内部工作混乱，甚至冲突。做好内部业务工具，可以使招商工作系统化、规范化。招商活动主要业务工具如下：

1．建立招商工作微信群

群主必须是招商总监或总经理。可以形成虚拟组织进行管理，以减少人员交通、体力、时间成本，可以提高工作效率，通过汇报、协商及时性，可以在线考核招商人员，可以组织在线会议。

如果企业采用办公系统的，则在系统内建立或单设的招商系统。

2．业态平衡会议纪要

作用：提高工作效率，减少扯皮或等待时间，在决策后，职能部门可以迅速工作。

业态平衡会议纪要

时间：

地点：

参加部门人员：

中心议题：×层、×层业态调整决策

基础资料：意向商业企业名单（各企业名录）、品牌、实力、经营能力、发展状况、租金水平、偿租能力，希望的租赁（合作）方式等。

招商部意见：

参与部门（商业管理、财务、销售等）评价和建议：

总经理办公室意见：

实施部门和配合部门确认：

纪要发放范围：

3. 商户动态信息登记

作用：责任到人，利益分配依据，招商管理层全面管控客户。

商户动态信息

输入密码：

进入第一界面：输入操作者（招商人员）代码，自动生成输入时间

进入第二界面：行业分类，如百货、超市、餐饮……

第三界面：输入商业企业（品牌经营商）、行业细分、开后要求（建筑、配套等）、租金水平估计、商洽进展（执行人根据不同进展进行更新）。

第四界面：业务来源、处理意见等。

4. 客户审核报告

作用：客户签约前的确认报告

客户名称：

行业划分：如餐饮类、西式快餐、中型店（以肯德基为例）

企业背景资料：

意向位置（物业编号）：

意向面积：×××平方米

配套要求：有特殊要求，生化处理、烟道、单独厕所……

决策意见：见×××号会议纪要

审核方式：（1）客户直接访问

（2）消费征询

（3）业主征询（指该企业已开业商店的物业业主）

审核内容：经营能力、市场影响、商品（服务）特色、业态适合、消费者口碑。

审核情况汇总。

5．合同报批申请单

合同编号：

商业企业名称：

承租合作方式：

合同标的及要点提示：

签约日期提示：

报批人：

招商总监（经理）签字：

审批层批复。

附录：待签合同、客户审核报告

6．内部流转表

合同编号、内部编码：

客户名称：

签约日期：

转至法律顾问室：合规性审查、所有合同文件

转至工程部：摘录

工程配套要求和时间要求等，附合同复印件

转至运营部：摘录进场日期、管理取费、合同存档等

转至财务部：摘录租金、押金及其他取费

7．其他日常使用的表单名称

- 客户登记表
- 客户分类表
- 物业编号汇总表
- 客户接待通知单
- 要求配合申请单
- 每日客户汇总表
- 每周客户汇总分类表
- 每月客户汇总细分表

七、招商推广策略和传媒通道推广

1. 招商推广的逻辑

（1）招商推广的本质是把项目（商业物业）和业态策划方案、经营前景推介给招商的目标对象；深层次的动机是吸引他们进驻项目（商业物业），展开经营活动；最终是向招商职能所工作企业或项目分配商业利润或租金。在商业地产供大于求的时期，与其说招商推广，不如说"邀商"或"请商"。

（2）招商推广是一门艺术，既不能声嘶力竭地吆喝，也不能悄然无声等客上门；需要有艺术性地引导对象。推广动静太大让人感觉项目不成熟，没有商业资源；推广没有动静没有推广效果。所以，招商推广活动也需要用心策划，才能让人感到有声有色，推广内容入耳、入脑、入心。

（3）招商推广一般不建议做"硬广告"，做"硬广告"会让人产生招商项目没有商业资源，项目运营者没有客户资源的感觉。原来有意愿者就会变观察为等待，等待项目（商业物业）商业条件成熟后才来与招商职能接洽；如果每个招商对象都是这样考虑，那么项目招商开业就会变得遥遥无期。上海浦东有个项目曾多次在上海纸质传媒上做大幅招商广告，观察这个项目3年，未能开业运营。

2. 招商推广的受众

商业企业或其他商品经营者无疑是商业推广活动的主要受众，其他还关注招商进展的有：

（1）潜在的投资对象：包括商业物业的资产收购方，或者商业物业产品的购买者。

（2）贷款银行或基金：有时项目需要融资，资金输出方包括贷款银行、合作资金、基金、民间贷款人都会关注项目的运营和招商以及招商推广活动。

（3）公众：公众关注项目（商业物业）招商往往有两个方面引起他们注意力。一是生活配套需求；二是对新商业项目丰富生活，增加新购物去向的期待。

虽然商业企业、投资者、资金合作者、消费者分属于四类不同的"倾听者"，倾听的目的不同，信息获得渠道不尽相同，但是这四者都有相互影响性，相互影响性情形如下：

①商业经营者：对未来商品销售的期待，包括对消费能力和市场的确定，资金保障，建设周期保证；

②投资者：消费市场基础良好，资金保障，招商进展良好；

③资金合作方：消费市场基础良好，招商进展顺利，收益目标清晰，有退出通道；

④消费者：生活配套落实，购物丰富度提高。

由于上述四类主体有良好的互相影响，推广活动策划需有"共力助推"的意识，推动其他相关业务共同发展，如：

A. 以良好的招商推广活动，助推商业物业投资，相关的住宅产品销售和去化速度；

B. 以良好的招商推广活动，助推融资贷款。

如果上述四个因素中，任何一个因素对其他事项产生不利关联影响时，应当做好四类主体的单独分置，不策划综合活动，以免对关联因素产生不良影响。

3. 推广方式和传媒通道

（1）关于"有偿倾听"

进入移动互联时代，自媒体的出现，人类社会呈现信息化状态。人们在不同时域、区域都大部分是被动地接受许多信息，阅读信息成为人们在信息社会里的劳役。所以网络时代出现了"有偿倾听"接受信息的价值观。

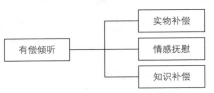

图4-2 有偿倾听

如现实社会中在微信中发广告需要发红包，给优惠券，发艳图、网红或风景等广告链接，以及搞推广活动有赠品，都是信息社会"有偿倾听"的具体化（图4-2）。

所以在招商推广活动中，一定要注意"有偿倾听"的信息的社会接受信息特征。

（2）全面渗透，组合推广

信息传播渠道多元化以后，就会要有效组合各种传媒通道，便招商推

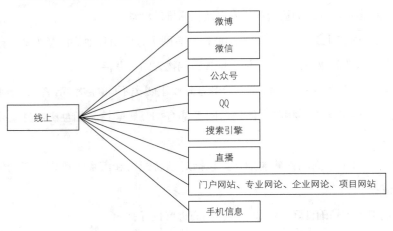

图4-3 线上推广渠道

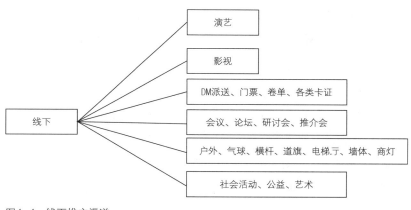

图4-4 线下推广渠道

广效果最佳化;依靠任何一种渠道想推广成果的想法是不正确。所以招商推广的多角色的特性一定要"全面渗透,组合推广",调动各种手段,达到推广目的(图4-3、图4-4)。

4. 推广渠道类别

(1)线上推广通道及其特点(表4-2)

线上传媒通道特点　　　　　　　表 4-2

栏目名称	影响力	即时	互动	操作便捷程度	成本	效果评价
微信	局部	☆☆☆☆☆	☆☆☆☆☆	☆☆☆☆☆	低	☆☆☆☆☆
微博	大	☆☆☆☆	☆☆	☆☆☆☆☆	低	☆☆☆☆
公众号	较大	☆☆☆☆	☆☆☆	☆☆☆☆☆	较低	☆☆☆☆☆
QQ	小	☆☆☆	☆☆☆	☆☆☆☆☆	低	☆☆☆
手机短信	小	☆☆	☆☆☆	☆☆	高/低	☆☆
搜索引擎	☆☆☆☆	☆☆☆	☆☆☆	☆☆	高	☆☆
网站	☆☆	☆☆	☆☆	二级传播	低	☆☆
直播	局部	☆☆☆☆☆	☆☆	单向传播	低	☆☆☆☆

1)微信:属于社群类型,传播有渗透力,可采用"微论坛"或发帖方式,操作者要及时反馈和对话。

2)微博:属于"发言"类型,如是"大V"影响力大,一般博客则没有效果,微博商业化程度不高。主要关注社会、民生类事态,一般人不关注微博商业化信息。

3)公众号:有特定粉丝,属于二次信息发布传播,传播面不广,但有效果。

4)QQ:由于微信出现而影响力下降,招商推广原则上不新建招商QQ。

5)搜索引擎:有影响力,但成本较高,且对象多为同行。

6）直播：单向传播，需公众号同步配合，要注意网红效应的利用。

7）网站：可分门户网站、专业网站以及企业或项目网站。前两者有影响力，但成本高；后者是二次传播通道，便于招商对象全面深入了解项目。

8）短信：有即时性，但没有互动性。由于骚扰短信太多，影响该通道的使用。

9）电话：在销售中采用较多，在招商活动中，不是成熟关系，原则上首次联系不采用电话这种推广方式。受诈骗电话影响，电话接通率下降。

（2）线下推广通道及活动

1）演艺：通常和招商大会同时进行，以表演及明星吸引消费者及商业企业。具有成本高、影响大、目标不聚集的特点。通常是招商辅助营销时才会运用这种方法。

2）影视：影视广告，分嵌入、片头和插播三种方法。由于周期过长，招商广告不会采用嵌入式影视推广渠道。而片头、插播一般也没有太多采用，主要是不聚集目标对象。

3）会议推广

①商户座谈会：上海青浦奥特莱斯在首家开业基础上采用此法，取得了不俗的业绩，基本上一次会议完成杭州项目招商任务。

②商业规划论证会和业态定位论证：邀请商业企业高管参加招商项目的论证会，具有"一石两鸟"之功效，既可以从商业角度论证规划和定位，又可达到间接招商的作用。注意点：被邀请商业企业的嘉宾，最好有发展计划，并且有商场规划和业态定位能力。

③组织商业论坛：请商业协会或地区政府召开"区域经济（商业）发展论坛"，实际上也是推广项目，也可以自行主办这类论坛。

④参加政府招商大会：有些区域政府，如某市每年都会在重要城市（如北京、上海、杭州、广州、深圳等地）举办隆重的招商大会，政府也会邀请大型商业企业参加，愿意来的商业企业，说明他们对招商推广的城市有发展愿望。

⑤参加房地产交展会：有影响力的房展会同样也对商业发展企业产生吸引力，其中在高端论坛会有商业重量级人物参与，这是直接招商的良机。

⑥商业年会：部分商业行业，如餐饮、百货、大型超市等重要商业企业都会参与行业的年会，参加这样的会务，可以创造商机，找到商业资源。

⑦组织品牌发布会：借案名公布重大商业企业、著名大品牌入驻的时机，组织发布会推广项目（商业物业）。

4）户外广告

广告牌既是导向牌又是广告牌，不可不做。户外广告的种类繁多，有采用声、光、电的科技手段；包括高炮、墙体、看板、导向牌、定点广告、充气门、气球、霓虹灯、出租车车顶、车身广告、横幅、罗马旗、（音乐）展示屏等传播方式。

①高炮通常设置于车流相对集中的高架旁或高速路上，影响力大，可视性强，成本高。

②看板主要设置在主要商业路口、人流集中的公共场所，或设置在招商物业的所在地，是户外广告的主要媒体形式。

③导向牌一般放置在招商项目（物业）附近的路口，是引导客户参观的路牌。

④定向广告（PM）是指在招商处或接待中心的纸质广告，可以邮寄和派送。

⑤横幅通常出现在一些小城市，以简单的布条横幅发布项目商业信息，也是小城市信息展示的主要形式。

⑥罗马旗通常设置在附近热闹地段至项目（商业物业）所在地道路的两侧或者工地的四周，持续时间较短。

⑦音乐：并不是吆喝招商，而是通过音乐的播放，引起别人的关注。

⑧LED的展示屏是放在招商（或售楼处）最好的宣传工具，缺点是不可能多处设置。

5）社会公益活动

如赞助贫困地区、赞助贫困学生、赞助需要用钱的救治活动。好处是形象比较正面；不利的是今后请求赞助或慈善活动的邀请会比较多。

6）商业论坛、报纸、网络投入插入性广告

7）冠名、竞赛、时装表演等活动

8）商业情景体验报道（VR）

9）专业客商的深度访谈

10）暖场：由招商机构根据市场需求采购商品，然后折价限时出售，造成火爆的场面，引起商业企业关注。此招叫现场特销会：为了推进项目招商和商铺销售，到外地组织一些商业企业或特色商品进行让利促销。在特销过程中，商业企业认识了物业，同时招商活动通过传媒引起了广泛的关注，上海美罗城就曾经采取这种办法推进招商的。

11）口碑传播：商界关系拓展推广，也叫关系链推广。

12）拍租：上海浦东南汇地区有个项目，为了招商刊登广告，名义是进行商铺拍租，实质就是招商。

13）事件策划：事件策划就是利用某种特别容易成为话题或公众关注的事态进行招商推广。如王健林评论迪士尼等类似事件策划的招数都可以借鉴到招商推广活动中。

另外随着互联网经济的不断发展，"网红经济"逐渐成为时代热潮，新的消费习惯形成之后，网红营销也逐渐成为推广中的重要手段。

由于80、90、00后成为消费客群主要构成，也是中国各年龄构成中消费者对商品检索依赖最高的客群，于是融网络代言、网络模特、网络推荐于一体的"网红营销"被较多运用。

网红营销是抓眼球、抓传播、抓爆点，进行网络推广、销售的新方法，以网络红人吸引注意形成粉丝，在社交媒体上聚集人气，依托巨大的粉丝群体进行定向营销，从而将粉丝转化为购买力。网红经济是互联网营销产生的商业价值，是线上业态必要的推广新形式。在新零售时代，它的出现也算是一种必然，也契合了用户消费心理上的个性化的需求，运作简单、高效、速食，相比传统（目录式）的网店而言可谓更有吸引力。但当今的网红营销刚刚兴起，许多网红做法比较反常规，引起争议。首先，要成为"网红"，就要争取得到目标对象的关注，一些没有实力和营销技巧的"网红"为了搏关注、吸引眼球，往往采用非常规手段制造话题：有的玩冒险炫富、有的拼颜值、有的反人们常规审美和思维，做一些事态，也有人以语不惊人死不休的方法来曝光自己，带动商讯传播。

我们的生活已经与互联网息息相关。由于网上海量信息，一般的信息容易被"淹没"，须制造有极大影响力的事件或者新闻，才能引起上网人们的关注和传播。部分人为了成为网红，绞尽脑汁，引起关注的手段无奇不有，为人诟病。

网红营销是互联网时代产生的商业营销方法，随着上网人数不断增加，上网成为许多人的生活习惯，"网红"将进化为互联网时代最重要的商业营销策略。而"网红"已经从一个群体转化为商业策略，并对消费引导及行业、经济发展产生重大影响。

在上述形式的招商推广活动中，口碑传播、客户沟通式的座谈会、商业规划论证会、客商访谈是招商人员的基本功，也是最实用的招商推广方法。

5. 招商推广技术

（1）推广技术

1）推广策划原则。针对性、有效性、经济性。

2）推广方案设计。推广节点控制：从项目总体推广来看，总体推广节点有：土地获得、融资、招商、销售（意向、合同、付款）、开业等重大节点（表4-3）。

某项目的推广节点控制方案　　　　　　　　　　　　表4-3

阶段特征	推广关键点	焦点·指向	传媒选择	投放方式
土地获得	企业实力	开发方向	大众、财经	软文
项目融资	项目前景、增值方式	各有关专家、高管	财经	特案
招商	商业机会、聚集效应商业环境、SP活动	名人、名家、行业协会	商业、大众、社群	新闻、报道·映象
预售	SP活动	行内、文艺类名人	大众、专业、社群	广告·映象
预售	SP活动	专家·投资	同上	新闻、广告
开盘	SP活动	本企业高管、投资人士	同上	新闻、广告
揭幕	庆典、SP活动	政、财、商、文	相关主流媒体专业媒体等	新闻、广告映象全方位

（2）推广力度控制：每个项目的推广诉求不一样，所以推广力度设计也不一样。应在专门推广、阶段推广的工作中突出该次推广的要求、重点、覆盖区域和目标（表4-4）。

推广力度控制示范　　　　　　　　　　　　表4-4

类型		阶段特征	土地获得	项目实施	项目融资	招商	销售	开业
推广形式	传媒	推广力度		··	···	····	····	····
		投放力度		··	···	····	····	····
		文案·平面				····	····	····
	SP	筹划				····	····	····
		作业				····	····	····
	事件	题材炮制				···	···	··
		方案设计				···	···	··
		实施				···	···	··

（3）媒体选择：

传统媒体——报刊、电视、广播、手机短信、墙体、高炮、气球、广告手册（单页）、案场、商场LED幕墙、道路引导旗等。

新兴媒体——搜索引擎、网络、移动客户端、APP、微信、博客、微博、QQ等。

（4）推广创新和新传媒运用

互联网、移动通信的出现，增加了许多推广通道和方法。由于这些新兴传媒的受众都是目标推广对象和活跃中介体，所以推广创新和新媒体的运用变得十分重要。由于互联网的"免费"特性，可以通过提供内容"搭载"推广信息取得效果好、成本低的目的。另外，"免费"的理念运用，可以使新媒体推广实现高效率和低成本。

八、如何进行重要客商访谈

对于招商人员来说，客商访谈是一项业务的基本功。访谈的理想状况是收放自如；严肃的时候像聆听圣训；放松的时候可以诗情画意，山水情怀，主要是活跃气氛，使得交流更加愉悦、流畅。但是访谈的核心是要了解客户的发展策略和计划、具体的选址要求和业务进展，以及对我们项目（商业物业）的真正想法。

1．重要的首访

客商访谈最重要的是首次访谈，首次访谈给对方留下的印象（感觉）间接决定了我们的项目在商业企业的开发职能人员心目中的地位、排序、评价、是否上报选址，对招商进展、成败有着关键的作用。

2．如何约时间

比较有规模的企业，一般不约在周五下午或周一上午；因为这个时间段企业要开周会。周一下午或周五上午则是比较好的访问时间，那么这两个时间点可能是商业企业高管或门店开发人员在公司工作的时间，比较容易找到人，具体时间一般在上午九点三十分，下午一点三十分去比较合适，安排午休的地区，一般在下午二点三十分到五点去比较合适。

3．如何着装

如果非正规见面，不要过分严肃正装，过分严肃的着装、语言会使气氛很正式而严肃，不容易展开话题，如穿西装就不要系领带，这样能比较容易拉近距离，同时也符合低碳时代的着装潮流，穿着搭配不要有三种以上的颜色。

4．事先必须做一些功课

（1）准备介绍本企业和项目（物业）的资料，包括地图、商圈图、建筑平面图、简单的当地人口、消费、商业格局资料。

（2）对拜访企业的投资背景了解。

（3）对拜访企业的商业模式、经营状况、市场地位、经营模式、商品（服务）特色的了解。

（4）对拜访企业的发展前景、开店要求有所了解。

（5）搜集一些关于这家企业的正面报道。

（6）对访问对象的职务、年龄、性别的了解，可以事先设计一些话题。

（7）对这家商业企业的开店审批流程有所了解。

（8）带好笔记本，即使没有内容记录，也要动动笔，显得对对方发言的尊重。

5．见面说什么

（1）有人介绍的，先说明是何人介绍你去的；你是什么公司（项目）的，因为接待人可能同日会安排见多个拜访者；如果自行寻找的，就要自报家门，先作自我介绍。

（2）见面我们先发言，说明来意，简明介绍自己的项目（物业），对方感兴趣的内容可以略微讲述详细一些。

6．怎么样做好记录

一般内容不要动笔，否则对方会认为很幼稚，对方重复的、语气强调的地方，请动动笔。一是对对方的尊重；二是备忘。

7．对方提问，我们回答不上来怎么办

很诚恳地做好记录，约好时间给对方回复；如果很简单的问题，我们不能回答，一定要解释原因，如"这个部分还在研究中"等，但这种情况不可太多。

8．留下我们带去的材料，包括我们企业和项目（物业）资料

9．首次见面

首次见面，不要很随意地询问对方私人事务和年龄、籍贯；可以适度地称赞对方，如"李总年纪这么轻，就管理这么重要的工作，我在这个年纪还在做业务员呢"等。

首次见面忌讳乱扯人际关系，因为我们不知道他们之间的关系。如果见面交流融洽，可以加对方微信，以便及时联系。（所以，我们微信发朋友圈的内容要小心了。）

10．以后见面

以后见面，可以适度寒暄，并把上次见面的要点和需要本轮商洽的事情再提一遍。

11．要有主见

"将在外，君命有所不受"，就是说，我们去做商业拜访，是代表企业而去，千万不能事事要汇报的样子（即使企业规定要事事汇报），否则对方不和你洽谈事务，那样会使访问变得没有意义。

九、如何进行客户信息搜集和管理

1．客户信息获得

客户（商业企业或是品牌经营商）是商业资源信息库最基础的因素，也可以说是招

商工作的"命脉"。没有客户的商业资源信息库是没有意义的,为了建立商业资源信息库,我们就要卓有成效地进行客户信息收集。那么如何进行信息的收集呢?

(1) 在网络(搜):在互联网时代,网络为人们提供了低成本并具有便捷性的搜索方式,所以网络是我们搜集商业资源信息的最佳途径。商业企业尤其是有实力的商业企业都有自己的网站,随着网上信息发布、网上交易和网上开店的商业发展趋势,商业企业都在开发网上销售、网络互动平台、加强网络的功能开发。所以要找到有实力的商业企业的信息并不是什么难事。

(2) 去行业协会(找):商业领域的综合性协会中,有中国商业联合会、商业地产的组织等。每个行业也都有自己的专业协会,如购物中心协会、百货协会、餐饮协会、服装协会等。在国家级协会下面,各地省、市也都有对口的协会。行业协会是行业自治的组织,也是起到中介服务作用的组织,和他们接洽可以了解到商业企业的发展情况,找到企业的联系方式或联系人。行业协会的领导和工作人员一般都是行业的老前辈,所以联系他们要注意礼貌,有敬意才会有效果。

(3) 商业人脉(钻):在商业业界有一些朋友的"微信圈",也叫商业人脉图,他们在运营商业项目时,接触了大量的品牌经营商,这些朋友能帮助我们推荐项目(物业)、商业企业(品牌经营商),并会得到不错的响应,至少会到现场来考察。商业人脉的推荐不是招商的主流方式,但只要项目(物业)合适,符合项目的定位,招商成功概率会比较高。

(4) 会议(挤):各种会议也是直接接洽商业企业(品牌经营商)的机会。有招商价值的会议如下:商业用房展览会,商业地产展览会,商业地产招商大会,连锁品牌加盟大会,商业行业会议,大型商业项目的开业典礼等。

(5) 通过有创意的、有号召力的策划活动进行招商推广,可以获得不少商业资源。

2. 客户信息管理

在商业资源信息库管理中,使用和管理是一对矛盾。管得太严,不利于招商工作展开;放得太开,信息资源流失,甚至被竞争对手获取。那么如何才能有效使用、合理管理呢?我想应该在以下几个方面入手:

(1) 人员方面的管理:认同企业价值观、善待职工、增加企业的凝聚力,这是最好的管理;同时通过劳动合同、保密协议、竞业禁止等法律措施进行约束。

(2) 业务上的管理:获得商业信息,填写信息表,由专门的管理员负责输入；形成项目（企业）总资源库。按照分工，形成各个招商专题的窗口，并且标注信息来源。

一般情况下，第一联系人就是这个商业企业的对口责任人，没有特殊理由，不要随便换人，有些商业企业的洽谈要求比较高，决策层、招商总监（经理）要给予协助。

（3）设备管理：商业资源信息库不接外网，定期做好备份，最好使用专门电脑，定期杀毒。

（4）商业资源信息库要不断更新，由于人事变动等原因，商业资源信息库保持3个月左右要和对方联系一次。

（5）复制或复印信息要登记；阅读、查询与个人自身业务无关的商业资源信息，要填写申请单，并说明用途、理由。

十、如何举行业态平衡会议

经过一段时间的招商实施，通过招商推广活动，招商成果开始呈现，招商职能（部门）积累了大量的商业企业（品牌经营商）客户，这个时候，招商职能（部门）和项目决策管理层就要对商业资源进行选择和平衡，这个过程我们把它称之为业态平衡的过程。业态平衡往往是以内部讨论的形式来进行的，这种讨论称为"业态平衡会"。

业态平衡是招商业务中最有艺术性的技术，不仅仅有理性计算、分析，还要有感性的经验。在业态平衡会上，招商人员是主角，必须要有科学的态度并且能以理服人。

业态平衡会议往往会成为各种冲突点比较集中的地方。所以需要由权威人士来表达观点，为业态平衡添上一块合理的砝码。

1．会议准备工作

招商部门会有一个细致但又显得比较冗长的店铺和客户对应排列的介绍。在这个时候，最可能出现的是一些比较好的店铺有几十个中小客户排队，而一些重要业态的位置只有寥寥几个客户，缺乏选择，还有一些不太好的位置没有人要，这就需要大家一起讨论分析如何业态分布，平衡商业面积的分布。

2．建立标准

业态平衡会议一定要首先商量讨论的办法，就是要建立对具体商业企业（品牌经营商）和引进商品的评价标准，在这个共同认同的标准下讨论，才会最有效果。

【案例4-1】

案例为一个特殊空间形态的商业物业，所以业态组合创新成为这个项目的一项选择标准。

商业物业业态评分表（一）　　　　　　　　　　表 4-5

业态 选择依据	服饰	餐饮	数码	旅馆	服务	旅游	超市	书店
满足消费	4	5	4	5	4	5	4	5
商圈适合	5	5	5	4	5	4	4	4
可操作性	3	5	3	4	5	5	5	5
收益最大化	5	5	5	3	5	3	3	3
市场影响	5	4	5	4	4	5	4	3
业态创新	5	4	5	5	3	5	4	3
建筑适合性	5	4	5	3	5	5	4	5
评分	32	32	31	29	31	32	28	28

商业物业业态评分表（二）　　　　　　　　　　表 4-6

业态 选择依据	药品超市	珠宝首饰	影剧院	小商品	公共展示	保龄球馆	健身器材	宠物花草
满足消费	4	4	4	3	3	3	4	4
商圈适合	4	2	5	2	5	3	4	2
可操作性	5	2	2	4	3	2	3	3
收益最大化	3	5	4	3	3	3	3	4
市场影响	3	3	4	3	3	3	3	2
业态创新	3	3	2	4	5	2	3	2
建筑适合性	5	5	1	2	2	2	3	4
评分	27	24	22	21	25	18	23	21

商业物业业态评分表（三）　　　　　　　　　　表 4-7

业态 选择依据	百货	五金配件	家具	建材装饰	证券公司	大型家电	汽车配件	医疗器件
满足消费	3	2	4	4	2	4	3	2
商圈适合	3	2	2	2	3	3	2	3
可操作性	2	4	4	3	1	4	1	1
收益最大化	4	4	2	2	4	2	4	3
市场影响	4	2	3	1	2	2	2	3
业态创新	2	1	2	2	2	2	2	4
建筑适合性	1	3	1	3	1	1	3	1
评分	19	18	18	17	14	19	17	17

受选业态服饰评价表 表 4-8

受选业态：服饰	评分：32

受选描述：选择服饰行业中的品牌服饰折扣中心，折扣中心在国内有三种：奥特莱斯；福克斯通，主要经营品牌下架商品，价格较高；而国内的"国际品牌中心"主要经营订牌服饰商品，有时尚特征，但价格适中，在车站商圈有生命力、有市场

评价栏目	评分依据
满足消费	符合车站及周边区域消费特征
商圈适合	上海没有类似业态，特色鲜明
可操作性	目前类似企业不多，但在扩大中
收益最大化	服饰的业态租金承受较高
市场影响力	此种业态具有商品特殊性、时尚性又有业态新颖性，所以市场影响很大
业态新颖性	
建筑适合性	适合

受选业态餐饮评价表 表 4-9

受选业态：餐饮	评分：32

受选描述：本业态包括酒吧、迪吧、中西快餐、茶坊等休闲娱乐的内容，形成商景合一的休闲特色

评价栏目	评分依据
满足消费	有区域消费、车站消费需求
商圈适合	填补×××商圈及××、××地区的空白
可操作性	受制约较多，但招商难度低
收益最大化	租金承受力较高
市场影响力	主要在车站地区及××地区
业态新颖性	市场影响力大
建筑适合性	适合

受选业态数码城评价表 表 4-10

受选业态：数码城	评分：31

受选描述：包括：数码城、生活小型家电、手机，上述业态和现代时尚的动漫结合在一起，会产生另样的亮色

评价栏目	评分依据
满足消费	吸引区域活力一族，突出差异化消费
商圈适合	影响力可以达到项目商圈外层
可操作性	需要组合三种行业
收益最大化	收益较高，高于超市，低于餐饮
市场影响力	由于文化+艺术+商品的新颖性和创造性，对40岁以下的新生代具有很强吸引力
业态新颖性	
建筑适合性	适合

说明：徐家汇商圈内都是专业型的数码城，本项目是情趣型、复合型、生活型的数码家电城。

受选业态旅馆、旅游评价表   表 4-11

受选业态：旅馆、旅游	评分：32
受选描述：经济型旅馆，旅游集散中心、酒店及机票等代理	
评价栏目	评分依据
满足消费	上海经济型酒店客房率高达90%，旅游服务代理能满足中转客人需要
商圈适合	车站有钟点旅馆要求，临近旅游集散中心
可操作性	强，连锁经济型酒店在扩张中
收益最大化	业态租金一般略高于大超市
市场影响力	车站旅客为主
业态新颖性	具备新颖性、新业态
建筑适合性	较适合，地下空间保温，通气性略差

受选业态服务评价表   表 4-12

受选业态：服务	评分：31
受选描述：含银行、药店、洗衣店、宠物商店等	
评价栏目	评分依据
满足消费	部分满足交通消费，部分满足社区消费
商圈适合	一般，周边社区有类似业态
可操作性	强，招商容易，没有限制
收益最大化	好，产租能力强
市场影响力	一般
业态新颖性	一般
建筑适合性	适合

受选业态超市评价表   表 4-13

受选业态：超市	评分：28
受选描述：介于标准超市和大型超市之间的加强型超市	
评价栏目	评分依据
满足消费	强，能满足上班族消费吸引车站消费
商圈适合	商圈内有类似业态
可操作性	强，招商容易
收益最大化	收益水平较低，但能带动其他业态盈利
市场影响力	一般
业态新颖性	一般
建筑适合性	适合加强型超市，大型超市不适合

受选业态评价表　　　　　　　　　　　　　　　　　　表 4-14

受选业态：汽车贸易、服务	评分：28
受选描述：车站交通组织以"流"为主，外部道路架构发达，内部客运能力强，对泊车要求低。本项目有部分商业面积在车库内，与项目主要布局分离，所以本业态入选	
评价栏目	评分依据
满足消费	汽车消费日益增长，市场缺少汽车展销场地
商圈适合	商圈内有市场潜力
可操作性	强，车库适合汽贸要求
收益最大化	中等，高于大超市，提高了车库商业价值，可以增收
市场影响力	一般
业态新颖性	一般
建筑适合性	车库适合汽贸要求

受选业态书市评价表　　　　　　　　　　　　　　　　表 4-15

受选业态：书市	评分：28
受选描述：书刊超市含教育培训，与数码类、餐饮类互动性强	
评价栏目	评分依据
满足消费	教育支出增长，职业培训成为热门
商圈适合	交通便捷，适合教育培训学员
可操作性	业态具有新型性，在招商中加以说明
收益最大化	书店收益高，培训收益一般
市场影响力	强
业态新颖性	突出
建筑适合性	适合

标准并不是固定不变的，每个项目都有它的不足和优点，根据这种特点，我们要建立大家能达成共识的标准。在标准建立之后，由专项招商人员进行业态模拟选择，并加以说明，与会的其他人员再进行补充完善，这时候，某一区块的业态平衡就完成了。

【案例4-2】

项目位于一个竞争激烈的成熟商圈中，不少品牌已经进入这个商圈，所以竞争和品牌招商难度列入评价指标。

评价指标解析　　　　表 4-16

评价指标	指标阐述
立地环境	对交通及展示面的要求
客流贡献	各业态对客流的吸附能力
租售水平	各业态预期的租售价格
形象贡献	各业态对项目整体的形象影响
竞争状况	市场竞争激烈程度
招商难度	各业态招商难易程度
投资回报期	各业态的投资回报时间
拓展意向	各业态商家开新店意愿强弱

业态筛选　　　　表 4-17

业态类型	立地环境	客流贡献	租售水平	形象贡献	竞争状况	招商难度	投资回报期	拓展意向	总分	综合评价
百货										
超市										
家电/3C										
专业店/市场										
专卖店										
便利店										
小商品批发										
KTV										
影院										
迪厅/夜总会										
美容美体										
健身										
洗浴										
棋牌										
中式正餐										
西式正餐										
中式快餐										
西式快餐										
酒吧										
咖啡/茶馆										

说明：本工具是采用计分平衡的办法。

3．总体平衡

局部的区域的业态选择模拟都完成以后，需要进行总体上的平衡。总体平衡要遵循以下原则：

内部商业生态整体和谐的原则；

收益均衡达标的原则；

消费连贯的原则；

邻店友好互动的原则；

可以形成特色的原则；

可持续发展、递增条件较好的原则；

建筑（配套）合理使用的原则。

在上述原则下，形成的业态平衡结果比较科学合理，经过整理编制成业态选择方案并进行收益测算，形成总体（或区域）招商成果上报方案，报决策管理层决策、审批。

十一、如何参与或者主持商务洽商

商务洽谈是招商人员的主要基本功之一。除了礼仪、谈判、资料准备等常规动作外，招商的商洽工作还要注意以下要素：

1．参与者的身份

一般由招商人员独当一面，如果是重要客户且又是商业企业高级管理层面人员出席商洽会议的话，可以提请本方（业主方）派出决策层出席；可能本方高管出席是出于礼仪，所以可以不当场决策。

2．商洽前列出本次商洽议题和目标

进入商洽前，可以先列出本次商洽议题和目标。比如说，双方确定本轮商洽的目标是完成工程界面的分清，那么商洽就在这个层面上结束，不能再进行下去。因为双方都要请示后，才能给出最后结论。

3．可以约定一些商洽的规则

约定一些商洽的规则，可以避免商洽拖入没有结论的泥潭。

4．商洽要有换位思考的思维

要充分理解对方的商业模式；对方的利益点何在；对方诉求背后的原因是什么；反思我们的条件是否过于苛刻了，以致对方无法承受。

5．找出双赢的共同平台

在招商业务中谋求双赢，最终的结果往往是商业企业获得更多。因为商业地产相对过剩，招商很难，所以招商商洽双方的地位并非是对等的。能有双赢的局面，那么谈判的天平已经向商业企业倾斜了。反过来讲，我们在谈判过程中用了不少心机，签下了显失公平的、但在法律上是没有瑕疵的合同，似乎我们占便宜了，其实是为后期埋下了定时炸弹。因为过分一面倒的合同，是无法长期执行的，对方违约涉讼，对方是"动产"，可以搬走，而我们是不动产，一方要求财产保全，那么实际吃亏仍然可能是我们。只有有了双赢的想法，换位思考，有时对对方宽厚，可以获得更多。

6．学会妥协

谈判的艺术，就是妥协的艺术。如业态定位就受主力店的影响而进行调整，又比如招商物业的租金定位也不可能十分精确，价格总是在一定范围内浮动的。招商人员可以根据商洽的易难程度适当微调。有时设计好报价溢出，为后期让价留出空间，在洽谈过程中微调价格以得到妥协——合作的平衡点，其他商务条件的商洽也是如此，有妥协，才会有商洽的成果。

7．不要追求一次谈成

如果能一次商洽就形成合约，那是运气；正常的商洽一定是多轮的。我们是招商的，商业企业是投资开店的，而投资方总是更加谨慎。我们要允许别人深思熟虑，为了让商业企业（品牌经营商）留出思考时间，在适当的时候果断地中止商洽，对当日商洽达成共识的事项进行归纳；将双方尚未达到一致的事项记录下来，并约定下一轮商洽的事项、时间、地点；通过这样反复多轮的商洽，双方的分歧越来越少，共识越来越多，最后形成商洽成果，双方进入合约讨论阶段。

8．合理催促

在招商实务中，推进招商进展要合理，掌握一定的节奏，不能心太急。每个环节如选址节点、建筑评价节点、工程界面、签约上都有意见往来，这种往来是有一定时间的，因为经办人员要汇报等待决策层意见，或者上会，招商方也有这种情况，所以要掌握一定的时间节奏去催促对方，比如约在3天以后给我们回音，那么我们在第4天上午去询问就比较合理。有些大型企业决策周期比较长，我们不能短时间就打电话催促，这样不利于以后的商洽。

9．制作招商合约

进入合约订立的时候，也是招商单项工作进入"收官"阶段了。这时候一定要小心，因为一不小心可能会翻船。订立合约的过程，也是双方再一次确定达成共识、检查未尽事项的过程。商业物业的租赁合约比较复杂，涉及事项很多，国内又没有比较好的专门格式合同，一般情况下，可以请律师代拟；如果是自己撰写的话，可以采用格式合同的架构，根据双方洽谈一致的条款，进行起草。起草时要特别注意下列条款，不要缺项：

（1）租约方式：可以采用扣率（合作经营，或者引厂进店），也可以采用租赁方式，取决项目的经营模式：

1）商场式：统一收银、统一营业时间、统一管理；

2）购物中心式：自己收银、服从整体经营管理要求；

3）步行街式和市场式：营业时间控制、形象控制、自己收银。

其中前者采用联营合同，后两者可以采用租赁合同。

（2）标的物要素：楼层、位置、铺号、面积，最好附图说明。

（3）配套要素：水、电、燃气（如有）、网络、车位、有线电视等。这些配套如水、电、空调、电话等是独立表计还是分摊（分摊内有没有附加费用）等要交代清楚。

（4）时间约定：交房期、装修期、免租期、开业期、经营期、续约期、还房期。

（5）取费：租金、押金、定金的约定。配套设施的使用费用和收缴的办法等。

（6）租金：租金标的、支付方式、付款日期、押金数量退还。

（7）其他费用：会员系统分享办法、广告费（是否包括线上推广内容）、促销、推广活动等分摊办法。

（8）车位：是免费提供还是商家承担费用、消费者承担停车费，要说明。

（9）管理费用（商场管理费和物业管理费）。

（10）营业员约定：是自己派还是商业管理方统一指派；对营业员有什么管理规范（相关的规章制度）。

（11）统一收银的结账日期。

（12）违约责任和退场约定。

（13）合同其他约定：签约双方（签约资格的确认）；签约时间和地点（有关诉讼地除非特别约定）。

（14）合同附件：主要商场管理制度，具体有：

商场经营管理制度，关于文明经营的规定，商场服务规范，关于营业员着装的规定，关于晨会、例会的通知，关于合作（联营、联销、承租企业）企业参加经营分析会的通知，营业时间的规定，商品管理制度，关于水、电费分摊和结算办法，联营联销、代销结算办法，商场财务制度，投诉处理办法，售后服务的规定，关于商品退货的规定，关于灯光管理的规定，商场卫生的规定，仓库使用及取费标准，商品保管责任准则，商品折价处理制度，关于促销活动的规定，关于商场广告费分摊的规定，商场装修的规定，垃圾清运取费的规定，商场设备损坏赔偿制度，劳动纪律考核制度，关于商标管理的办法，关于经营假冒伪劣商品的处理办法，票据管理办法，商场管理的奖惩办法。

十二、招商成果的评价办法

招商合约订立、汇总以后，招商人员和财务部一同进行收益分析，对招商成果进行评价。其实这个账在制订租金价格时，已经初步计算，但实际订立的租金绝不会和我们当初设定的价格完全相同，合同租金是在讨价还价、价格弹性空间中形成的，收益也相应有一些变化。所以我们要通过对合同收益的分析来验收招商成果。

现在以一个5万m^2、租金成本为每天每平方米1元的项目为例：

（一）项目概况

1. 项目：购物中心
2. 面积及楼层：5万m^2/5层
3. 用地：40亩
4. 平均建安费：2000元/m^2
5. 回报要求：10年回收投资
6. 运作要求：希望通过招商和运营管理，达到以下资产运作效果。

（1）商业物业资产价值放大；
（2）融资：现金流量放大；
（3）提升周边物业价格。

（二）资本规模放大的情形

合同收益标注了项目（商业物业）的价格。

出租平均价格每天每平方米2.5元计算，得出以下算式：

假如：土地成本、建安成本、规费等全部成本分摊为10年，平均租金成本约为每天每平方米1元，通过物业经营的招商活动，平均租金收入达到每天每平方米2.5元。

2.5元×365天×5万m^2×10年=4.56亿元

而物业原值为：1元×365天×5万×10年=1.82亿元

资产规模放大了：250%

（三）现金流量放大的情形

前期全部投资为1元×365天×5万×10年=1.82亿元

抵押品价值：2.5元×365天×5万m^2×10年=4.56亿元

银行以收益法计算抵押品价值，以50%支付贷款，可以获得2.28亿元贷款。

融资＞投资；回收投资后又创造了4600万元现金流量。

（四）部分持有、部分销售的项目——提前取得利润持有物业，低租金；出售物业，高价格，这样做法在现时商业地产市场上颇多采用，虽然开发商持有了不小面积但价值低的商业面积，出售价值高的商业面积，但是经过价值重新分布后，开发商可以提前回收投资和大部分的利润。

持有物业以每天每平方米0.7元出租给大型超市1.5万m²，日于大型超市的进入，带动了其他物业的升值，其是35000m²以均价每平方米10000元出售，出现如下情况：

大型超市的价值为0.7万元/m²×365天×15000m²×10年=0.38325亿元

出售物业的收入为：10000元/m²×3.5万/m²=35000万元

物业总值38832.5万元

其中物业在出售70%的情况下，获得总价值的90.1%收益，余下物业面积仅30%，所占价值量仅为9.9%。

通过上述计算，假设前期的目标平均价格每天每平方米1.8元，招商多创造了每天每平方米0.7元的价值，租金收益率提高了38%，在这种情况，招商人员应获得重奖，招商——对商业地产的无形资产的创造性劳动，创造有形的价值。

以下是采用房地产估价的方法对招商成果进行评价，由于采用的方法比较精确，和招商人员自己的简单评价算法有一些数量上的差异。

1．收益法测算过程

（1）收益法原理公式

收益法：指通过估算资产未来预期收益并折算成现值，借以确定估价对象房地产价值的估价方法，基本公式如下：

$$V = \sum_{i=1}^{n} \frac{a_i}{(1+r)^i}$$

式中：V—收益价格；r—还原率或资本化率；n—收益期；a_i—未来第i个收益期的净收益。

（2）测算过程

1）未来净收益流量类型

根据对估价对象净收益的历史资料及未来变化发展的趋势分析，确定估价对象净收益流量的计算采用：

在收益的有限年中全部以每年不变计算。

其具体的采用公式为：

收益价格=净收益/还原利率×[1-1/(1+还原利率)]^{收益年限}

单位：元/m²

2）租赁收入计算

①毛租金收入计算

根据对周边类似物业的调查，确定当前的租金水平大致如下：2.40元/（m²·天）

一年计365天，则年毛租金为：2.40×365=832.20元/（m²·年）

②年租赁保证金、押金收益计算

押金利息收入按照月毛租金的押金月份计算，利率按照一年期存款利率计算，则：

年押金收益=年毛租金/12×押金月份×一年期存款利率

=832.20/12×2.00×2.25%

=3.29元/（m²·年）

③年租赁收入计算

年租赁收入包括有效毛租金收入和押金利息收入等构成。根据目前房产市场的租赁状况，取其空置率为5.00%；租金损失率取0.00%，则年租赁收入为：

年租赁收入=（年毛租金+押金收益）×（1-空置率）×（1-租金损失率）

=（832.20+3.29）×（1-5.00%）×（1-0.00%）

=835.33元/（m²·年）

3）支出计算

支出部分包括维修费、管理费、保险费、税金等，上述四部分构成了总费用，为简便计算，假设总费用在各期的变化趋势与租金水平的变化趋势相同。收益期的首期各项支出如下：

①管理费

管理费=年毛租金×管理费率

=832.20×3.00%

=26.28元/（m²·年）

②维修费

每年维修费用主要指为维持房地产正常使用而必须支付的维护、修缮费用。根据调查每年维修费为建筑物重置价的2.00%，一般多层商场建筑物重置价取2000元/m²。

维修费=重置成本价×维修费率

=2000×2.00%

$$=40.00元/（m^2·年）$$

③保险费

通过向有关保险公司咨询，保险费为房屋重置价值的0.20%。

$$保险费=重置成本价×保险费率$$
$$=2000×0.20\%$$
$$=4.00元/（m^2·年）$$

④税金

税金主要包括房产税、营业税及附加。

A. 房产税

$$房产税=年毛租金×房产税率×（1-空置率）×（1-租金损失率）$$
$$=832.20×12.00\%×（1-5.00\%）×（1-（0.00\%））$$
$$=99.86元/（m^2·年）$$

B. 营业税及附加

$$营业税及附加=年毛租金×营业税及附加税率×（1-空置率）×（1-租金损失率）$$
$$=832.20×5.565\%×（1-5.00\%）×（1-0.00\%）$$
$$=46.31元/（m^2·年）$$

⑤总费用

$$总费用=管理费+维修费+保险费+税金$$
$$=26.28+40.00+4.00+99.86+46.31$$
$$=216.45元/（m^2·年）$$

4）年净收益计算

$$年净收益=总收益-总费用$$
$$=835.33-216.45$$
$$=618.88元/（m^2·年）$$

5）资本化率确定

资本化率的求取有市场提取法、复合投资收益率法、安全利率加风险调整值法等，本书拟采用安全利率加风险调整值法计算资本化率。安全利率选用中国人民银行公布的一年期存款利率，风险调整值根据房地产所处地区的经济现状、未来预测、现状用途及新旧程度确定。

资本化率=安全利率（无风险报酬率）+风险调整值（风险报酬率）

安全利率按估价时点银行一年期存款利率2.25%计取。

风险报酬率（风险调整系数）一般取2%~8%。

根据当前房地产行业的投资收益及具体情况，资本化率取6.50%。

6）收益年期确定

根据估价对象房屋结构，其规定使用年限为60年，尚可使用60年。估价对象的土地性质为商业，按委托方提供的上海市房地产登记册显示该地最高法定使用年限为40年，自估价时点起尚可使用40年。根据孰低原则，本次估价收益年期取40年。

7）估价对象的收益价格

在收益的有限年40年中全部以每年不变计算。

按计算方法每年不变则：

$$收益单价=618.88/6.50\% \times [1-1/(1+6.50\%)^{40}]$$
$$=8754（元/m^2）$$

$$收益总价=8754元/m^2 \times 5万m^2=43770万元$$

收益法测算过程

收益法：指通过估算资产未来预期收益并折算成现值，借以确定估价对象房地产价值的估价方法，基本公式如下：

$$V = \sum_{i=1}^{n} \frac{a_i}{(1+r)^i}$$

式中：V—收益价格；r—还原率或资本化率；n—收益期；a_i—未来第i个收益期的净收益。

（1）确定租金：

该物业共5万平方米，总层数五层，一般底层租金5元/平方米*天，二层2.5元/平方米*天，三层至五层1.5元/平方米*天，则平均租金2.4元/平方米*天。

（2）求取年纯收益a

根据目前房产市场的租赁状况结合该物业的具体状况，取其空置率为5%；根据《中华人民共和国房产税暂行条例》及《上海市房产税实施细则》的规定，出租房产按租金收入的12%征收房产税。根据《中华人民共和国营业税暂行条例》的规定，营业税及其附加按营业收入额的5.55%计征。同时考虑经营成本和保险费等费用，取年总收益的25%予以扣除。

$$a=2.4 \times 365 \times (1-5\%) \times (1-25\%) = 624 [元/（年·m^2）]$$

（3）确定合理的资本化率

资本化率为安全利率加上风险调整值，即根据中国人民银行公布的一年定期存款年利率5.31%，兼顾风险、利润因素及今后若干年内本地区之经济发展状况，本书资本化率取6.5%。

（4）收益期限的确定：

收益期限按商业用地最高使用年限40年计，取收益期限为40年。

（5）收益价格的计算：

$P = (a/r) \times [1 - 1/(1+r)^n] = (624/6.5\%) \times [1 - 1/(1+6.5\%)^{40}] = 8827$元/平方米

收益总价：8827*8 =44135万元

2. 成本法测算过程

该物业共5万m²，总层数5层，土地面积40亩，容积率为3。

房地产积算价格=取得土地费用+建造建筑物费用-建筑物折旧费用

（1）土地费用：

土地投入成本100万元/亩，折合楼面地价500元/m²，土地总价40×100=4000万元

（2）建筑物价格：根据该物业的类型，分别取各类建造、税收等费用如表4-18所示。

各类建造、税收费用　　　表4-18

结构形式	钢混
总层数	5
建筑面积（m²）	50000
a. 建安成本（含装饰）（元）	2000
b. 配套及附助设施（元）	500
小计（1）（元）	2500
c. 专业费3%（元）	75
d. 管理费3%（元）	77
小计（2）（元）	2652
e. 利息6%（元）	80
f. 利润15%（元）	398
小计（3）（元）	3130
g. 成新率（%）	100%
房屋单价（元/m²）	3130
房屋总价（万元）	2.5亿

表中：

①根据该物业的建筑物为5层商场，建安成本单价取值为2000元/m^2，配套费取值为500元/m^2。

②小计（1）=a+b

③专业费按目前一般取费标准取费率3%～6%，在此取值5%。计算公式：专业费=小计（1）×3%

④管理费按目前一般取费标准取费率=3%，计算公式：管理费=小计[（1）+c]×3%

⑤小计（2）=小计（1）+c+d

⑥利息按中国人民银行公布的最新一年期存款利率加上一定的财务费用，综合取值6%。估价对象建设周期为1年，均匀投入。计算公式：利息=小计（2）×6%/2

⑦利润按目前房地产行业5%～20%年利润率，估价人员结合本项目的特点，年利润率取10%。计算公式：利润=小计（2）×15%

⑧小计（3）=小计（2）+e+f

⑨成新率设定为全新，成新率100%。

⑩单价=小计（3）×g

房地产估价之所以叫"估价"，是因为其价格的影响之多、变化之多，所以价格的合理范围比较大，所以只能称之为"估价"。

在本案例中，采用成本法和收益法的评估结果是有差距的。仅是从购置或建筑这个物业的成本予以确认物业的价格范围，这是"成本法"；而"收益法"则以市场的供求关系出发来"辨认"商业物业的价值。所以，方法不一样，结果也不一样的。"成本法"通常在制定经营成本时使用。而收益法则在物业经营或交易时经常使用。

3．净收益考核

$$资产净收益=收入-支出-所得税$$

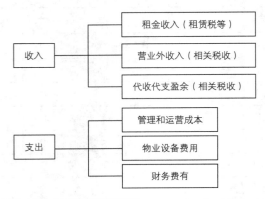

图4-5　资产收益预期考核

净资产收益率（ROE）＝净利润÷所有者权益

由于商业物业最重要的运营管理就是物业权利人收益最大化，同而净资产收益率是衡量招商及运营方最大化（物业）资产真实收益的比率。

十三、招商的后期工作

在客户合同订立后，招商工作的实施阶段工作基本完成，进入后期的运营前期工作和客户服务工作，我认为后期工作按下列程序进行：

1．建立客户档案

（1）调整基础信息，修改商业资源信息库，在该信息标注签约日期、招商人员的名字。一般情况下，这个商业资源不再重复利用，除多品牌的经营商，如百胜旗下的肯德基、东方既白和必胜客。

（2）制作卡片

在原商业资源信息库的客户基础信息上增加签约要素的内容。

1）基础信息内容：企业名称；品牌名称（或授权书）；企业注册地址和实际办公地址；联系电话；法定代表人及手机号码；联系人及手机号码；企业传真及邮箱；企业注册资本金（营业执照复印件、品牌的注册商标或授权证书的复印件等）。

2）租赁信息：租赁合同编号；租赁位置（编号）；租赁面积；租赁年限；经营商品类别；租金及支付办法、递增率；水、电费的收取办法；管理费的收取办法；（以上针对租赁关系的）合作合同的编号；提供商场位置的编号；提供商场面积；合作年限；扣率数及保底数；营业款结算日期。（以上针对联营联销的客户）

3）经营信息：进场日期；装修期；开业日期；营业员派出和管理；商品进店的约定（商品出店的约定）；商品责任的约定；营业款结算的约定（票证使用的规定）；统一促销的规定；广告费分摊的规定；商业主要规章制度签收单。

（3）制作客户档案文件包记载在客户文件包上的信息要能在今后帮助我们进行快速检索，按以下要求填写：租赁位置编号；经营商品类别；品牌名称；企业名称；联系人姓名及手机、电话；企业法定代表人姓名及电话；租赁（联营）合同编号。

2．文件转移

招商合同、客户档案建立后，招商职能应向下列职能部门转移客户文件：

（1）商场运营部

移交客户信息文件包,该文件包包括下列文件:租赁(联营)合同副本一份、客户信息文件。

(2)办公室

租赁(联营)合同正本、客户信息文件。

(3)工程部

工程配合告知单;

租赁位置编号;

配合日期(如有调整,由工程部自行协调);

提供配套工程的内容——水、电、煤气、电话、网络、污水、排放、油烟气排放、提供生化处理装置的位置、容量、计量系统;

商业企业装修负责人姓名、联系电话。

(4)物业部

客户进场通知书;

租赁位置编号;

企业名称;

企业负责人(本店的)姓名及联系方式;

装修负责人姓名及联系方式;

经营场地移交通知单(附后);

装饰方案审核的约定;

进场日期及装修日期;

装修责任的约定;

垃圾清运的责任及押金单;

商业卫生、治安、经营时间等确认文件。

(5)财务部

客户信息单;

租赁(联营联销)位置编号;

本店联系人姓名及通讯方式;

企业法定代表人姓名及通讯方式;

租赁(联营)合同副本一份;

含水、电、电话、网络等取费的约定。

3. 客户服务

租赁(联营)合同的订立,不是招商工作的结束,而是运营服务的开始。尽管有各归口的部门对客户进行管理和服务,作为招商人员还是应当起到客户朋友的作用,甚至可以替客户争取一些方便(内部其他职能要理解用意),为客户提供持续关怀,以巩固招商成果。事实上,在实际招商工作中，客户对我们项目（包括商业管理职能）不了解，还希望通过我们招商人员去认识、协调本项目（经营物业）的各职能人员。在帮助客户解决困难的同时，也保障了整个项目（商场或经营物业）的正常投入使用（开业），建议招商人员在招商结束后要做下列事项：

（1）把客户隆重地介绍给各管理职能的负责人

有时候在和规模大、名气大的商家签约后，往往会举办宴请等商务酬请和答谢活动，招商人员可以邀请本项目的总经理、财务部经理、商场管理部经理、工程部经理、物业管理部经理一同参加宴请，并在会上把领导及每一个部门的经理逐一介绍给客户，并要特意请各职能的领导多多关心。

如果没有宴请等商务公关活动，则建议招商人员要亲自陪同客户去走访各职能部门，认真、周详地介绍各职能部门的责任人给客户，并拜托这些责任人关照我们的客户。

（2）不定期去关心客户的工作进度

在装修期间，引入这个品牌或这家商业企业的招商人员要不定期地关心客户的装修进度，协助解决装修工程中出现的一些问题。

在经营期间，招商人员也要抽空去了解这个品牌或商业企业在本项目（商业或经营物业）的经营情况。在客户经营困难时（尤其是刚开业不久，那客户可能会碰到营收低、成本高的问题），我们的关心可以增加他们的信心。可以在我们知识能及的范围内，给客户一些经营方面的建议，因为我们对这个商圈、这个项目比客户更了解。

（3）后期服务是有实际意义的

从全局来看，我们每个招商人员都能对自己引进的品牌进行后期服务，能起到实际推动商业物业有效运营的作用。一个巨大的商业项目正常运转，离不开一个个具体商业品牌的正常经营和业绩贡献。每一个招商人员都能给自己的招商客户予以后期关心和服务，无疑能起到巩固整个项目招商成果的作用；在客户经营困难时，能起到稳定客户的作用。如若不是这样，招商人员对客户经营状况不了解，客户经营困难后就会产生退租的念头；大家都有这个念头，集体退租就会造成一个商场瘫痪；这种退租事态发生后，不仅仅毁了这次招商的成果，而且会对整个项目留下长期的负面影响，再要实施招商会很难，所以，招商的后期服务实质也是项目防患于未然的再保险。

对企业、对个人而言,通过后期服务,树立了服务的品牌,商业企业(或品牌经营商)会增加对我们的认同感:一是会把项目通过口碑传播给其友好的商业企业(品牌经营商);二是会把我们招商人员介绍给其他商业企业(品牌经营商),这样可以使我们招商工作进入良性循环,招商再也不难。

第五篇

招商活动参考文件样本和部分重要商业信息

本章收集了部分有参考价值的文件样本和近来发展势头良好的商业企业的信息，可以使我们的招商基础工作比较迅速地完成，从而较快地进入招商的角色。在具体运用当中，一定要根据自己项目的实际去进行调整，变成自己的文件和工具。

一、法律文件摘录和提示

1.《中华人民共和国公司法》

《公司法》是为了规范公司的组织和行为，保护公司、股东和债权人的合法权益，维护社会经济秩序，促进社会主义市场经济的发展，而制定的。

公司是企业法人，有独立的法人财产，享有法人财产权。公司以其全部财产对公司的债务承担责任。

公司从事经营活动，必须遵守法律、行政法规，遵守社会公德、商业道德，诚实守信，接受政府和社会公众的监督，承担社会责任。

公司的合法权益受法律保护。

公司营业执照应当载明公司的名称、住所、注册资本、经营范围、法定代表人姓名等事项。

公司的经营范围中属于法律、行政法规规定须经批准的项目，应当依法经过批准。

注意事项：

（1）营业执照是否在有效期内；

（2）是否符合许可证经营的要求；

（3）公司的征信调查；

（4）公司在其他商场履约和经营业绩情况。

2.《中华人民共和国合同法》

《合同法》是调整平等主体之间的交易关系的法律，它主要规范合同的订立，合同的效力，合同的履行、变更、转让、终止，违反合同的责任及各类有名合同等问题。在我国，合同法并不是一个独立的法律部门，而只是我国民法的重要组成部分。

《合同法》在为经济交易关系提供准则、保护合同当事人的合法权益、维护正常的交易秩序方面具有重大意义，一部好的合同法能够促进一国经济的发展。

我国的合同法指的是平等主体的自然人、法人、其他组织之间设立、变更、终止民事权利义务关系的协议。

注意事项：

（1）确定订立合约主体是否合法设立，有权与之订立合同，查验营业执照等证件；

（2）确定签约的主体及本方是否有履约的能力；

（3）所有条款是否在平等、自愿的条件下签订的，是否存在显失公平的情形；

（4）如果发生争执，诉讼是否能保护本方利益；

（5）特别注意在发生任何重大争执、诉讼事务时，不可影响商业物业的正常运营（商业经营秩序）。

3.《中华人民共和国消费者权益保护法》

《消费者权益保护法》是消费者权益保护法是为保护消费者的合法权益，维护社会经济秩序，促进社会主义市场经济健康发展，而制定的。消费者为生活消费需要购买、使用商品或者接受服务，其权益受本法保护。

经营者为消费者提供其生产、销售的商品或者提供服务，应当遵守本法；《消费者权益保护法》，未作出规定的，应当遵守其他有关法律、法规。

经营者与消费者进行交易，应当遵循自愿、平等、公平、诚实信用的原则。

国家保护消费者的合法权益不受侵害。国家采取措施，保障消费者依法行使权利，维护消费者的合法权益。

保护消费者的合法权益是全社会的共同责任。国家鼓励、支持一切组织和个人对损害消费者合法权益的行为进行社会监督。大众传播媒介应当做好维护消费者合法权益的宣传，对损害消费者合法权益的行为进行舆论监督。

注意事项：

（1）考察经营者的经营模式是否会侵犯或伤害消费者的合法权益；

（2）是否有商品质量的保证内容；承担商品售出以后的服务内容；

（3）如发生消费争议是否有保护消费者权益的承诺。

4.《中华人民共和国食品安全法》

为了保证食品安全，保障公众身体健康和生命安全，而制定的。

注意事项：

（1）由于一段时间内食品卫生事态较多，国家为食品安全专门制定《食品安全法》；

（2）注意经营者是否具有食品经营的资格；查验食品卫生经营许可文件；

（3）经营食品的安全保证措施以及经营食品的环境卫生要求；

（4）食品安全的来源保证。

5. 《中华人民共和国税收征收管理法》（2015年修订版）

国家为了加强税收征收管理，规范税收征收和缴纳行为，保障国家税收收入，保护纳税人的合法权益，促进经济和社会发展，而制定的税收征收管理法。

注意事项：

商业地产的经营可以有"商业"、"房地产""金融"等方法经营，不同的经营方法有不同的纳税义务。这是在业态定位、招商运营时需要重视的。

6. 《中华人民共和国反不正当竞争法》

国家为了保障社会主义市场经济健康发展，鼓励和保护公平竞争，制止不正当竞争行为，保护经营者和消费者的合法权益，制定反不正当竞争。

该法规定经营者在市场交易中，应当遵循自愿、平等、公平、诚实信用的原则，遵守公认的商业道德。

不正当竞争是指经营者违反本法规定，损害其他经营者的合法权益，扰乱社会经济秩序的行为。

注意事项：

该法对竞争、商业机密保护，不正当低价销售、有奖销售、商誉保护、公平竞争方面作了规定，招商人员在接触商业企业要注意这些方面内容，招入合法经营的商业企业（品牌经营商）。

7. 《中华人民共和国专利法》

《专利法》是为了保护专利权人的合法权益，鼓励发明创造，推动发明创造的应用，提高创新能力，促进科学技术进步和经济社会发展，而制定的。

《专利法》所称的发明创造是指发明、实用新型和外观设计。

发明，是指对产品、方法或者其改进所提出的新的技术方案。

实用新型，是指对产品的形状、构造或者其结合所提出的适于实用的新的技术方案。

外观设计，是指对产品的形状、图案或者其结合以及色彩与形状、图案的结合所作出的富有美感并适于工业应用的新设计。

注意事项：

（1）声称有专利的商品须查验专利证书，包括专利证书在我国范围内的有效性；

（2）引进商品是否仿冒、抄袭其他主体的情形；

（3）专利保护内容和保护期。

8.《中华人民共和国商标法》

国家为了加强商标管理，保护商标专用权，促使生产、经营者保证商品和服务质量，维护商标信誉，以保障消费者和生产、经营者的利益，促进社会主义市场经济的发展，特制定商标。

经商标局核准注册的商标为注册商标，包括商品商标、服务商标和集体商标、证明商标；商标注册人享有商标专用权，受法律保护。

法律、行政法规规定必须使用注册商标的商品，必须申请商标注册，未经核准注册的，不得在市场销售。

商标使用人应当对其使用商标的商品质量负责。各级工商行政管理部门应当通过商标管理，制止欺骗消费者的行为。

申请注册的商标，应当有显著特征，便于识别，并不得与他人在先取得的合法权利相冲突。

商标注册人有权标明"注册商标"或者注册标记。

就相同或者类似商品申请注册的商标是复制、模仿或者翻译他人未在中国注册的驰名商标，容易导致混淆的，不予注册并禁止使用。

就不相同或者不相类似商品申请注册的商标是复制、模仿或者翻译他人已经在中国注册的驰名商标，误导公众，致使该驰名商标注册人的利益可能受到损害，不予注册并禁止使用。

外国人或者外国企业在中国申请商标注册的，应当按其所属国和中华人民共和国签订的协议或者共同参加的国际条约办理，或者按对等原则办理。

注意事项：

有效的商标证书，以及授权委托的证明。

9．有关消防的规定

消防工作实行"预防为主、防消结合"的方针。每个单位和个人都必须遵守消防法规，做好消防工作。

所有单位的消防工作都应当接受当地公安机关的监督。

注意事项：

（1）商品经营中的发生火灾的可能性及防火措施及经营的许可；

（2）商业建筑的防火要求，装修过程中的防火要求；

（3）商业场所防灾的各项具体的要求，如消防器材、消防措施、逃生通道等。

二、市场研究报告样本

某商业地产项目的市场研究报告的大纲

一、城市格局和经济发展

（一）城市概况

1. 城市规模
2. 位置
3. 气候
4. 地理风貌
5. 自然环境特点
6. 交通条件
7. 城市发展沿革
8. 城市的影响力
9. 周边城市的影响

（二）城市基本格局

1. 城市类型
2. 基本格局
3. 自然区位
4. 区块功能
5. 重大市政节点

（三）经济发展和特征

1. 经济特征描述
2. GDP增长情况
3. 投资情况（包括房地产投资）
4. 财政收入
5. 人均可支配收入（存款情况）
6. 产业构成
7. 主导产业及产值
8. 商业发展情况（社会商品零售总额）

二、规划研究

（一）城市总体规划

1. 城市发展的目标

2. 城市空间结构

3. 城镇布局

（二）产业规划和导向

1. 产业规划

2. 重点发展产业

3. 特色经济（包括产业构成）

（三）商业规划

1. 商业中心规划

2. 城市主要商业、特色商业项目的发展规划

（四）人口规划和城镇化进程

1. 全市总人口控制规模

2. 城镇化进程

（五）交通规划

1. 民用机场

2. 高速公路以及主要道路架构

3. 港口

4. 轨道交通

5. 交通站场设施

6. 城市道路交通规划

7. 物流发展（快递成本）

三、消费市场研究

（一）城市人口、居住区及分布

1. 消费主体——人口数量

2. 各区人口分布

3. 城市各街道（镇）人口分布及密度

4. 居住区分布特点

（二）人口构成

1. 家庭人口构成

2. 老龄化程度

3. 出生人口

4. 受教育程度

（三）收入水平

1. 平均收入水平

2. 收入差异水平

（四）消费能力、习惯和支出分配

1. 恩格尔系数

2. 消费倾向和购物习惯

3. 消费支出细分及消费支出特点分析

四、城市商业生态

（一）城市商业脉理

1. 城市商业脉理成因

2. 商业脉理特点

3. 城市商业脉理变化趋势

（二）商业格局和特点

1. 城市商业格局

2. 分布状态

（三）商圈分析

1. A商圈

2. B商圈

3. C商圈

4. E商圈

5. D商圈

6. F商圈

（四）主要商业类型购物中心和特点

1. 购物中心

2. 百货商场

3. 超级市场

4. 专业（专卖）卖场

5. 杂货店

6. 家居中心

7. 数码商场

8. 市场

9. 餐饮和娱乐

（五）主要商业街及大型商业设施分析

1. 主要商业街分布情况及特色

2. 主要大型商业设施分布和特点

3. 品牌商品地图

（六）城市主要商业业态分布

（七）城市业态变化趋势分析

（八）商业前景分析

1. 区域商业趋势

2. 配套改善

3. 业态趋势

4. 互联网业态对区域消费和商业的影响评价

5. 业态升级进步专题

（九）区域商业项目的营利性分析

1. 收入

2. 坪效

3. 租金

（十）商业的认知度分析

1. 综合超市

2. 娱乐

3. 餐饮

4. 酒吧

5. 电器

6. 家居

7. 家装装饰

（十一）商业资源调查

1. 重要商业企业进入城市的计划

2. 本地商业企业的发展计划

五、商业地产市场研究

（一）商业地产市场基本特征

1. 整体态势

2. 供应量

3. 各区域租金

4. 业态租金

5. 商铺产品价格

（二）商业物业的投资收益要求

（三）在售在租的商业楼盘调查

（四）商业需求分析

六、政策和法律条件

（一）商业方面的政策法规

1. 外资进入限制、国外商品报关、商品上市许可

2. 设立外资商业企业的限制

3. 进口商品管理和上市规定

4. 行业的特殊规定

（二）商业物业方面的政策法规

1. 企业商业用房出租税率

2. 持有性物业分摊成本的办法规定

3. 银行对抵押资产（商业物业的）折现率或者出贷率

4. 《中国人民银行、中国银行业监督管理委员会关于加强商业性房地产信贷管理的通知》

5. 《关于房地产开发经营企业售后回租业务有关企业所得税问题的请示》

6. 《商业银行房地产贷款风险管理指引》

七、项目所在区域的研究

1. 区域环境

2. 区域发展现状

3. 区域规划

八、项目所在周边环境

1. 区域范围和现状

2. 项目周边环境范围

3. 规划情况

4. 区域范围内商业地产供应和商业设施的情况

5. 周边房地产开发和重要项目

6. 周边商业状况

7. 发展前景预测

九、商业条件判析

（一）基本情况

1. 物业条件
2. 相邻关系和环境条件
3. 周边交通条件
4. 商圈影响性因素分析

（二）商业环境分析

1. 商业空间
2. 人口及其增长趋势和导入频率判析
3. 商业配套需求量分析（消费问卷的分析）

（三）商业条件分析

1. 商业地理位置条件分析
2. 商业建筑和配套条件分析
3. 发展前景预测

（四）商业环境分析归纳和建议

1. 商业环境有利条件归纳
2. 商业环境不利条件归纳
3. 商业开发对策和定位建议

三、工程界面的样本

某购物中心经营场地工程分工表

甲方（出租方）：（房地产企业或业主名称）
乙方（承租方）：（商业企业名称）

序号	内容	甲方	乙方	备注
一	土建工程			
1	结构体（含基础）			
1.1	结构体施工	√		
1.2	内外墙施工（红砖、空心砼砌块、轻质墙）	√		
1.3	广场舞台施工、材料	√		
1.4	消防水池	√		
1.5	3台货梯、台自动人行道的相关土建	√		
1.6	高低压配电房、发电机房、账管金库等功能用房土建施工	√		
1.7	厕所土建施工	√		
1.8	防雷接地	√		
1.9	屋面防水	√		

续表

序号	内容	甲方	乙方	备注
2	天地墙初装修			
2.1	楼地面			
2.1.1	商场内地砖铺设		√	
2.1.2	大厅地砖铺设		√	
2.1.3	广场、景观、花坛	√		
2.1.4	车道防滑树脂砂浆地坪	√		
2.1.5	楼板预降及后序补平	√		
2.1.6	排水沟及管道	√		
2.2	墙柱			
2.2.1	墙面、柱面抹灰	√		
2.2.2	外墙瓷砖或涂料	√		
2.2.3	内墙、柱粉平刷白	√		
2.2.4	工作区墙柱面油漆贴砖以外的装饰工作（木作）		√	
2.3	顶棚			
2.3.1	工作区铝制吊顶		√	
2.3.2	大厅吊顶、大型吊灯及安装		√	
2.3.3	在所有未设吊顶的楼板下方粉平刷白	√		
3	厕所			
3.1	地面防水	√		
3.2	墙地磁砖铺贴		√	
3.3	便器、便斗配套安装		√	下水暗管由甲方预埋
3.4	隔断制作安装		√	
3.5	长条PVC扣板吊顶		√	
3.6	洗手台、镜子		√	
3.7	强力排气扇		√	
3.8	其他特殊设备及装饰		√	
4	门窗及所有消防门的制作安装	√		以施工图纸为准确认位置与数量
5	外标识（屋顶、墙面）、街边立牌	√	√	街边立牌甲方落实位置
5.1	根据百货要求提供外标识空间	√		配合乙方设计要求
5.2	屋顶、街边立牌标识的基础、电源	√	√	配合乙方设计要求，电源由乙方负责
5.3	标识的制作安装		√	

序号	内容	甲方	乙方	备注
6	采光罩（风除室）（含玻璃隔断及框架吊顶）	√	√	土建部分甲方负责
7	整体部分			
7.1	混凝土地面、广场地面应铺贴石材	√		
7.2	预制混凝土路沿	√		
7.3	绿化及雕塑、小品	√		如图
7.4	临时水电费承担	√	√	乙方使用的水电费由乙方负担，其余由甲方承担
7.5	施工临时设施提供	√	√	除装修由乙方负责外，其余由甲方承担
7.6	施工通道、进设备器材通道提供	√		配合乙方进场时间
7.7	可供铲车通过的临时垃圾区	√		
7.8	垃圾清运	√	√	除乙方安装及装修垃圾由乙方负责外，其余由甲方承担
7.9	入场装修前工程规划得到有关政府部门的通过	√	√	乙方配合设计图纸及有关证明
7.10	文档提供	√		以《商业用房建筑的基本要求》第12条12项为准
二	机电安装			
1	强电			
1.1	供应与安装所有高低压配电屏（柜）、电容柜母排、变压器及与相关附属设备	√		必须按乙方需求进行设计并经乙方确认
1.2	提供通往租用区内设有高低压配电屏（柜）的变配电房内的电源及配电屏（柜）	√		
1.3	提供由高低压配电房通往各大容量的配电室的配电箱	√		
1.4	至分层电缆终端的配电箱（含开关）	√		分层配电室的配电柜下端口出来后的终端配电屏由乙方负责
1.5	自超市各层配电室的配电箱下端口的输出电缆铺设		√	
1.6	由配电箱至各用电设备的缆、线、箱及开关		√	
1.7	照明支路管线铺设	√	√	室内由乙方负责，室外与地下停车场由甲方负责
1.8	灯具的提供	√	√	室内的灯具乙方负责，商场外与地下停车场的灯具甲方负责（乙方的广告店招、照明灯具除外）
1.9	监控设备（含监控安全门在内）的动力及相关装置的电源提供	√	√	防盗监控由乙方负责，消防监控由甲方负责
1.10	提供照明、动力电等分配电缆到各分层配电室的配电柜	√		
2	资讯系统使用之不间断电源（电脑UPS）		√	
3	弱电			
3.1	电话系统	√	√	由甲方预留接口
3.2	电视系统	√	√	由甲方预留接口
3.3	安全防范系统（闭路电视、防盗报警）		√	
3.4	背景音乐		√	

续表

序号	内容	甲方	乙方	备注
3.5	计算机电缆铺设		√	
4	给水排水、排污			
4.1	雨水管	√		
4.2	雨水井	√		
4.3	自雨水井至市政系统	√		
4.4	至租用区各楼层的主水管	√		
4.5	给水阀门井	√		
4.6	主水管至各分层一个指定用水点	√	√	各分层指定用水点至用水区的配管由乙方负责
4.7	各主出水口阀门	√		
4.8	租用区内排水管路（含落水头）	√		
4.9	污水排放孔	√		
4.10	隔油池、生化处理池	√		
4.11	化粪池	√		
4.12	排水、排污接至市政系统	√		
5	空气调节			
5.1	水系统设备（净水器、电子除垢仪及配套设备与材料的供货与安装调试）		√	甲方协助乙方安装和调试
5.1.1	空调主机的供货、厂家调试配合		√	乙方负责购置安装与调试
5.1.2	锅炉的供货、安装		√	甲方配合乙方安装
5.1.3	空调主机下货、就位及安装		√	甲方配合乙方安装
5.1.4	冷冻主机的下货、定位及安装		√	甲方配合乙方安装
5.1.5	泵组的提供、安装与调试		√	
5.1.6	冷却水塔的供货		√	
5.1.7	冷却水塔的安装与调试		√	甲方协助乙方安装
5.1.8	控制系统、水处理器、阀件、过滤器等的提供、安装与调试		√	
5.1.9	保温镀锌管及软接的提供、安装与调试		√	
5.2	空调系统设备与材料的供货与安装调试			
5.2.1	变风量空调器的供货		√	
5.2.2	风机盘管的供货		√	
5.2.3	变风量空调器、风机盘管的安装与调试		√	甲方协助乙方安装

续表

序号	内容	甲方	乙方	备注
5.2.4	新风处理机组、散流器、百叶风口、阀件、静压箱的提供、安装与调试		√	
5.2.5	保温风管及软接的提供、安装与调试		√	
5.3	排风系统设备与材料的供货与安装调试			
5.3.1	排风扇的提供与安装（与外立面有关的）	√	√	甲方安装，乙方提供
5.3.2	非保温镀锌薄钢板管道及软接的提供与安装		√	
5.3.3	普通及防雨铝制百叶风口、调节阀的提供与安装（与外立面有关的）	√	√	甲方安装，乙方提供
5.4	顾客出入口风幕机供货		√	
5.4.1	风幕机安装调试		√	
5.5	供应与安装排烟管道		√	排烟井道由甲方负责
5.6	排烟罩及配套用排烟风机的提供、安装与调试		√	
6	消防			以取得验收合格证明为准
6.1	喷淋系统			
6.1.1	供货、安装与调试喷淋泵套件、稳压泵套件以及相关的控制设备	√		
6.1.2	泵房内设备的供货、安装和调试	√		
6.1.3	供货、安装和调试管道系统	√		
6.1.4	供货与安装喷淋头	√		
6.2	火灾探测器和报警系统			
6.2.1	烟感、温感探知系统	√		
6.2.2	防火门报警系统	√		
6.2.3	报警联动控制系统（含控制室内所有必要设备）	√		
6.2.4	消防排烟系统	√		
6.2.5	自主消防控制室至超市消防报警屏的信号线连接（共用系统）	√		
6.3	防火卷帘			
6.3.1	防火卷帘制作安装	√		符合耐火 4 小时双轨双帘无极卷帘
6.3.2	防火卷帘所需动力及相关电力提供	√		
6.4	消火栓系统			
6.4.1	供货、安装和调试消防泵、稳压泵及相关控制设备及电缆	√		
6.4.2	消防泵房内设备的供货、安装与调试	√		
6.4.3	供货、安装和调试管道系统	√		
6.4.4	供货、安装和调试消火栓	√		
6.5	中央控制系统			
6.5.1	火灾报警控制主盘	√		
6.5.2	消防电话接口	√		
6.5.3	CRT 显示系统	√		

续表

序号	内容	甲方	乙方	备注
6.5.4	消防广播系统	√		
7	电梯工程			
7.1	自动步道提供与安装		√	甲方配合土建、施工、供电设计
7.2	货梯提供与安装		√	甲方配合土建、施工、供电设计
7.3	冷冻冷藏设备的购置安装与调试		√	甲方配合土建、施工、供电设计

附：乙方所有设备基础应由设计院计算后方能提供，甲方负责施工。

四、招商行动方案样本

一、目标任务

1. 目标租金
2. 招商完成时间
3. 引进目标主力店和品牌店
4. 目标开张时间
5. 目标入驻率
6. 目标开业率

二、工作流程和组织架构

1. 招商业务流程
2. 商场筹建
3. 招商工作管理体系
4. 人员到岗和培训计划

三、招商条件设定

1. 招商对象设定
2. 交房条件设定
3. 配套措施
4. 进场日期、装修期、免租期、营业时间控制
5. 签约条件
6. 租金
7. 水、电费支付方式

8. 装饰控制

9. 租期控制

10. 业态调整条件

11. 转租控制

四、招商工作实施计划

1. 本项目特点分析

2. 策略和方针

3. 时序安排

4. 分别租金价格

5. 实施周期

6. 推进战术

7. 促进手段

8. 商业企业（品牌经营商）储备、服务、管理

五、配套措施

1. 招商优惠政策

（1）地方税的奖励办法

（2）代理服务内容

2. 物管费优惠

3. 装修期和免租期

六、招商推广

1. 宣传口径和内容

2. 宣传方式和传媒选择

3. 投放力度和计划

七、文件准备和工具制作

1. 宣传推广类

招商手册（样式另附）

海报（样式另附）

软文（样式另附）

网站页面设计（样式另附）

招商文案（进行中制作）

招商广告语（样式另附）

2. 表单（样式另附）

培训讲义

客户登记表

内部流转表

物业需求信息表

信息汇总表

租赁控制表

看房单

装修须知（物业）

3. 商场图纸（样式另附）

总平面图

区块图

工程、设备图纸

商铺单位细分图（附表）

通道图

招商大厅设计示意图。

4. 法律文本

意向书

租赁合同

合作或联营合同

开业承诺书

装修承诺书

处理投诉承诺书（首偿制度、保证金制度）。

下述法规文件涉及物管部门，由物管部门提供：

治安、卫生、消防、用电、设备使用管理制度等。

八、收益测算

1. 前3年收益情况

2. 5年收益情况

3. 10年收益情况

4. 前期费用测算

五、活动策划方案样本

一、会议安排

1. 时间： 年 月 日 点

2. 地点： 酒店会议室

3. 人数： 人

二、中心议题：商场发展论坛

三、会议议程

会议控制在×小时×分钟内

1. ×点×分开始签到

2. ×点会议开始

3. ×点×分晚宴招待

四、活动安排

1. 欢迎词（×分钟）

2. 项目推介（×分钟）

3. 知名主力商家签约（×分钟）

4. 入驻商企发言（×分钟）

5. 政府代表发言（×分钟）

6. 意向客户发言（×分钟）

五、前期推广配合

1. 专业社群话题和邀请

2. 行业协会刊物的动态报道

3. 话题策划

4. 公众号发布

5. 网站更新内容

6. 重点邀请对象的短信、微信内容

7. 户外更新

8. 微信互动

六、活动筹备事项

1. 出席人数及贵宾落实

2. 会议推广：传媒等落实

3. 司仪和礼仪邀请：电视台主持、费用、接送、串讲词

4. 话题设计并核查

5. 物料准备：楼书、招商手册、讲稿审核等

6. 会场布置：会场落实、茶水、果品、文具、会标、环境、鲜花、胸卡等

7. 宴会落实：菜单和标准、酒

8. 礼品：大奖品、现代汽车、白金钻戒、电子手表；奖袋

礼品——"发财猫"

9. 会议服务落实

七、人员安排

1. 总经理×人招待贵宾

2. 招商部×人分头归口接待客户

3. 现场配合×人

4. 司机×人

八、分工和时间计划

时间 内容	7.21	7.22	7.23	7.24	7.25	7.26	7.27	7.28
出席人								
会议推广								
司仪等								
物料等								
会场								
宴会								
礼品								
银行								

九、会议成本预算

1. 贵宾费用

（1）出场费用

（2）住宿、差旅费用

2. 推广费用

（1）传媒费用

（2）平台费用

（3）POP派发

3. 配合人员费

（1）主持人员费

（2）礼仪服务公司费用

（3）保安费用

4. 会场费用

（1）会议室费用

（2）布置费用

（3）文具费用

（4）茶水、果品费用

5. 宴会费用

（1）餐费

（2）酒水费等

6. 奖品费用

预计费用：

六、招商广告（软文）样本（五则）

【样本1】某项目区公开征集餐饮服务商

为满足在××项目运营期间餐饮经营和管理的需要，××公司发布公告，公开某项目C片区公共区域餐饮服务供应商，包括餐饮管理企业和餐饮经营企业。公告期限为20××年××月××日上午×时至20××年××月××日下午××时。

面积约占该项目餐饮面积1/5。

据了解，本次征集的餐饮业态包括外卖式速食品、中式快餐、西式快餐、美食广场、品牌茶餐厅、主题餐馆、特色咖啡以及啤酒屋等。入选企业将合法有偿使用C04-G01、C07-G02、C10-G14地块内的餐饮物业，依照行业及项目的规定，负责餐饮项目的经营和管理。

注册资金须在500万以上。

据悉，应征方应为依照其注册所在国家法律、正式成立并有效存续的中国境内外企业法人。并须具有完成本征集项目所需要的行业资质及卫生许可证以及完整的食品经营质量管理体系。餐饮管理企业的注册资金在500万元人民币以上，或年营业收入1000万元人民币以上；餐饮经营企业的注册资金在50万元人民币以上，或年营业收入在200万元人民币以上。

同时，应征方须连续经营3年以上，且从未发生重大食品安全事故。截至目前，仍在中国境内外从事餐饮管理或餐饮经营。现在经营中的美食广场的规模较大，或具有成功举办大型活动经验的应征方优先考虑。

【样本2】南京东路××项目启动招商

力推时尚、年轻、快速类消费，不主攻国际一线品牌。

近日，坐落于南京东路155号的××项目启动招商，其零售商业面积已经招租过半，并计划于××年年底或明年年初开张。继宏伊广场、353广场之后，南京东路步行街开端又将崛起一座全新的商场，这预示着驰名中外的南京东路商圈将进一步提升级别。

零售商业部分招租已过半：××项目坐落于南京东路步行街开端处的××号，目前，××项目已经定名为名人商务大厦，靠近轨道交通2号线和10号线的南京东路站，整个项目由7层高裙房商场和15层高的甲级写字楼组成，另有4层地下空间（2层为商业面积，2层为地下车库），总建筑面积约为9.6万m^2，其中，地上建筑面积约为6.8万m^2。

【样本3】蜕变中的××老商业中心——沃尔玛、百胜等抢驻××广场

××城市位于江苏省东南部，总面积约823km^2，总人口约81万，在这样一个人口不多、地方不大的小城市，却被一向以选址严格著称的世界五百强企业"沃尔玛"看中，是什么样的神奇魅力吸引看好××，看好××广场，并且抢先进驻，让我们走近××、走进××广场一起来探寻他们联姻之究竟。

据了解，世界500强企业沃尔玛在2006年底与某市××广场签订了进驻协议。自与沃尔玛签约以来，世界著名餐饮巨头百胜集团旗下肯德基、百货零售行业领军者香港尖沙咀百货、世纪环球影院等国内外著名商家相继入驻。××广场的出现，为××打造了一个全新的、国际时尚品牌云集的商业地标建筑群，为所有看好××的商家进驻提供了成熟的商机。获悉，沃尔玛在进驻××广场之前，完成了对××广场多达30多项的调查研究，各类数据均表明合作的前景十分看好。××广场魅力何在？我们对此分析如下：市场消费人群有力保障、需求与市场的缺失、城市唯一"一站式商业综合体"。

【样本4】××国际茶城诚招天下客

预计年销售额超5亿元，为××地区最大的茶类产品集散地之一

由某市××国际茶城与××某城联手大造、总投资2亿元人民币的××国际茶城，选址在某市"国家文化产业示范基地"的巴国城，规划总占地面积8千m^2，建筑面积3万m^2，全部按照现代茶叶交易市场的要求进行建设。同时有物流配送和电子商务配套，实现一站式服务。

饮茶习俗在××已有几千年历史，茶馆文化更是博大精深。自古××就有"茶馆多，城门多，寺庙多"之说，××茶馆浓郁的巴渝风情韵味，已成为××旅游经济一大亮点。某市××国际茶城入驻××，旨在打造重庆最大的茶叶零售、批发、团购平台。

××国际茶城××年11月建成运营之后，预计年销售额将超过5亿元。

××国际茶城是某市××国际茶城向全国市场迈进的首个站点，建成后的茶城建集中国内各大名茶产地的厂商，以及茶工艺品厂商，集中销售国内各地茶类品种上千种。建成后的茶城预计年销售额超过5亿元，每年能向国家缴纳营业税等各类税收3000多万元，届时，茶城将成为××及××地区最大的茶产品集散地之一。××国际茶城交通极为便捷：火车站、××高速入口、轻轨车站近在咫尺，公交车直达××等人口密集区，坐享××坡"三横、四纵"路网体系，交通四通八达。既方便客商来访，又是物流配送的有力保障。

【样本5】迪士尼项目获核准——××浦东战略迅速升温

××××年×月×日，上海迪士尼项目申请报告已获国家有关部门核准。浦东川沙在等待×年后，终于看到了曙光。迪士尼落户后，川沙所新规划的空港新城，其商业和地产配套项目比例将有很大的突破。这一重大利好也使中国家居流通业知名品牌××在上海浦东的布局优势显山露水。

洞悉商机把握两大发展机遇

××浦东店位于中环线浦东南段的华夏西路沪南公路交界处，在三林世博功能区内，总建筑面积规模达26万m²，于2010年年中落成，与宜家、苏宁共同打造上海以"家"为主题的购物区，使该区域成为一个现代化大型商业聚集地。

伴随着迪士尼项目的日渐明晰，××着力打造的大型购物区，不仅直接覆盖三林这块开发热点地区，还将辐射以商业文化旅游、城市居住、临空经济等于一身的大型城市综合体——川沙空港新城。

三林作为浦东乃至上海最热的中高档居住区域之一，拥有世博园四分之三的用地面积和三分之二的场馆区，依托世博会、轨道交通等配套优势，有强劲的后发势头，其所积蓄的家居购买潜力能量巨大。××不仅成为2010上海世博会的联合参展企业，更将其经典的地标性商场建在了世博会会址的附近，让世博会参观者能亲身体验××的体验式家居购物环境与专业服务。

川沙在区位上也拥有得天独厚的优势，其坐拥浦东机场，南接海港新城，北连外高桥，东面快速干道、地铁2号线都一脉相连，是投资的宝地。在浦东开发进行到现在，土地已经紧缺的背景下，川沙目前是浦东存量土地较多的地方。迪士尼项目落成后，每年至少为上海带来新增游客300万~500万人次，从而为旅游酒店、商业零售、交通运输等行业带来机会。随着沪杭高铁、宁沪铁轨、宁杭城际铁路于2012年建成，上海迪士尼将有可能覆盖长三角，甚至覆盖华东、华北、东北地区，其辐射圈所带来的品牌推广效应不容忽视。

落子浦东直面未来巨量市场

作为中国家居流通业知名品牌，××在选址与运营上，有独到的经验。上海作为××的总部所在地，具有重要的战略意义，浦东的第一颗棋子，影响深远。

首先，2010年的世博会是上海代表中国在世界面前的一次精彩亮相，而永久落地的上海迪士尼会成为全球瞩目的焦点，多元化的娱乐文化将在这个长久的平台上与中国民众"亲密接触"。××牢牢把握住了这两大珍贵机遇。

其次，浦东店为××日后在上海乃至全国的扩展，提供了源源不断的强大动力。532平方公里的面积扩大为1210km^2、南汇区规划为滨海新城、新项目开发打破土地指标的制约、高新产业与装备业一体化发展，再加上陆家嘴金融中心、空港新城两大拉动力，大浦东呼之欲出，将成为上海未来20年经济发展的新引擎。××浦东店所在的区域，成为浦东新区真正的黄金腹地。

××此次落子浦东，为其在上海未来的战略发展奠定了稳固基础。

七、参考合同文本（三种）

1. 厂商联销合同书

××商业广场有限责任公司厂商联销合同书

合同编号：

商品类别：

商场位置编号：

厂商名称：

厂商类型：☐全国总代理商　　☐区域代理商

　　　　　☐省代理商　　　　☐××地区代理商

　　　　　☐生产厂商　　　　☐经销商：

　　　　　☐其他

合同号：

甲方：

地址：

电话：传真：

乙方：

地址：

电话：传真：

为促进商品流通，扩大市场销售，提高品牌知名度之目的，甲乙双方本着平等协商、互惠互利、诚实守信、共同发展的原则，经双方友好协商，特签订本合同。

一、经营的商品及商品范围

1. 乙方商品在甲方采取联销经营模式，所销售商品的种类 ____；品牌名称 ____；注册商标 ____；生产地址 ____；其质量、标识等均符合国家有关规定。

2. 乙方在本合同项下经营场所内，只能经营本条前款约定的乙方本企业生产的商品或乙方依法获得代理权的特约经销商品。乙方不得在经营场所内销售除本合同约定以外的其他商品，对于私自更换品牌或增加品牌，甲方有权停付货款或单方终止合同。

二、商铺位置、面积及进场时间

1. 甲方将位于 ____ 门店，____ 楼约 ____ 平方米面积场地，供乙方商品设置专卖店，经营本合同所约定的商品。

2. 甲方为了整体经营、统一形象、集中管理的实际需要，可以调整乙方商品的专卖店位置或作其他改变；发生调整事项，无须征得乙方同意，也不承担任何责任。但甲方在变动乙方专卖店位置或作其他改变时，应提前日书面通知乙方，并为乙方搬迁柜台位置提供方便；如果乙方不同意搬迁，则本合同中止，乙方在接到搬迁通知 ____ 天，撤离本商场，双方互不补偿。

3. 乙方商品应于本合同生效后日内进场经营。逾期未进场经营的，甲方有权解除本合同，由此所造成的一切损失应乙方承担。

4. 乙方形象柜（展示柜）装潢施工由方负责，费用由方全额承担，装潢设计方案应事先经甲方审核同意后方可实施，装修期间必须在夜间封闭装修，在次日八时前须清扫干净，撤离现场。

三、销售目标及经营方式

1. 合同期销售目标____万元/年。其中：

年/月份	年/1月	年/2月	年/3月	年/4月	年/5月	年/6月
	年/7月	年/8月	年/9月	年/10月	年/11月	年/12月

2. 经营方式：

（1）□扣率联销：甲乙双方同意每月按商品销售收入提成____%作为甲方的商品销售利润，如超出合同期销售目标，超出部分扣率则调整为____%提成。

（2）□保底联销：乙方同意甲方按合同期销售目标的____%提成，同时，乙方须完成甲乙双方合同期内的销售目标，如未达到，乙方同意将销售利润额补足给甲方；如超出合同期销售目标，超出部分则调整为____%提成。

（3）若乙方未完成销售目标的%，甲方有权对乙方商品的经营位置、面积进行调整，所涉及调整的一切费用均由乙方承担。

（4）其他约定

关于网上销售的约定_____。

四、结账付款

1. 结算方式：双方同意按下列第____种方式执行：

（1）销后付款：□月结□月结天

（2）约期付款：□货到____天付款□现结____

2. 每月26日至次月25日为商品交付计算基准日（即月结），交付商品及数量以甲方的收货为准。

3. 乙方承诺开具真实有效的一般纳税人增值税发票（发票单位名称与合同名必须一致），甲方凭增值税发票，按规定时间（每月10~20日）结款，若乙方未在该结款期间未进行结款的，该销售款（不计息）延迟至下月结算日结款。甲方的付款方式：□支票□汇票□电汇□个月银行承兑。

五、人员管理

1. 乙方自愿派驻其设在甲方专柜所需销售人员，乙方应依法与派驻人员签订劳动合同，并依法向派驻人员发放劳动报酬、交纳基本社会保险等。为便于销售和管理，乙方派驻人员的用工人数、工资基数、销售提成、福利、休息及社会保险执行甲方的要求。

2. 乙方需派驻销售人员于甲方，必须以书面形式提出申请，经甲方审核、培训合格后上岗。为提高经济效益，促进双方增收，提高销售人员素质，乙方派驻人员应参加甲方规定的各种岗位培训，其培训费用由乙方承担。

3. 乙方派驻甲方须具备销售该商品专长、良好素质的销售人员_____名，其派驻人员必须服从甲方对其实行统一管理。乙方应事先将这些人员真实的个人资料（简历、照片与身份证复印件、健康证等）造册送交甲方备案。未经甲方同意，乙方不得随意增减或更换人员。

4. 甲方对乙方派驻人员，有权管理，派驻人员如有违纪和立功行为，甲方对其按《××商业广场奖惩考核管理制度》执行；对不合适人员甲方有权提请乙方更换，乙方应当在一星期内更换。

六、商品质量、物价、计量、服务、卖场管理

1. 乙方提供的商品（促销品）在甲方专区内销售如有存在假冒伪劣、三无商品、冒用标志、侵犯他人知识产权商品等行为，如有发现，甲方有权立即终止合同，由此造成的损失和不良后果均由乙方负责承担。

2. 甲方对乙方上柜商品有质量监控权，对消费者反映、有质量疑问等商品或政府监督部门监督抽查，经检查不合格的，乙方除承担该条所规定之责任外，由此造成的损失和不良后果也均由乙方负责，承担。甲方除责令乙方停止销售、限期整改外（一年内二次送（抽）检商品不合格，将停止销售），并有权要求乙方承担叁仟元以上伍仟元以下的质量违约金。

3. 乙方应严格遵守国家法律法规和"三包"规定以及销售承诺，并落实维修单位。对因商品质量而使消费者权益受到损失的一切责任，均由乙方承担并负责处理。

4. 乙方销售的商品质量出现质量问题需要退货或更换等时，乙方应按国家和甲方规定办法处理。甲方根据法律法规对商

品质量向消费者"代为处理、先行赔偿",处理结果乙方应无条件执行,乙方应承担全部责任。有关费用和损失,甲方有权向乙方追偿,亦有权直接在乙方未结货款中作相应的扣除。

5. 为完整履行乙方承诺的质量责任,保证产品的售后服务,切实维护消费者的合法权益,乙方应从合同签订后的第一次货款结算中留置____元给甲方,作为保证金,用于商品售后服务。自本合同终止之日起满日或乙方已售商品"三包"期满后,乙方已售商品未发生质量问题的,该留存款项全额无息归还乙方。若上述期间已售商品发生质量问题的,留存款项用于商品售后服务的处理,待乙方商品"三包"期满后,甲方向乙方据实结算留取的本金,多还少补,不计息。

6. 销售商品的一切经营活动必须遵守甲方的经营管理制度,乙方派送人员须服从甲方的服务现场管理。

7. 乙方保证商品零售价、结算价不得高于省内同类商场或专卖店,如发生,则甲方有权自行调整,调价损失部分,由乙方负责补偿,甲方有权在下一次货款结算中直接扣收。

8. 商品价格必须给甲方审核并统一使用由_____市物价部门监制的标价签。如发生价格变动,乙方须提前七天将商品的价格和供货条件的变动以书面形式通知甲方,获得其认可后方可实行变更;同时乙方在经营过程中不得私自议价、打折等行为的发生。

9. 乙方应确保所提供商品价格的真实性。在甲方促销活动前及促销活动期间,乙方不得提价参加活动。一经甲方查处有虚报价格行为,甲方有权将全部违规所得作为甲方的经济补偿。

10. 乙方提供的商品必须符合《计量法》《价格法》《质量法》规定,属国家强制性质量认证的商品,必须认证合格后方销售,上柜销售前必须取得甲方的商品代码。

11. 销售货款一律由甲方收银台收取并开具销货凭证,乙方人员不得私自收款、截留货款或引导顾客与乙方或厂家或其他经营商私下成交等形式的场外交易,一经发现,乙方应向甲方承担壹仟元到壹万元违约金,乙方在收到甲方该通知和资料后应在三日内辞退相关营业员及相关人员并支付违约金。

七、促销活动管理

1. 甲方举行的各项促销活动乙方应全力配合，促销费用的分担，由双方在促销活动之前商定。乙方单独推出的各种促销活动，须事先书面征得甲方同意后方可举行。

2. 乙方如需作任何折扣促销或调整商品原售价格必须书面通知甲方并经甲方认可后实施。

3. 乙方在专柜内设置任何广告品时需甲方审定同意后进行，广告内容和形式须通过甲方管理部门审核，方可投入，如在任何媒体做广告时，涉及使用甲方名称，均须事先书面征得甲方的同意，否则以违约论。

4. 为了便于甲乙双方共同促进商品销售，规范市场，甲方有权要求乙方提供在其他商场及其专卖店的供货价、零售价、销售业绩及相关信息。

5. 若甲方提供促销场地，应有基础销售收入。

八、安全管理

1. 经营场所内乙方的所有商品、财物均由乙方及其派送人员自行负责保管。

2. 乙方陈列在甲方场地内商品由乙方派驻人员自行负责管理。为确保商品安全管理，如退货，应经甲方商场楼台面主管或柜组长的书面同意手续，并由商场营业员送出店外，违反的，每次乙方应承担3000元的违约金。

3. 未经甲方书面同意，乙方不得变动、撤换甲方场地的一切设施、设备及装饰，如需对柜台进行装潢及设施设备变动、维修或移动应事先书面通知甲方，经取得同意后方可施工，其费用概由乙方承担。乙方完工由甲方验收后方可营业，乙方柜台内的电器等设备如有故障或不良反应时应立即通知甲方处理，甲方酌情收取费用。

4. 乙方或乙方委托第三方进行装潢施工时，应依法安全施工，并全程遵守甲方《施工消防责任书》规定的内容。乙方或乙方委托的第三方在施工期间发生一切人身、财产损害的，由乙方承担一切法律责任。

5. 乙方不得在甲方的楼面、客货通道、楼梯间、防火通道及其他未经许可的地方安装设备或堆放货物、杂物。

6. 乙方送货车辆与人员，按规定路线进入，不得停放在甲方商场门口，送货人员不得使用客梯送货或在楼面拖拉商品等；

所送商品包装标准按原出厂标准或进口原包装，包装物不回收，违反本条款，每次乙方应承担2000元的违约金。

7. 餐饮垃圾严格按照甲方规定的时间、地点进行处理。

8. 乙方经营期间必须严格遵守国家法律法规及甲方规章制度中有关安全保卫及消防安全的规定。

九、合同解除条款

本合同有效期内乙方发生下列情形之一的，甲方有权提前解除合同。乙方应自收到甲方解除合同通知之日起____日内，撤退经营场地并办理一切清退手续。

1. 乙方连续三个月或半年内累计三个月销售或绩效考核排序最后三名或未完成目标销售指标的。

2. 乙方销售业绩未达到双方约定全年目标计划指标的80%（特卖活动的销售收入不计在内）。

3. 连续一个月没有新产品上柜或商品品种、规格不齐全，严重影响经营业绩或影响甲方经营的。

4. 未经甲方同意，超越本合同约定的经营范围的。

5. 未经甲方同意，使用甲方名义进行场外宣传、推广、促销活动的。

6. 在营业时间内无故空置经营场地无人经营的。

7. 未经甲方批准，擅自套用商品代码的。

8. 进行场外交易、私自进行议价、打折等行为的。

9. 未在甲方要求的期限内提供或补齐相关资证的，或存在虚假内容的（本合同第一条要求的必备文件）。

10. 发生违法或损害甲方信誉或损害消费者权益行为的。

11. 未做好商品售后服务影响消费者权益或损害甲方声誉的，或者不配合甲方做好售后服务的。

12. 不按时足额发放乙方派驻员工、借用甲方员工等场内销售人员工资、奖金、福利，不按要求交纳社会保险和不按规定安排休息的。

13. 不配合甲方做好促销活动的。

14. 发生违反本合同约定的人员管理、安全管理、商品质量管理、服务物价计量管理情形的。

十、经营文件条件

（一）乙方须提供的证明文件

乙方在签订合同时必须提供下列合法有效的文件：

1. 法定代表人证书、法定代表授权委托书、中国企业的有效营业执照、国外企业在国内开业登记证明、税务登记证明；

2. 商品品牌在国内或国外的注册证明或转让、授权使用证明；

3. 国内外代理商须具有有效的代理资格证明及授权代理或授权销售的协议或证明；

4. 产品生产许可证、销售许可证、卫生许可证、强制性产品认证、产品检验合格证、入网证等证明；

5. 进口商品除上述文件外，还须具有海关关税单、报关单、商检证等进口手续证明，国内加工的商品须具有生产厂家的有关资料。

6. 其他必要的资信证件，如外文表示的证件需翻译成中文。

7. 上述证件如复印件必须加盖乙方公章。存在疑问时，乙方应同时出示原件。

乙方保证上述文件以及文件所反映的内容是清晰的、真实的、完整的、有效的、不存在任何虚假内容。同时，甲方有权随时对乙方的经营资质情况进行实地考察。若实际情况与进场时所提供的经营资质情况不符，甲方有权立即终止合同，由此造成的一切损失，均由乙方承担。

（二）商场出示文件或证明

1. 企业营业执照

2. 该类商品销售的许可证

3. 本商场消防检查证明

十一、合同期限和续约

1. 本合同期限自 ＿＿＿＿ 年 ＿＿ 月 ＿＿ 日起到 ＿＿＿＿ 年 ＿＿ 月 ＿＿ 日止。

2. 合同期满，乙方如要续约，应于合同期满前一个月向甲方提出书面申请。经甲方同意后，双方另行续签合同。否则，本合同有效期届满，本合同即告终止。

十二、合同中止

1. 如遇不可抗力或市政动迁，政府征用等事项，则本合同自然终止。

2. 甲乙双方任何提前____天，向对方（甲、乙），提出中止合同，并经对方同意，则本合同可以中止。

十三、合同期满后的清退

1. 乙方应于合同合有效期届满前___日与甲方办理货款、费用核对及相关交接手续。

2. 乙方应于本合同有效期届满日前将乙方商品及货物全部撤退，并于届满日将清理完毕的经营场地归还甲方。乙方归还甲方的经营场地，应保持该经营场的原貌。如逾期不撤店时，甲方有权自行清理该店铺，在该店铺各种物品甲方作无主物品处理，乙方不得要求赔偿。

3. 乙方在撤离经营场地时，应安全撤退，不得毁损甲方安装的设施、设备及其他物资，不可拆除固定在建筑物的物品，不得影响周围其他经营场地的正常经营和人身财产安全。

十四、违约责任

1. 合同双方均应按约全面履行本合同项下义务，任何一方违反本合同约定的，另一方有权单方终止合约，并且违约方应赔偿对方一切经济损失。

2. 合同期满前乙方需提前撤店，应提前45天书面向甲方提出撤店申请，经甲方同意后，乙方方可撤店。乙方按照本条款提前撤店的，应赔偿甲方经济损失，赔偿金额＝目标销售额×销售提成（第四条约定）×合同未履行期限。

3. 乙方未经甲方同意擅自提前撤店的，应向甲方支付违约金___万元。

4. 乙方应对其商品自行购买相关保险，如发生水灾、火灾等自然灾害导致乙方损失时，赔付以保险额为准，不足部分由乙方自负，若未投保，发生一切意外事故所造成的损失均由乙方自负。

十五、争议解决方式

履行本合同过程中发生争议的，双方应友好协商解决；若协商不成时，双方同意按下列第____种方式解决：1.提交甲方所在地的仲裁委员会仲裁。2.提交甲方所在地人民法院受理。

十六、其他约定事项：_____

_____

_____

十七、合同生效

1. 本合同自签字盖章之日起生效，合同附件与本合同具有同等法律效力。

2. 本合同一式三份，甲方执贰份，乙方执壹份。

甲方：　　　　　　　　　　乙方：

委托代理人：　　　　　　　委托代理人：

开户银行：　　　　　　　　开户银行：

账号：　　　　　　　　　　账号：

纳税人登记号：　　　　　　纳税人登记号：

邮编：　　　　　　　　　　邮编：

订立地点：

签订日期：_____年____月____日

本合同附件：

1. 关于推广活动费用分摊的办法
2. 管理费取费办法
3. ××商业广场管理规范
4. 营业员守则及着装要求
5. 水、电费结算办法

2. 商业用房租赁合同

商业用房租赁合同

本合同双方当事人：_____

出租方（以下简称甲方）：_____

（本人）（授权代表）姓名：_____

国籍：_____

（身份证）（护照）（营业执照号码）：_____

地址：_____；邮政编码：_____

联系电话：_____；传真：_____；

E-mail：_____

承租方（以下简称乙方）：_____

（本人）（授权代表）姓名：_____

国籍：_____

（身份证）（护照）（营业执照号码）：_____

地址：_____；邮政编码：_____

联系电话：_____；传真：_____；

E-mail：_____

根据《中华人民共和国合同法》、《中华人民共和国城市房地产管理法》及其他有关法律、法规规定，在平等、自愿、协商一致的基础上，甲、乙双方就下列房屋的租赁达成如下协议：

第一条 房屋基本情况 甲方房屋（以下简称该房屋）坐落于_____；位于第_____层，共_____〔套〕〔间〕，房屋结构为_____，建筑面积_____平方米（其中实际建筑面积_____平方米，公共部位与公用房屋分摊建筑面积_____平方米）；该房屋的土地使用权以〔出让〕〔划拨〕方式取得；该房屋平面图见本合同附件一，该房屋附着设施见附件二；〔房屋所有权证号、土地使用权证号〕〔房地产权证号〕为：_____。

第二条 房屋用途 该房屋用途为_____。除双方另有约定外，乙方不得任改变房屋用途。

第三条 租赁期限 租赁期限自____年____月____日至____年____月____日止。

第四条 租金 该房屋租金为（币）____万____千____百____拾____元整。租赁期间，如遇到市场变化，双方可另行协商调整租金标准；除此之外，出租方不得以任何理由任意调整租金。

第五条 付款方式 乙方应于本合同生效之日向甲方支付定金（____币）____万____千____百____拾____元整。租金按〔月〕〔季〕〔年〕结算，由乙方于每〔月〕〔季〕〔年〕的第____个月的____日交付给甲方。

第六条 交付房屋期限 甲方于本合同生效之日起____日内，将该房屋交付给乙方。

第七条 甲方对产权的承诺 甲方保证在出租该房屋没有产权纠纷；除补充协议另有约定外，有关按揭、抵押债务、税项及租金等，甲方均在出租该房屋前办妥。出租后如有上述未清事项，由甲方承担全部责任，由此给乙方造成经济损失的，由甲方负责赔偿。

第八条 维修养护责任 租赁期间，甲方对房屋及其附着设施每隔

____［月］［年］检查、修缮一次，乙方应予积极协助，不得阻挠施工。正常的房屋大修理费用由甲方承担；日常的房屋维修由____方承担。因乙方管理使用不善造成房屋及其相连设备的损失和维修费用，由乙方承担责任并赔偿损失。租赁期间，防火安全、门前三包、综合治理及安全、保卫等工作，乙方应执行当地有关部门规定并承担全部责任和服从甲方监督检查。

第九条 关于装修和改变房屋结构的约定 乙方不得随意损坏房屋设施，如需改变房屋的内部结构和装修或设置对房屋结构影响的设备，需先征得甲方书面同意，投资由乙方自理。退租时，除另有约定外，甲方有权要求乙方按原状恢复或向甲方交纳恢复工程所需费用。

第十条 关于房屋租赁期间的有关费用 在房屋租赁期间，以下费用由乙方支付，并由乙方承担延期付款的违约责任：1. 水、电费；2. 煤气费；3. 电话费；4. 物业管理费；5. _____；6. _____。在租赁期，如果发生政府有关部门征收本合同未列出项目但与使用该房屋有关的费用，均由乙方支付。

第十一条 租赁期满 租赁期满后，本合同即终止，届时乙方须将房屋退还甲方。如乙方要求继续租赁，则须提前____个月书面向甲方提出，甲方在合同期满前____个月内向乙方正式书面答复，如同意继续租赁，则续签租赁合同。

第十二条 因乙方责任终止合同的约定 乙方有下列情形之一的，甲方可终止合同并收回房屋，造成甲方损失，由乙方负责赔偿：

1. 擅自将承租的房屋转租的；

2. 擅自将承租的房屋转让、转借他人或擅自调换使用的；

3. 擅自拆改承租房屋结构或改变承租房屋用途的；

4. 拖欠租金累计达____个月；

5. 利用承租房屋进行违法活动的；

6. 故意损坏承租房屋的；

7. _____。

第十三条 提前终止合同 租赁期间，任何一方提出终止合同，需提前____月书面通知对方，经双方协商后签订终止合同书，在终止合同书签订前，本合同仍有效。如因国家建设、不可抗力因素或出现本合同第十条规定的情形，甲方必须终止合同时，一般应提前____个月书面通知乙方。乙方的经济损失甲方不予补偿。

  第十四条 登记备案的约定 自本合同生效之日起＿＿日内，甲、乙双方持本合同及有关证明文件向＿＿＿申请登记备案。

  第十五条 违约责任 租赁期间双方必须信守合同，任何一方违反本合同的规定，按年度须向对方交纳年度租金的＿＿＿%作为违约金。乙方逾期未交付租金的，每逾期一日，甲方有权按月租金的＿＿＿%向乙方加收滞纳金。

  第十六条 不可抗力 因不可抗力原因导致该房屋毁损和造成损失的，双方互不承担责任。

  第十七条 其他 本合同未尽事宜，由甲、乙双方另行议定，并签订补充协议。补充协议与本合同不一致的，以补充协议为准。

  第十八条 合同效力 本合同之附件均为本合同不可分割之一部分。本合同及其附件内空格部分填写的文字与印刷文字具有同等效力。本合同及其附件和补充协议中未规定的事项，均遵照中华人民共和国有关法律、法规执行。

  第十九条 争议的解决 本合同在履行中发生争议，由甲、乙双方协商解决。协商不成时，甲、乙双方同意提交中国国际经济贸易仲裁委员会深圳分会仲裁，仲裁裁决是终局的，对双方均有约束力。

  第二十条 合同份数 本合同连同附件共＿＿页，一式＿＿份，甲、乙双方各执一份，均具有同等效力。

  甲方（签章）：＿＿＿＿＿＿＿ 乙方（签章）：＿＿＿＿＿＿＿＿
  授权代表（签字）：＿＿＿＿＿ 授权代表（签字）：＿＿＿＿＿＿

  ＿＿＿＿年＿＿月＿＿日   ＿＿＿＿年＿＿月＿＿日

3．意向书

意向书

  本意向书于＿＿＿年＿＿月＿＿日由下列双方签订：

  ＿＿＿＿＿＿公司，一家根据中华人民共和国（"中国"）法律正式成立并有效存续的有限责任公司，其法定地址在中国＿＿省＿＿市（"业主"）。

  ＿＿＿＿＿＿，一家依据中国法律正式成立并有效存续的有限责任公司，其法定地址在＿＿＿＿＿＿。

（业主与_____合称时为"双方"）

鉴于：

①_____欲承租业主位于中国_____的（"大厦"）_____部分面积的房屋（"房屋"）；

②业主亦欲将房屋出租给_____；

③_____和业主愿按照本意向书列明的条款和条件，寻求双方达成有关房屋的租赁协议的可能性。

现双方达成下列意向书条款和条件，并在此基础上就有关房屋租赁事宜作进一步协商和谈判以期达成正式的房屋租赁协议。

除本意向书另有约定外，本意向书仅列明双方对意向中的房屋租赁协议条款和条件的初步意见，并无法律约束力。本意向书和任何确定文件中叙述的条款和条件均须_____房产委员会审阅并得到其批准。

（1）双方欲在下列条款和条件的基础上，进行有关房屋租赁协议的谈判（"租赁协议"）。

①房屋内_____的租用面积约为_____平方米（____m²）（"租用面积_____"），其中，_____层的租用面积为_____平方米（_____m²）。房屋的租金应根据租用面积计算。租用面积平面图参见附件一房屋总平面图和各层平面图。

②业主同意，自进场日（如本意向书第（1）条⑤款所定义）起至房屋内_____开业之日的前一日止的期间，为业主授予商业企业的免租工期（"免租施工期"）_____天。免租施工期内，包括_____的子公司、供货商、工程总包和分包公司无须支付租金和/或任何管理费以及其他根据中国法律法规中所规定的业主作为租赁标的物所有人应承担的任何税费。

③初始租期为十五（15）年，自免租施工期届满后的次日开始计算_____，每次续约期的最长期限为五（5）年。

④房屋的租金已包括租金、管理费（备注:管理费为租用面积每月每平方米人民币____元_____［RMB_____月/m²］）、空调系统及其他设施使用费以及依照中国法律应由业主承担的房屋所

涉及的任何其他费用和支出。

＿＿＿＿＿租用面积内的水费（包括空调用水）、电费（包括空调用电）、燃气费、暖气费，按＿＿＿＿＿实际用量，单独计量，由＿＿＿＿＿自行向相关公用设施服务部门缴纳。

一个租约年系指连续十二（12）个月的租赁期间。免租施工期届满后的次日为第一（1）个租约年和租期的开始日。

初始租期内房屋的租金按如下标准计算：

第＿＿＿（＿＿＿）个租约年至第＿＿＿（＿＿＿）个租约年的租金为每月每平方米人民币＿＿＿＿＿（RMB＿＿＿/m²/month）。

自第＿＿＿个租约年起，初始租期内的租金在上一个租约年的基础上每＿＿＿年递增百分之。

初始租期届满后，若＿＿＿＿＿决定续约，则＿＿＿＿＿。

⑤在符合下列条件的前提下，＿＿＿＿＿可以进场施工的日期为"进场日"：（i）＿＿＿＿＿市城市商业规划已获得中国商务部的批准；（ii）＿＿＿＿＿在房屋内开设＿＿＿＿＿符合前述中国商务部批准的＿＿＿＿＿市城市商业规划；（iii）＿＿＿＿＿市商务主管部门举行的有关＿＿＿＿＿在房屋内开设＿＿＿＿＿的听证已经完成，且听证结果是同意＿＿＿＿＿在房屋内开设＿＿＿＿＿（若适用）；（iv）业主已完成租赁协议附件中所约定的＿＿＿＿＿进场施工条件；和，（v）＿＿＿＿＿根据租赁协议附件对＿＿＿＿＿进场施工条件验收合格。

⑥业主应在附件一所示位置向＿＿＿＿＿提供最少＿＿＿＿＿个免费汽车停车位，＿＿＿＿＿个免费摩托车停车位免费自行车停车位（以上合称"停车区"）。在租期内，业主不得就其提供的停车区向＿＿＿＿＿，＿＿＿＿＿员工及＿＿＿＿＿的供应商收取任何费用。业主不得就其提供的摩托车和自行车停车位向＿＿＿＿＿顾客收取任何费用；及＿＿＿＿＿顾客可以在＿＿＿＿＿的营业时间内免费汽车停车一百二十（120）分钟，若停车时间超过一百二十（120）分钟，或无有效小票停车，则业主有权按＿＿＿＿＿市物价部门核准的收费标准向＿＿＿＿＿顾客收取停车费用。

⑦业主同意，经书面通知业主，＿＿＿＿＿有权随时将部分＿＿＿＿＿房屋分租或转租给任何第三方。分租户或受转租人在遵守租赁协议约定的前提下

可将房屋用于合法的经营用途。

⑧_____无需向业主提供有关销售或其他方面的机密情报或有关资产方面的信息。

⑨自第_____个租约年起，_____有权以任何理由提前_____个月以书面形式通知业主终止租赁协议，_____无须为此承担任何责任。

如自租赁协议签订之日起十（10）个月内，若_____或其合资方无法从_____市工商执照，_____有权在书面通知业主后立即解除租赁协议而无须为此承担任何责任。

⑩双方同意，在本意向书第（1）条（C）款所述租期内，在_____根据与业主日后签订的房屋租赁协议的条件和条款履行其支付租金的义务的条件下，_____没有义务在房屋内持续不断地运营_____。

⑪_____的设计和建筑应遵循_____向业主提供的附件二中所定义的规格与要求，附件二规格与要求将明确规定双方在有关大厦建设工程中的职责。

⑫业主应在租赁协议规定的房屋进场日或之前完成附件三中所列的_____进场装修条件。

（2）本意向书第（1）条所定条款的完成必须具备以下的条件：（ⅰ）业主需在本意向书签署之日或之前提供业主为房屋所涉及用地的土地使用权人且房屋所涉及用地可作商业用途的国有土地使用证；（ⅱ）业主提供其有权出租房屋、大楼、用地及改进措施的证明；（ⅲ）双方已签署有效完成本交易的全部必要的文件；（ⅳ）_____公司房地产委员会已审核和批准本项交易；（ⅴ）其他行政规章规定的和政府的认可。

（3）本意向书中列明的仅是本项交易的主要条款和条件，但未尽全部租赁协议条款.租赁协议将会对条款和条件做更详细的规定，其余租赁协议的条款及条件将由双方经进一步协商决定。

（4）本意向书有效期间以及本意向书期满或终止后的五（5）年内，除非中国政府主管部门和/或有管辖权的法院要求，否则，_____和业主在任何情况下均不得未经对方事先书面同意而将与双方的本房屋租赁项目有关而直接或间接获得的对方的保密信息（定义如下）泄露或披露给任何第三方，亦不得未经对方事先书面同意而为本房屋租赁项目以外的目的使用该等保密信息，但双方均有权向其因工作职责需要而需知悉保密信息的雇员、高级职员、董事、代理和/或顾问披露保密信息；双方亦有权因与本意向书有关的司法程序或按法律顾问意见根据法律要求而披露相关保密信息；_____有权向其关联公司及其雇员、高级职员、董事、代理和/或顾问（不问其所在地）披露任何及全部保密信息。

"保密信息"系指披露方因与本房屋租赁项目相关而向另一方直接或间接披露的与披露方的业务、业务计划、业务战略、销售情况、营运情况、业务关系、财产、营运模式、现有产品或拟开发产品有关的信息，而不论此信息是否由披露方制作，但是，"保密信息"不包括：(ⅰ) 另一方在披露方向其披露时已经知晓的信息；(ⅱ) 在披露方向另一方披露时，已经为公众所知晓的信息；(ⅲ) 在披露方向另一方披露后，非因另一方的过失而为公众知晓的信息；(ⅳ) 另一方从其他第三方知晓的，且第三方无保密义务的信息。双方同意，与本房屋租赁项目相关的信息属于保密信息的范围。

（5）在任何情况下，非经_____每一次书面授权，业主不得使用_____或任何以及所有_____关联公司包括但不限于_____的商标、品牌名称、标志和设计。业主和_____双方同意在任何情况下_____授予业主使用_____商标、品牌名称、标志和设计的每一次书面授权，均不应视为授予业主独占的、可转让的再权限. 无论_____有多少次书面授权及授权内容如何，这些使用_____商标、品牌名称、标志和设计的书面授权均将随着本意向书的到期或终止而同时自动强行终止。

（6）本意向书的各方理解并同意，本意向书的内容仅为反映双方的初步意见，最终的协议将基于租赁协议的签订及上述列明之一切条件的实现。除本意向书项下第（4）、（5）、（7）及本条外，本意向书的内容无意对任何一方构成任何具法律约束力的义务。

（7）在本意向书有效期内，_____商讨、向其发出要约或与其签订任何与_____房屋有关的协议。

（8）本意向书自双方签署之日起生效，有效期至_____年____月____日。

双方的正式授权代表于_____年___月___日签订本意向书中文文本。

本意向书一式贰（2）份，业主和_____各执壹（1）份。

有限公司（公章）　　　　　　_____公司（公章）

授权代表：_____　　授权代表：_____

部分商业业态选址要求

部分商业业态选址要求

1. 便利店

商圈选择：选址范围大于连锁超市，如居住小区、便利型商业街市、社区型商业街市以及学校、车站、医院、夜总会、办公楼等附近，交通便利，有公交线路，商品房比例高的区域是便利店理想的选址区域。

立店障碍：避让连锁超市、其他便利店以及综合型大超市。忌选择有封闭式交通隔离栏、商铺面前有高于1.8m绿化遮挡、当门有电线立杆的商业建筑。部分城市对烟草许可证的网点密度有要求。

面积要求：$45\sim120m^2$。

建筑要求：框架结构或砖混结构无承重墙部分或框剪结构无剪力墙部分，位置：底层。形状：矩形，门面宽度不少于5m。

租金承受：要视城市等级而定，北京、上海、广州、深圳四城市的便利店租金均价在5元/（$m^2 \cdot$天）以上。

租期：不小于3~5年。

2. 药房

商圈选择：药房在各种类型的商业街市上均可设立，交通较为便利，不少于10000人的商圈可以立店，理想选址在医院附近。

立店障碍：选择500m半径的商圈内不可有药店。主要从业人员须有药剂师资格，并经药品管理部门批准方可立店。

建筑要求：框架结构、砖混结构、框剪结构合适位置均可。

面积要求：$50\sim100m^2$。

租金承受：视路段和药品经营品种而定，属于比较低的类型。

租期：一般不少于5年。

3. 餐厅

商圈选择：普通餐厅分为商务和大众餐厅两种类型。商务型餐厅以单位宴请为销售对象，一般选址在商务区域，或城市主要道路旁，并有充足的停车位；家常餐厅以家庭、个人消费为主，一般选址在社区型或便利型商业街市。

立店障碍：开设餐厅须消防、环保、食品卫生、治安等行政管理部门会审后，方可颁照，周邻异议而无法排除也能成为立店障碍，离开污染源10m以上。较大餐厅，消防部门会提出要求业主设置疏散通道。

商铺门前有封闭交通隔离栏，高于1.8m的绿化，以及直对大门的电线立杆均为选址所忌讳。

面积要求：家常餐厅80～200m²，商务型150～10000m²均可。

建筑要求：因家常餐厅为个性化装饰、布置、各种形式的建筑结构形式均适合开设餐厅，但剪力墙或承重墙档门、档窗除外。

餐厅门前须有相应的停车场，餐饮还应具备厨房污水排放的隔油池位置、油烟气排放的通道。

租金承受：一般视地段、商圈而确认租价。楼上餐厅租金略低。

租期：一般不少于3年。

4．连锁快餐店

连锁快餐业是一种工业化程度比较高的餐饮服务业态，设有中央厨房，其商品销售流程相比其他连锁商业有所不同，管理经营难度高于其他连锁业态和传统餐饮业，其与其他连锁业态、传统餐饮差异情况如下：

连锁快餐店：原料→加工→配送→成品→销售；

其他连锁业态：商品→配送→销售；

传统餐饮业：原料→加工→成品→销售。

商圈选择：客流繁忙之处，如繁华商业街市、车站、空港码头以及消费水平中等以上的区域型商业街市或特别繁华的社区型街市。

立店障碍：连锁快餐饮业也属餐饮业，需经消防、环保、食品、卫生、治安等行政管理部门会审，离污染源10m之内不得立店。相邻居民、企业或其他单位提出立店异议而无法排除，也会形成立店障碍。大部分城市2002年起实施的《中华人民共和国大气污染防治法》规定：禁止在居住区或居住建筑内开店。

建筑要求：框架结构，层高不低于3m，柱距不小于4.5m，配套设施：电力不少于每100m²/20kW，充足自来水供应，有油烟气排放通道，位置在地下室或1、2、3楼均可，尽量不选分布数个楼面的物业。

面积要求：200～500m²。

租金承受：大众化快餐店。2～4元/(m²·天)。

消费型快餐店：6～30元/(m²·天)。

租期：一般不少于5年。

5．西点、面包房

商圈选择：各类商圈、购物中心均可开设。品牌企业往往开设在繁华的区域型、社区型的商业街市上。

立店障碍：同种业态。立店须经食品卫生监督部门会审核准，方可经营。

面积：60～120m²。

建筑要求：框架式结构，层高不低于2.8m，门面宽度6m以上，橱窗开阔，离开污染源10m以上。

租金承受：中等以上。

6．面馆、小吃店

商圈选择：面馆是中式普通快餐的经营形态，原料加工半工厂化，制面、和面、切制等工序在工厂里加以完成，面馆以切面半成品加工成商品，大大缩短了生产时间，满足人们速食的要求。面馆选择交通支道、行人不少于1分钟/10人的区域。部分连锁经营面馆开设于购物中心。

立店障碍：与餐厅相同。

面积要求：30~200m^2。

建筑要求：同餐厅。

租金承受：较高

租期：2年以上。

7．火锅店

火锅店是在近10年里风靡全国的，其原因是交通便利，人口流动管理放宽，各地饮食文化相融，饮食习惯互相影响，向来不谙麻辣滋味的江南地方也开始不惧红锅辣汤，火锅店亦成了通行全国的风味特色餐店。

商圈选择：火锅店是以大众消费为主的餐饮业态形式，选址于人口不少于1万人的居住区域或社区型、区域型、都市型商圈。

立店障碍：与餐厅相同。

建筑要求：框架式建筑，厨房可小于餐厅营业面积的三分之一，其余同餐厅。楼上商铺亦可。

面积：120~500m^2。

租金承受：一般。

租期：2年以上。

8．茶坊、酒吧、咖啡馆

商圈选择：消费者进入茶坊、酒吧、咖啡馆的动机是休闲而非正式的轻松谈话，与进入其他餐饮商业的动机不同。该业态是以文化、情调氛围、服务特色，以及舒适和愉悦来吸引消费，其选址往往是高雅路段，具有清静、优雅的环境，消费对象具有一定消费能力和文化修养。

播放激烈的摇滚、迪斯科音乐，以外籍人士为消费对象的酒吧须独立设店，选择比较清静少人路段。

立店障碍：设茶坊、酒吧、咖啡馆须经消防、治安、食品卫生等行政管理部门会审同意方可颁照经营，在发生噪声扰民、邻里投诉时，环保部门亦会介入管理。酒吧又分"明吧"和"暗吧"。"明吧"对商铺的橱窗开阔程度有很高要求；所谓"暗吧"即是与外界隔离，自设光源调节气氛的酒吧，由于可视度低，政府管理部门，包括规划、治安、消防等加以严格审核。

建筑要求：因为茶坊、酒吧、咖啡馆的布置和装饰有个性化与艺术化要求，但对建筑结构形式无特殊要求，视投资者创意、设想而异。层高不低于2.80m，电力按100m²/10kW配置，有自来水供应，如与居民相邻，最好设置隔声层。

但是迪吧带有简单舞池的酒吧须少柱或无柱，层高不低于3.5m，最好是框架结构。

面积：50~400m²。

租金承受：差距较大，总体是一般水平。如果是设在购物中心或繁华的百货商场里的茶坊、咖啡馆则可以承受比较高的租金。

租期：2年以上。

9．银行营业部

选址：高尚社区、区域、都市型商业街市，重要的工业园区、商务区、机场、地铁等交通便利。

建筑要求：框架结构，框距大于5m，进深大于8m，层高大于3.2m，可安装技防装置。形状方正，忌选门前有全封闭交通隔离栏与高于1.2m的绿化遮挡橱窗的商铺。内部空间为全封闭型，除正面外，其他通道绝对不与居民和其他单位人流往来，以保证安全性。外墙可安装空调。

面积要求：150m²以上。

租金承受：比较高。

10．自动取款机（ATM）

选址：社区、区域型、都市型商业街市，或高级商务区域，以及地铁、机场、车站、大型商场、酒店宾馆人流量较大之处。

立店障碍：人迹罕至处，或门前有遮物，如绿化物、广告牌等。

建筑要求：所附着建筑物须牢固可靠，并有挡雨抗积水功能，配套设施为电力。

面积：20~40m²。

租金承受：高。

11．证券公司经营部

商圈选择：商圈半径为1000m，人口不少于3万人，交通便利，新建商品房比例高，中高档居住区更受欢迎。

立店障碍：忌讳与其他证券公司经营部为邻，立店时，由消防、治安、经保等行政管理部门会审，由国家证监会负责审批。

建筑要求：证券公司营业部功能设置为：营业厅。一般设在底层，层高不低于4.2m，以设置股票行情大型显示屏，可容纳200～500人。中户室8～10间，按办公室设计，每间6～10人。大户室2～4间，每间2～3人。

证券公司营业部要求门前开阔，外墙立面装潢考究或者可以改造。证券公司营业部周边还须具备停车场，其中不少于6个汽车车位，可以停放150辆自行车的面积，配套设施为电力每$100m^2/8kW$，及厕所粪便排放出路。

面积要求：底层、2楼为$500m^2$，3楼$200m^2$。

租金承受：租金水平一般

12．服饰、皮革、化妆品、鞋类专卖店

商圈选择：选址于社区型、区域型、都市型商圈之繁华商业街市、购物中心，忌讳没有独特风格。友邻选择为首饰、礼品店，同业态相邻也可以形成连店效应。商铺位置于公交、地铁车站附近更佳。

立店障碍：忌独店，门前有封闭型交通隔离栏及高于1.2m的绿化。

面积：30～$100m^2$。

建筑要求：门面开阔，即使单开间，门面宽度不可少于3.3m，层高不低于2.8m，配置普通水、电、电话。

租金承受：较高。

租期：1年以上。

13．金银饰品店

区域型、都市型、部分繁华的社区型商圈。在城郊型的商业中心、购物中心，人流量巨大的商铺均是合适商铺选址。目前该种业态已逐渐向市郊县城转移。

租金承受：中等以上（除郊县）。

其他条件：同银行营业部。

租期：不少于3年。

14．书店

商圈选择：区域型、都市型商圈。

立店障碍：经营书刊杂志须经过出版局批准。

面积要求：大型书店的商铺面积在$500m^2$以上，超大型的书城可达上万平方米。小型书店为50～$200m^2$。个体书店为15～$30m^2$。

建筑要求：书店实行开架售书，并有多业态融合开店要求。理想建筑结构为无柱或框架式结构，以扩大视野。配套设施为空调用电。

租金承受：个体或小型书店为2.5～4元/（m^2·天）。大型书店为1.5～3元/（m^2·天）。

租期：2年以上，大型书店5年以上。

15. 文化用品、礼品商店、创意小店

选址：社区型、区域型商圈内略为清静之处，或商务楼、学校区域、购物中心。

立店障碍：避让同类商店，创意小店可进入购物中心。

面积：30~80m^2。

建筑要求、租金承受力。

租期：1年以上

16. 眼镜店

近视眼是一种文明病，人类的文明文化程度越高，"眼镜族"越来越庞大，除非科技发展，人类能比较容易地矫正视力。以目前的教育要求和科技现状而言，目前该种业态是具有良好前景的。

商圈选择：知名企业选址于都市型、区域型，部分繁华的社区型商业街市、购物中心。一般商店选择社区型或租金较低的区域型商圈。

立店障碍：避让同类业态。从业者须有验光师资格。

面积：40~500m^2。

建筑要求：街面长，橱窗开阔，净高不得低于2.8m，剪力墙或承重墙不可挡住橱窗，配置一般水、电。

租金承受：知名企业可以承受10元/（m^2·天）以上租金，一般企业可以承受3~7元/（m^2·天）。

租期：3年以上

17. 大型家具、家居用品商场（装饰市场）

商铺选址：因家具、家居用品（装饰、布艺等）体积较大，占用商铺面积较大；且同行竞争致边际利润下降等原因，该业态无法占据社区型、区域型、都市型商圈上重要商业街市的商铺；上述两种业态选择交通主干道、新城区内的新开发的大型商场或旧工业物业，所临交通主干道可直达不少于数个10万人的居住区域。

立店障碍：封闭型交通隔离栏是主要立店障碍，商场附近20m不可有经常性明火作业。

面积：不少于5000m^2。

建筑要求：无柱拱顶、框架结构适合本业态。层高不低于3m，柱距不小于5m，场地干燥防潮，商场分布多个楼层须配备2t货梯，上水不小于6分管。

租金承受：0.8~1.5元/（m^2·天）。

租期：3年以上。

附录2

商店建筑设计规范

1 总则

1.0.1 为使商店建筑设计满足安全卫生、适用经济、节能环保等基本要求,制定本规范。

1.0.2 本规范适用于新建、扩建和改建的从事零售业的有店铺的商店建筑设计。不适用于建筑面积小于100m²的单建或附属商店(店铺)的建筑设计。

1.0.3 商店建筑设计应根据不同零售业态的需求,在商品展示的同时,为顾客提供安全和良好的购物环境,为销售人员提供高效便捷的工作条件。

1.0.4 商店建筑的规模应按单项建筑内的商店总建筑面积进行划分,并应符合表1.0.4的规定。

商店建筑的规模划分　　　　表 1.0.4

规模	小型	中型	大型
总建筑面积	<5000m²	5000m² ~ 20000m²	>20000m²

1.0.5 商店建筑设计除应符合本规范外,尚应符合国家现行有关标准的规定。

2 术语

2.0.1 商店建筑 the store building

为商品直接进行买卖和提供服务供给的公共建筑。

2.0.2 零售业 retail business

以向最终消费者提供所需商品和服务为主的行业。

2.0.3 零售业态 retail forms

零售企业为满足不同的消费需求进行相应的要素组合而形成的不同经营形态。

2.0.4 购物中心 shopping center, shopping mall

多种零售店铺、服务设施集中在一个建筑物内或一个区域内,向消费者提供综合性服务的商业集合体。

2.0.5 百货商场 department store

在一个建筑内经营若干大类商品,实行统一管理、分区销售,满足顾客对时尚商品多样化选择需求的零售商店。

2.0.6 超级市场 supermarket

采取自选销售方式，以销售食品和日常生活用品为主，向顾客提供日常生活必需品为主要目的零售商店。

2.0.7 菜市场 food market，vegetable market

销售蔬菜、肉类、禽蛋、水产和副食品的场所或建筑。

2.0.8 专业店 specialty store

以专门经营某一大类商品为主，并配备具有专业知识的销售人员和提供适当售后服务的零售商店。

2.0.9 步行商业街 commercial pedestrian street

供人们进行购物、饮食、娱乐、休闲等活动而设置的步行街道。

2.0.10 无性别公共卫生间 nonsexual public toilets

为解决特殊人员如厕不便而设置的公共卫生间。

3 基地和总平面

3.1 基地

3.1.1 商店建筑宜根据城市整体商业布局及不同零售业态选择基地位置，并应满足当地城市规划的要求。

3.1.2 大型和中型商店建筑基地宜选择在城市商业区或主要道路的适宜位置。

3.1.3 对于易产生污染的商店建筑，其基地选址应有利于污染的处理或排放。

3.1.4 经营易燃易爆及有毒性类商品的商店建筑不应位于人员密集场所附近，且安全距离应符合现行国家标准《建筑设计防火规范》GB 50016的有关规定。

3.1.5 商店建筑不宜布置在甲、乙类厂（库）房，甲、乙、丙类液体和可燃气体储罐以及可燃材料堆场附近，且安全距离应符合现行国家标准《建筑设计防火规范》GB 50016的有关规定。

3.1.6 大型商店建筑的基地沿城市道路的长度不宜小于基地周长的1/6，并宜有不少于两个方向的出入口与城市道路相连接。

3.1.7 大型和中型商店建筑基地内的雨水应有组织排放，且雨水排放不得对相邻地块的建筑及绿化产生影响。

3.2 建筑布局

3.2.1 大型和中型商店建筑的主要出入口前，应留有人员集散场地，且场地的面积和尺度应根据零售业态、人数及规划部门的要求确定。

3.2.2 大型和中型商店建筑的基地内应设置专用运输通道,且不应影响主要顾客人流,其宽度不应小于4m,宜为7m。运输通道设在地面时,可与消防车道结合设置。

3.2.3 大型和中型商店建筑的基地内应设置垃圾收集处、装卸载区和运输车辆临时停放处等服务性场地。当设在地面上时,其位置不应影响主要顾客人流和消防扑救,不应占用城市公共区域,并应采取适当的视线遮蔽措施。

3.2.4 商店建筑基地内应按现行国家标准《无障碍设计规范》GB 50763的规定设置无障碍设施,并应与城市道路无障碍设施相连接。

3.2.5 大型商店建筑应按当地城市规划要求设置停车位。在建筑物内设置停车库时,应同时设置地面临时停车位。

3.2.6 商店建筑基地内车辆出入口数量应根据停车位的数量确定,并应符合国家现行标准《汽车库建筑设计规范》JGJ 100和《汽车库、修车库、停车场设计防火规范》GB 50067的规定;当设置2个或2个以上车辆出入口时,车辆出入口不宜设在同一条城市道路上。

3.2.7 大型和中型商店建筑应进行基地内的环境景观设计及建筑夜景照明设计。

3.3 步行商业街

3.3.1 步行商业街内应设置限制车辆通行的措施,并应符合当地城市规划和消防、交通等部门的有关规定。

3.3.2 将现有城市道路改建为步行商业街时,应保证周边的城市道路交通畅通。

3.3.3 步行商业街除应符合现行国家标准《建筑设计防火规范》GB 50016的相关规定外,还应符合下列规定:

1 利用现有街道改造的步行商业街,其街道最窄处不宜小于6m;

2 新建步行商业街应留有宽度不小于4m的消防车通道;

3 车辆限行的步行商业街长度不宜大于500m;

4 当有顶溯的步行商业街上空设有悬挂物时,净高不应小于4.00m,顶棚和悬挂物的材料应符合现行国家标准《建筑设计防火规范》GB 50016的相关规定,且应采取确保安全的构造措施。

3.3.4 步行商业街的主要出入口附近应设置停车场(库),并应与城市公共交通有便捷的联系。

3.3.5 步行商业街应进行无障碍设计,并应符合现行国家标准《无障碍设计规范》GB 50763的规定。

3.3.6 步行商业街应进行后勤货运的流线设计，并不应与主要顾客人流混合或交叉。

3.3.7 步行商业街应配备公用配套设施，并应满足环保及景观要求。

4 建筑设计

4.1 一般规定

4.1.1 商店建筑可按使用功能分为营业区、仓储区和辅助区等三部分。商店建筑的内外均应做好交通组织设计，人流与货流不得交叉，并应按现行国家标准《建筑设计防火规范》GB 50016的规定进行防火和安全分区。

4.1.2 营业区、仓储区和辅助区等的建筑面积应根据零售业态、商品种类和销售形式等进行分配，并应能根据需要进行取舍或合并。

4.1.3 商店建筑外部的招牌、广告等附着物应与建筑物之间牢固结合，且凸出的招牌、广告等的底部至室外地面的垂直距离不应小于5m。招牌、广告的设置除应满足当地城市规划的要求外，还应与建筑外立面相协调，且不得妨碍建筑自身及相邻建筑的日照、采光、通风、环境卫生等。

4.1.4 商店建筑设置外向橱窗时应符合下列规定：

　　1 橱窗的平台高度宜至少比室内和室外地面高0.20m；

　　2 橱窗应满足防晒、防眩光、防盗等要求；

　　3 采暖地区的封闭橱窗可不采暖，其内壁应采取保温构造，外表面应采取防雾构造。

4.1.5 商店建筑的外门窗应符合下列规定：

　　1 有防盗要求的门窗应采取安全防范措施；

　　2 外门窗应根据需要，采取通风、防雨、遮阳、保温等措施；

　　3 严寒和寒冷地区的门应设门斗或采取其他防寒措施。

4.1.6 商店建筑的公用楼梯、台阶、坡道、栏杆应符合下列规定：

　　1 楼梯梯段最小净宽、踏步最小宽度和最大高度应符合表4.1.6的规定；

楼梯梯段最小净宽、踏步最小宽度和跟大高度　　表 4.1.6

楼梯类别	梯段最小净宽（m）	踏步最小宽度（m）	踏步最大高度（m）
营业区的公用楼梯	1.40	0.28	0.16
专用疏散楼梯	1.20	0.26	0.17
室外楼梯	1.40	0.30	0.15

　　2 室内外台阶的踏步高度不应大于0.15m且不宜小于0.10m，踏步宽

度不应小于0.30m；当高差不足两级踏步时，应按坡道设置，其坡度不应大于1∶12；

  3 楼梯、室内回廊、内天井等临空处的栏杆应采用防攀爬的构造，当采用垂直杆件做栏杆时，其杆件净距不应大于0.11m；栏杆的高度及承受水平荷载的能力应符合现行国家标准《民用建筑设计通则》GB 50352的规定；

  4 人员密集的大型商店建筑的中庭应提高栏杆的高度，当采用玻璃栏板时，应符合现行行业标准《建筑玻璃应用技术规程》JGJ 113的规定。

4.1.7 大型和中型商店的营业区宜设乘客电梯、自动扶梯、自动人行道；多层商店宜设置货梯或提升机。

4.1.8 商店建筑内设置的自动扶梯、自动人行道除应符合现行国家标准《民用建筑设计通则》GB 50352的有关规定外，还应符合下列规定：

  1 自动扶梯倾斜角度不应大于30°，自动人行道倾斜角度不应超过12°；

  2 自动扶梯、自动人行道上下两端水平距离3m范围内应保持畅通，不得兼作他用；

  3 扶手带中心线与平行墙面或楼板开口边缘间的距离、相邻设置的自动扶梯或自动人行道的两梯（道）之间扶手带中心线的水平距离应大于0.50m，否则应采取措施，以防对人员造成伤害。

4.1.9 商店建筑的无障碍设计应符合现行国家标准《无障碍设计规范》GB 50763的有关规定。

4.1.10 商店建筑宜利用天然采光和自然通风。

4.1.11 商店建筑采用自然通风时，其通风开口的有效面积不应小于该房间（楼）地板面积的1/20。

4.1.12 商店建筑应进行节能设计，并应符合现行国家标准《公共建筑节能设计标准》GB 50189的规定。

4.2 营业区

4.2.1 营业厅设计应符合下列规定：

  1 应按商品的种类、选择性和销售量进行分柜、分区或分层，且顾客密集的销售区应位于出入方便区域；

  2 营业厅内的柱网尺寸应根据商店规模大小、零售业态和建筑结构选型等进行确定，应便于商品展示和柜台、货架布置，并应具有灵活性。通道应便于顾客流动，并应设有均匀的出入口。

4.2.2 营业厅内通道的最小净宽度应符合表4.2.2的规定。

营业厅内通道的最小净宽度 表 4.2.2

通道位置		最小净宽度（m）
通道在柜台或货架与墙面或陈列窗之间		2.20
通道在两个平行柜台或货架之间	每个柜台或货架长度小于7.50m	2.20
	一个柜台或货架长度小于7.50m 另一个柜台或货架长度7.50m～15.00m	3.00
	每个柜台或货架长度为7.50m～15.00m	3.70
	每个柜台或货架长度大于15.00m	4.00
通道一端设有楼梯时		上下两个梯段宽度之和再加1.00m
柜台或货架边与开敞楼梯最近踏步间距离		4.00m，并不小于楼梯间净宽度

注：1 当通道内设有陈列物时，通道最小净宽度应增加该陈列物的宽度；
2 无柜台营业厅的通道最小净宽可根据实际情况，在本表的规定基础上酌减，减小量不应大于20%；
3 菜市场营业厅的通道最小净宽宜在本表的规定基础上再增加20%。

4.2.3 营业厅的净高应按其平面形状和通风方式确定，并应符合表4.2.3的规定。

营业厅的净高 表 4.2.3

通风方式	自然通风			机械排风和自然通风相结合	空气调节系统
	单面开窗	前面敞开	前后开窗		
最大进深与净高比	2：1	2.5：1	4：1	5：1	—
最小净高（m）	3.20	3.20	3.50	3.50	3.00

注：1 设有空调设施、新风量和过渡季节通风量不小于$20m^3/(h·人)$，并且有人工照明的面积不超过$50m^2$的房间或宽度不超过3m的局部空间的净高可酌减，但不应小于2.40m；
2 营业厅净高应按楼地面至吊顶或楼板底面障碍物之间的垂直高度计算。

4.2.4 营业厅内或近旁宜设置附加空间或场地，并应符合下列规定：

1 服装区宜设试衣间；

2 宜设检修钟表、电器、电子产品等的场地；

3 销售乐器和音响器材等的营业厅宜设试音室，且面积不应小于$2m^2$。

4.2.5 自选营业厅设计应符合下列规定：

1 营业厅内宜按商品的种类分开设置自选场地；

2 厅前应设置顾客物品寄存处、进厅闸位、供选购用的盛器堆放位及出厅收款位等，且面积之和不宜小于营业厅面积的8%；

3 应根据营业厅内可容纳顾客人数，在出厅处按每100人设收款台1个（含0.60m宽顾客通过口）；

4 面积超过$1000m^2$的营业厅宜设闭路电视监控装置。

4.2.6 自选营业厅的面积可按每位顾客$1.35m^2$计，当采用购物车时，应按$1.70m^2$/人计。

4.2.7 自选营业厅内通道最小净宽度应符合表4.2.7的规定，并应按自选营业厅的设计容纳人数对疏散用的通道宽度进行复核。兼作疏散的通道宜直通至出厅口或安全出口。

自选营业厅内通道最小净宽度　　　　表 4.2.7

通道位置		最小净宽度（m）	
		不采用购物车	采用购物车
通道在两个平行货架之间	靠墙货架长度不限，离墙货架长度小于15m	1.60	1.80
	每个货架长度小于15m	2.20	2.40
	每个货架长度为15m～24m	2.80	3.00
与各货架相垂直的通道	通道长度小于15m	2.40	3.00
	通道长度不小于15m	3.00	3.60
货架与出入闸位间的通道		3.80	4.20

注：当采用货台、货区时，其周围留出的通道宽度，可按商品的可选择性进行调整。

4.2.8 购物中心、百货商场等综合性建筑，除商店建筑部分应符合本规范规定外，饮食、文娱等部分的建筑设计应符合国家现行有关标准的规定。

4.2.9 大型和中型商店建筑内连续排列的商铺应符合下列规定：

   1 各商铺的作业运输通道宜另设；

   2 商铺内面向公共通道营业的柜台，其前沿应后退至距通道边线不小于0.50m的位置；

   3 公共通道的安全出口及其间距等应符合现行国家标准《建筑设计防火规范》GB 50016的规定。

4.2.10 大型和中型商店建筑内连续排列的商铺之间的公共通道最小净宽度应符合表4.2.10的规定。

连续排列的商铺之间的公共通道最小净宽度　　　　表 4.2.10

通道名称	最小净宽度（m）	
	通道两侧设置商铺	通道一侧设置商铺
主要通道	4.00，且不小于通道长度的1/10	3.00，且不小于通道长度的1/15
次要通道	3.00	2.00
内部作业通道	1.80	—

注：主要通道长度按其两端安全出口间距离计算。

4.2.11 大型和中型商场内连续排列的饮食店铺的灶台不应面向公共通道，并应设置机械排烟通风设施。

4.2.12 大型和中型商场内连续排列的商铺的隔墙、吊顶等装修材料和构造，不得降低建筑设计对建筑构件及配件的耐火极限要求，并不得随意增加荷载。

4.2.13 大型和中型商店应设置为顾客服务的设施，并应符合下列规定：

1 宜设置休息室或休息区，且面积宜按营业厅面积的1.00%～1.40%计；

2 应设置为顾客服务的卫生间，并宜设服务问讯台。

4.2.14 供顾客使用的卫生间设计应符合下列规定：

1 应设置前室，且厕所的门不宜直接开向营业厅、电梯厅、顾客休息室或休息区等主要公共空间；

2 宜有天然采光和自然通风，条件不允许时，应采取机械通风措施；

3 中型以上的商店建筑应设置无障碍专用厕所，小型商店建筑应设置无障碍厕位；

4 卫生设施的数量应符合现行行业标准《城市公共厕所设计标准》CJJ 14的规定，且卫生间内宜配置污水池；

5 当每个厕所大便器数量为3具及以上时，应至少设置1具坐式大便器；

6 大型商店宜独立设置无性别公共卫生间，并应符合现行国家标准《无障碍设计规范》GB 50763的规定；

7 宜设置独立的清洁间。

4.2.15 仓储式商店营业厅的室内净高应满足堆高机、叉车等机械设备的提升高度要求。货架的布置形式应满足堆高机、叉车等机械设备移动货物时对操作空间的要求。

4.2.16 菜市场设计应符合下列规定：

1 在菜市场内设置商品运输通道时，其宽度应包括顾客避让宽度；

2 商品装卸和堆放场地应与垃圾废弃物场地相隔离；

3 菜市场内净高应满足通风、排除异味的要求；其地面、货台和墙裙应采用易于冲洗的面层，并应有良好的排水设施；当采用明沟排水时，应加盖箅子，沟内阴角应做成弧形。

4.2.17 大型和中型书店设计应符合下列规定：

1 营业厅宜按书籍文种、科目等划分范围或层次，顾客较密集的售书区应位于出入方便区域；

2 营业厅可按经营需要设置书展区域；

3 设有较大的语音、声像售区时，宜提供试听设备或设试听、试看室；

4 当采用开架书廊营业方式时，可利用空间设置夹层，其净高不应小于2.10m；

5 开架书廊和书库储存面积指标，可按400册/m^2～500册/m^2计；书库底层入口宜设置汽车卸货平台。

4.2.18 中药店设计应符合下列规定：

1 营业部分附设门诊时，面积可按每一名医师10m²计（含顾客候诊面积），且单独诊室面积不宜小于12m²；

2 饮片、药膏、加工场和熬药间均应符合国家现行有关卫生和防火标准的规定。

4.2.19 西医药店营业厅设计应按药品性质与医疗器材种类进行分区、分柜设置。

4.2.20 家居建材商店应符合下列规定：

1 底层宜设置汽车卸货平台和货物堆场，并应设置停车位；

2 应根据所售商品的种类和商品展示的需要，进行平面分区；

3 楼梯宽度和货梯选型应便于大件商品搬运；

4 商品陈列和展示应符合国家现行有关卫生和防火标准的规定。

4.3 仓储区

4.3.1 商店建筑应根据规模、零售业态和需要等设置供商品短期周转的储存库房、卸货区、商品出入库及与销售有关的整理、加工和管理等用房。储存库房可分为总库房、分部库房、散仓。

4.3.2 储存库房设计应符合下列规定：

1 单建的储存库房或设在建筑内的储存库房应符合国家现行有关防火标准的规定，并应满足防盗、通风、防潮和防鼠等要求；

2 分部库房、散仓应靠近营业厅内的相关销售区，并宜设置货运电梯。

4.3.3 食品类商店仓储区应符合下列规定：

1 根据商品的不同保存条件，应分设库房或在库房内采取有效隔离措施；

2 各用房的地面、墙裙等均应为可冲洗的面层，并不得采用有毒和容易发生化学反应的涂料。

4.3.4 中药店的仓储区宜按各类药材、饮片及成药对温湿度和防霉变等的不同要求，分设库房。

4.3.5 西医药店的仓储区应设置与商店规模相适应的整理包装间、检验间及按药品性质、医疗器材种类分设的库房；对无特殊储存条件要求的药品库房，应保持通风良好、空气干燥、无阳光直射，且室温不应大于30℃。

4.3.6 储存库房内存放商品应紧凑、有规律，货架或堆垛间的通道净宽度应符合表4.3.6的规定。

货架或堆垛间的通道净宽度 表 4.3.6

通道位置	净宽度（m）
货架或堆垛与墙面间的通风通道	>0.30
平行的两组货架或堆垛间手携商品通道，按货架或堆垛宽度选择	0.70～1.25
与各货架或堆垛间通道相连的垂直通道，可以通行轻便手推车	1.50～1.80
电瓶车通道（单车道）	>2.50

注：1 单个货架宽度为 0.30m～0.90m，一般为两架并靠成组，堆垛宽度为 0.60m～1.80m。
    2 储存库房内电瓶车行速不应超过 75m/min，其通道宜取直，或设置不小于 6m×6m 的回车场地。

4.3.7 储存库房的净高应根据有效储存空间及减少至营业厅垂直运距等确定，应按楼地面至上部结构主梁或柜架下弦底面间的垂直高度计算，并应符合下列规定：

   1 设有货架的储存库房净高不应小于 2.10m；
   2 设有夹层的储存库房净高不应小于 4.60m；
   3 无固定堆放形式的储存库房净高不应小于 3.00m。

4.3.8 当商店建筑的地下室、半地下室用作商品临时储存、验收、整理和加工场地时，应采取防潮、通风措施。

4.4 辅助区

4.4.1 大型和中型商店辅助区包括外向橱窗、商品维修用房、办公业务用房，以及建筑设备用房和车库等，并应根据商店规模和经营需要进行设置。

4.4.2 大型和中型商店应设置职工更衣、工间休息及就餐等用房。

4.4.3 大型和中型商店应设置职工专用厕所，小型商店宜设置职工专用厕所，且卫生设施数量应符合现行行业标准《城市公共厕所设计标准》CJJ 14 的规定。

4.4.4 商店建筑内部应设置垃圾收集空间或设施。

5 防火与疏散

5.1 防火

5.1.1 商店建筑防火设计应符合现行国家标准《建筑设计防火规范》GB 50016 的规定。

5.1.2 商店的易燃、易爆商品储存库房宜独立设置；当存放少量易燃、易爆商品储存库房与其他储存库房合建时，应靠外墙布置，并应采用防火墙和耐火极限不低于 1.50h 的不燃烧体楼板隔开。

5.1.3 专业店内附设的作坊、工场应限为丁、戊类生产，其建筑物的耐火等级、层数和面积应符合现行国家标准《建筑设计防火规范》GB 50016 的规定。

5.1.4 除为综合建筑配套服务且建筑面积小于1000m²的商店外，综合性建筑的商店部分应采用耐火极限不低于2.00h的隔墙和耐火极限不低于1.50h的不燃烧体楼板与建筑的其他部分隔开；商店部分的安全出口必须与建筑其他部分隔开。

5.1.5 商店营业厅的吊顶和所有装修饰面，应采用不燃材料或难燃材料，并应符合建筑物耐火等级要求和现行国家标准《建筑内部装修设计防火规范》GB 50222的规定。

5.2 疏散

5.2.1 商店营业厅疏散距离的规定和疏散人数的计算应符合现行国家标准《建筑设计防火规范》GB 50016的规定。

5.2.2 商店营业区的底层外门、疏散楼梯、疏散走道等的宽度应符合现行国家标准《建筑设计防火规范》GB 50016的规定。

5.2.3 商店营业厅的疏散门应为平开门，且应向疏散方向开启，其净宽不应小于1.40m，并不宜设置门槛。

5.2.4 商店营业区的疏散通道和楼梯间内的装修、橱窗和广告牌等均不得影响疏散宽度。

5.2.5 大型商店的营业厅设置在五层及以上时，应设置不少于2个直通屋顶平台的疏散楼梯间。屋顶平台上无障碍物的避难面积不宜小于最大营业层建筑面积的50%。

6 室内环境

6.1 一般规定

6.1.1 商店建筑应利用自然通风和天然采光。采用自然通风时，其通风开口有效面积应符合本规范第4.1.11条的规定。当自然通风开口有效面积不满足自然通风的要求时，应设置机械通风系统。

6.1.2 商店建筑室内空气质量应符合现行国家标准《室内空气质量标准》GB/T 18883的规定。

6.2 室内材料

6.2.1 商店建筑室内建筑材料和装修材料所产生的室内环境污染物浓度限量应符合现行国家标准《民用建筑工程室内环境污染控制规范》GB 50325的规定。

6.2.2 商店建筑的营业厅和人员通行区域的地面、楼面面层材料应耐磨、防滑。

6.3 保温隔热

6.3.1 商店建筑围护结构应进行热工设计，并应符合现行国家标准《公共建筑节能设计标准》GB50189的规定，围护结构应通过结露验算。

6.3.2 商店建筑营业厅的东、西朝向采用大面积外窗、透明幕墙以及屋顶采用大面积采光顶时，宜设置外部遮阳设施。

6.4 室内声环境

6.4.1 商店建筑室内声环境设计应符合现行国家标准《民用建筑隔声设计规范》GB 50118的规定。

7 建筑设备

7.1 给水排水

7.1.1 商店建筑应设置给水排水系统，且用水定额及给水排水系统的设计应符合现行国家标准《建筑给水排水设计规范》GB 50015的规定。

7.1.2 生活给水系统宜利用城镇给水管网的水压直接供水。

7.1.3 空调冷却用水应采用循环冷却水系统。

7.1.4 卫生器具和配件应采用节水型产品，公共卫生间宜采用延时自闭式或感应式水嘴或冲洗阀。

7.1.5 给水排水管道不宜穿过橱窗、壁柜等设施；营业厅内的给水、排水管道宜隐蔽敷设。

7.1.6 超级市场生鲜食品区、菜市场应设给水和排水设施，并应符合下列规定：

   1 给水管道的出口不得被任何液体或杂质所淹没；

   2 鲜活水产品区给水宜设置计量设旅；

   3 采用明沟排水时，排水沟与排水管道连接处应设置格栅或带网框地漏，并应设水封装置。

7.1.7 对于可能结露的给水排水管道，应采取防结露措施。

7.2 供暖通风和空气调节

7.2.1 商店建筑应根据规模、使用要求及所在气候区，设置供暖、通风及空气调节系统，并应根据当地的气象、水文、地质条件及能源情况，选择经济合理的系统形式及冷、热源方式。

7.2.2 当设置供暖、通风及空气调节时，室内空气计算参数应符合下列规定：

1 当采用室外自然空气冷却时，营业厅的温度不应高于32℃；

2 当设置供暖设施时，供暖房间室内设计温度应符合表7.2.2-1的规定；

供暖房间室内设计温度　　　　表7.2.2-1

房间名称	室内设计温度（℃）
营业厅	16~18
厨房和饮食制作间	10~16
干菜、饮料、药品库	8~10
蔬菜库	5
洗涤间	16~18

3 当设置空气调节时，空调房间室内设计计算参数应符合表7.2.2-2的规定；

空调房间室内设计计算参数　　　　表7.2.2-2

房间名称	室内温度（℃）		室内湿度（%）		室内风速（m/s）	
	夏季	冬季	夏季	冬季	夏季	冬季
营业厅	25~28	18~24	≤65	≥30	≤0.3	≤0.2
食品、药品库	≤32	≥5	—	—	—	—

注：空气调节系统冬季供热时，室内温度18℃~20℃；空气调节系统冬季供冷时，室内温度20℃~24℃。

4 营业厅、室的新风量不应小于15m^3/（h·人），且应保证稀释室内污染物所需新风量。

7.2.3 供暖通风及空气调节系统的设置应符合下列规定：

1 当设供暖设施时，不得采用有火灾隐患的采暖装置；

2 对于设有供暖的营业厅，当销售商品对防静电有要求时，宜设局部加湿装置；

3 通风道、通风口应设消声、防火装置；

4 营业厅与空气处理室之间的隔墙应为防火兼隔声构造，并不宜直接开门相通；

5 平面面积较大、内外分区特征明显的商店建筑，宜按内外区分别设置空调风系统；

6 大型商店建筑内区全年有供冷要求时，过渡季节宜采用室外自然空气冷却，供暖季节宜采用室外自然空气冷却或天然冷源供冷；

7 对于设有空调系统的营业厅，当过渡季节自然通风不能满足室内温度及卫生要求时，应采用机械通风，并应满足室内风量平衡；

8 空调及通风系统应设空气过滤装置，且初级过滤器对大于或等于5μm的大气尘计数效率不应低于60%，终极过滤器对大于或等于1μm的大气尘计数效率不应低于50%；

9 当设有空调系统时，应按现行国家标准《公共建筑节能设计标准》GB50189的规定设置排风热回收装置，并应采取非使用期旁通措施；

10 人员密集场所的空气调节系统宜采取基于CO_2浓度控制的新风调节措施；

11 严寒和寒冷地区带中庭的大型商店建筑的门斗应设供暖设施，首层宜加设地面辐射供暖系统。

7.3 电气

7.3.1 商店建筑的用电负荷应根据建筑规模、使用性质和中断供电所造成的影响和损失程度等进行分级，并应符合下列规定：

1 大型商店建筑的经营管理用计算机系统用电应为一级负荷中的特别重要负荷，营业厅的备用照明用电应为一级负荷，营业厅的照明、自动扶梯、空调用电应为二级负荷；

2 中型商店建筑营业厅的照明用电应为二级负荷；

3 小型商店建筑的用电应为三级负荷；

4 电子信息系统机房的用电负荷等级应与建筑物最高用电负荷等级相同，并应设置不间断供电电源；

5 消防用电设备的负荷分级应符合现行国家标准《建筑设计防火规范》GB 50016的规定。

7.3.2 商店建筑的照明设计应符合下列规定：

1 照明设计应与室内设计和商店工艺设计同步进行；

2 平面和空间的照度、亮度宜配制恰当，一般照明、局部重点照明和装饰艺术照明应有机组合；

3 营业厅应合理选择光色比例、色温和照度。

7.3.3 商店建筑的一般照明应符合现行国家标准《建筑照明设计标准》GB 50034的规定。当商店营业厅无天然采光或天然光不足时，宜将设计照度提高一级。

7.3.4 大型和中型百货商场宜设重点照明，收款台、修理台、货架柜等宜设局部照明，橱窗照明的照度宜为营业厅照度2倍～4倍，商品展示区域的一般垂直照度不宜低于150lx。

7.3.5 营业厅照明应满足垂直照度的要求，且一般区域的垂直照度不宜低于50lx，柜台区的垂直照度宜为100lx～150lx。

7.3.6 营业厅的照度和亮度分布应符合下列规定：

1 一般照明的均匀度（工作面上最低照度与平均照度之比）不应低于0.6；

2 顶棚的照度应为水平照度的0.3倍～0.9倍；

3 墙面的亮度不应大于工作区的亮度；

4 视觉作业亮度与其相邻环境的亮度之比宜为3∶1；

5 需要提高亮度对比或增加阴影的部位可装设局部定向照明。

7.3.7 商店建筑的照明应按商品类别选择光源的色温和显色指数（R_a），并应符合下列规定：

1 对于主要光源，在高照度处宜采用高色温光源，在低照度处宜采用低色温光源；

2 主要光源的显色指数应满足反映商品颜色真实性的要求，一般区域，R_a可取80，需反映商品本色的区域，R_a宜大于85；

3 当一种光源不能满足光色要求时，可采用两种及两种以上光源的混光复合色。

7.3.8 对变、褪色控制要求较高的商品，应采用截阻红外线和紫外线的光源。

7.3.9 对于无具体工艺设计且有使用灵活性要求的营业厅，除一般照明可作均匀布置外，其余照明宜预留插座，且每组插座容量可按货柜、货架为200W/m～300W/m及橱窗为300W/m～500W/m计算。

7.3.10 大型商店建筑的疏散通道、安全出口和营业厅应设置智能疏散照明系统；中型商店的疏散通道和安全出口应设置智能疏散照明系统。

7.3.11 大型和中型商店建筑的营业厅疏散通道的地面应设置保持视觉连续的灯光或蓄光疏散指示标志。

7.3.12 商店建筑应急照明的设置应按现行国家标准《建筑设计防火规范》GB50016执行，并应符合下列规定：

1 大型和中型商店建筑的营业厅应设置备用照明，且照度不应低于正常照明的1/10；

2 小型商店建筑的营业厅宜设置备用照明，且照度不应低于30lx；

3 一般场所的备用照明的启动时间不应大于5.0s；贵重物品区域及柜台、收银台的备用照明应单独设置，且启动时间不应大于1.5s；

4 大型和中型商店建筑应设置值班照明，且大型商店建筑的值班照明照度不应低于20lx，中型商店建筑的值班照明照度不应低于10lx；小型商店建筑宜设置值班照明，且照度不应低于5lx；值班照明可利用正常照明中能单独控制的一部分，或备用照明的一部分或全部；

5 当商店一般照明采用双电源（回路）交叉供电时，一般照明可兼作备用照明。

7.3.13 商店建筑除消防负荷外的配电干线，可采用铜芯或电工级铝合金电缆和母线槽，营业区配电分支线路应采用铜芯导线。

7.3.14 对于大型和中型商店建筑的营业厅，线缆的绝缘和护套应采用低烟低毒阻燃型。

7.3.15 大中型商店建筑的营业场所内导线明敷设时，应穿金属管、可绕金属电线导管或金属线槽敷设。

7.3.16 对于大型和中型商店建筑的营业厅，除消防设备及应急照明外，配电干线回路应设置防火剩余电流动作报警系统。

7.3.17 小型商店建筑的营业厅照明宜设置防火剩余电流动作报警装置。

7.3.18 商店建筑的电子信息系统应根据其经营性质、规模、管理方式及服务对象的需求进行设置，并应符合下列规定：

   1 大型和中型商店建筑的大厅、休息厅、总服务台等公共部位，应设置公用直线电话和内线电话，并应设置无障碍公用电话；小型商店建筑的服务台宜设置公用直线电话；

   2 大型和中型商店建筑的商业区、仓储区、办公业务用房等处，宜设置商业管理或电信业务运营商宽带无线接入网；

   3 商店建筑综合布线系统的配线器件与缆线，应满足千兆及以上以太网信息传输的要求，并应预留信息端口数量和传输带宽的裕量；每个工作区应根据业务需要设置相应的信息端口；

   4 大型和中型商店建筑应设置电信业务运营商移动通信覆盖系统，以及商业管理无线对讲通信覆盖系统；

   5 大型和中型商店建筑应在建筑物室外和室内的公共场所设置信息发布系统；

   6 销售电视机的营业厅宜设置有线电视信号接口；

   7 大型和中型商店建筑的营业区应设置背景音乐广播系统，并应受火灾自动报警系统的联动控制；

   8 大型和中型商店建筑应按区域和业态设置建筑能耗监测管理系统；

   9 大型和中型商店建筑宜设置智能卡应用系统，并宜与商店信息管理系统联网；

   10 商店建筑的安全技术防范系统应符合现行国家标准《安全防范工程技术规范》GB 50348的有关规定；

   11 大型和中型商店建筑宜设置顾客人数统计系统，并宜与商场信息管理系统联网；

   12 大型和中型商店建筑宜设置商业信息管理系统，并应根据商店规模和管理模式设置前台、后台系统管理软件。

7.3.19 商店建筑电气节能设计应符合现行国家标准《公共建筑节能设计标准》GB 50189、《建筑照明设计标准》GB 50034等的规定。

本规范用词说明

1 为便于在执行本规范条文时区别对待,对要求严格程度不同的用词说明如下:
　　1)表示很严格,非这样做不可的:
　　　　正面词采用"必须",反面词采用"严禁";
　　2)表示严格,在正常情况下均应这样做的:
　　　　正面词采用"应",反面词采用"不应"或"不得";
　　3)表示允许稍有选择,在条件许可时首先应这样做的:正面词采用"宜",反面词采用"不宜";
　　4)表示有选择,在一定条件下可以这样做的,采用"可"。
2 条文中指明应按其他有关标准执行的写法为:"应符合……的规定"或"应按……执行"。

引用标准名录

1 《建筑给水排水设计规范》GB 50015
2 《建筑设计防火规范》GB 50016
3 《建筑照明设计标准》GB 50034
4 《汽车库、修车库、停车场设计防火规范》GB 50067
5 《民用建筑隔声设计规范》GB 50118
6 《公共建筑节能设计标准》GB 50189
7 《建筑内部装修设计防火规范》GB 50222
8 《民用建筑工程室内环境污染控制规范》GB 50325
9 《安全防范工程技术规范》GB 50348
10 《民用建筑设计通则》GB 50352
11 《无障碍设计规范》GB 50763

12 《室内空气质量标准》GB/T 18883

13 《汽车库建筑设计规范》JGJ 100

14 《建筑玻璃应用技术规程》JGJ 113

15 《城市公共厕所设计标准》CJJ 14

附录3

部分重要商业企业名录

购物中心、百货　　　　　　　　　　　　　表1

所属品类	品牌名称	面积（m²）	企业名称	代表项目	官网
购物中心	万象城	188000～350000	华润集团	深圳万象城购物中心	http://www.hzmixc.com/
	大悦城	68000～340000	中粮集团有限公司	北京西单大悦城购物中心	http://www.xdjoycity.com/
	来福士广场	40000～80000	凯德商用	上海来福士广场	http://www.rafflescity.com.cn/
	万达广场	50000～280000	万达集团	武汉汉街万达广场	http://www.chinawanda.com/
	爱琴海购物公园	100000～266000	红星商业	天津爱琴海公园	http://www.bjaegean.com/
另类购物中心	砂之船	40000～150000	重庆砂之船实业（集团）有限公司	重庆砂之船艺术商业广场	http://www.sasseur-xian.com/
	百联奥特莱斯	110000	百联股份	上海百联青浦奥特莱斯广场	http://www.bloqp.com/
百货	百盛百货	20000～50000	金狮集团	昆明百盛百货	http://www.parksongroup.com.cn/
	新世界百货	20000～60000	新世界发展有限公司	南京新世界百货	http://www.nwds.com.hk/
	久光百货	35000～176000	利福国际集团	上海久光百货	http://www.jiu-guang.com/
	巴黎春天百货	25000～40000	巴黎春天百货有限公司	厦门巴黎春天百货	—
	银泰百货	20000～83600	银泰集团	杭州银泰百货	http://www.yintai.com/

专业市场、卖场　　　　　　　　　　　　　表2

所属品类	品牌名称	面积（m²）	企业名称	代表项目	官网
家居卖场	红星美凯龙	10000～100000	红星美凯龙家居集团股份有限公司	上海红星美凯龙旗舰店	http://www.chinaredstar.com/
	香江家居	50000～200000	广州市香江家居有限公司	广州香江家居（广州大道店）	http://www.heungkong.com/
	居然之家	40000～100000	北京居然之家投资控股集团有限公司	北京居然之家（金源店）	http://entry.shejijia.com/index.html
	宜家家居	30000～40000	上海宜家集团有限公司	上海宜家家居（徐汇店）	http://www.ikea.com/cn/zh/
	美克美家	500～5000	美克美家家具连锁有限公司	北京美克美家（亚运村店）	http://www.markorhome.com/
家电数码卖场	国美电器	2000～8000	上海国美电器有限公司	上海国美电器旗舰店（西门）	http://www.gome.com.cn/
	苏宁电器	2000～20000	苏宁云商集团股份有限公司	上海苏宁电器旗舰店（五角场）	http://www.suning.cn/
	顺电	2000～20000	深圳市顺电股份连锁有限公司	深圳顺电（海岸城店）	http://www.sundan.com/
	赛博数码广场	1500～30000	上海赛博数码百货有限公司	济南赛博数码广场	—
	百脑汇	25000～30000	百脑汇电子信息有限公司	上海市浦东新区张杨路588号	http://changzhou.buynow.cn/
五金建材市场	五洲国际建材市场	50000～100000	珩生集团	武汉市汉口北专业市场集群区（武汉项目）	http://www.hkwzig.com/
	亿丰家居建材城	20000～100000	上海亿丰集团	杭州市新104国道与莫干山路交接处（杭州项目）	http://www.mmyifeng.com/
汽配城	上海市东方汽配城	100000	上海东方汽配城有限公司	上海曹安路1926号	https://shdfqpc.cn.china.cn/
	上海市吴中汽配城	50000	上海燎申投资管理有限公司	上海吴中路——航中路8818号	—
	北京草桥汇丰汽配城	56000	草桥汇丰汽车配件市场有限公司	北京市丰台区草桥东路27号	—

续表

所属品类	品牌名称	面积（m²）	企业名称	代表项目	官网
商贸批发	高桥大市场	1800000	湖南高桥大市场发展有限公司	长沙市雨花区环城东路	http://www.gqdsc.cn/
	五爱市场	1200000	沈阳五爱集团	沈阳市沈河区热闹路	http://www.gowuai.com/
	义乌中国小商品城	4700000	浙江省义乌小商品城集团	义乌市宾王路、稠州北路、江滨北路片区	http://sc.cccgroup.com.cn/
	海宁中国皮革城	1300000	海宁中国皮革城股份有限公司	浙江省海宁市海州西路	http://www.chinaleather.com/
农贸市场	上海浦南农副产品批发市场	1200000	上海松江农贸市场	海市松江区叶榭镇大叶公路与车亭公路交会处	—
	上引水产	20000	三井餐饮集团	台北市民族东路410巷2弄18号	—
其他专业市场	广州南方茶叶市场	100000	广州市芳村南方茶叶市场有限公司	广东芳村大道中洞企石路	—
	昆明斗南花卉市场	50000	昆明斗南花卉有限公司	昆明市呈贡县的斗南村	http://www.dounanflowers.com/

生活大卖场、超市　　　　表3

所属品类	品牌名称	面积（m²）	企业名称	合作项目	官网	联系方式
大卖场	大润发	20000~30000	上海大润发有限公司 康成投资（中国）有限公司	福州金山店	http://www.rt~mart.com.cn/	021-56657857
	沃尔玛	8000~10000	沃尔玛（中国）投资有限公司	深圳湖景店	http://www.wal~martchina.com/	0755-21512288
	家乐福	8000~20000	家乐福集团有限公司	北京国展店	http://www.carrefour.com.cn/	021-38784500
	华润万家	8000~15000	华润万家有限公司	杭州龙湖天街旗舰店	http://www.crv.com.cn/	0755-25614744
	永辉超市	5000~30000	永辉超市股份有限公司	北京爱琴海太阳宫店	http://www.yonghui.com.cn/	0591-83758880
精品超市	Ole	2000~5000	华润万家有限公司	深圳万象城店	http://www.themixc.com/	0755-25683175
	BHG Market Place	1000~3000	北京华联集团投资控股有限公司	北京新光天地店	http://www.beijing~hualian.com/	010-68341188
	G~super	2000~4000	上海绿地优鲜超市有限公司	成都来福士店	—	021-33386200
	西选	1000~3000	银泰商业集团有限公司	上海西康189购物中心店	—	010-85405788
电商体验店	盒马鲜生	4500~6000	上海盒马网络科技有限公司	上海金桥国际广场店	—	0571-81135750
	超级物种	600~1000	永辉有限公司	福州鼓楼温泉店	http://www.yonghui.cn/	021-31018860
跨境商品体验店	自由自在进口食品专营店	50~300	广州自由自在品牌管理有限公司	广州时尚天河店	—	020-86243488
	U海淘全球购	50~2000	深圳前海优海淘跨境电子商务有限公司	荆州市荆州中路店	www.51uht.com.cn	4000-998-388
	KK馆	50~3000	广东快客电子商务有限公司	KK馆东莞·保税体验店	http://www.kkguan.com/	0769-33622520
生鲜水果连锁	鲜丰水果	50~200	杭州群丰果品连锁有限公司	杭州市清泰街店	http://www.xianfengsg.com/	0571-88023000
	百果园	50~300	深圳百果园实业发展有限公司	深圳市盐田区海山路49号	http://www.pagoda.com.cn/	400-181-1212
	印双杰生鲜超市	500~2000	沈阳印双杰蔬菜果品有限公司	沈阳万科明天广场店	http://ysjsxcs.com/	18624058401
便利店	7-ELEVEN	80~150	统一超商（上海）便利有限公司	上海人民广场地铁店	http://www.7-11.com.tw/	021-22271188
	全家	50~100	上海福满家便利有限公司	上海淮海中路上方花园店	http://www.familymart.com.cn/	021-31763600
	永辉生活	80~200	永辉云创科技有限公司	上海龙漕路店	http://www.yonghui.com.cn/	021-60793659
	快客	50~300	北京联华快客便利超市有限公司	上海大林店	—	010-67358077
	好德	50~300	上海好德便利有限公司	上海田林店	—	021-57609618

集合店 表4

所属品类	品牌名称	面积（m²）	企业名称	合作项目	官网	联系方式
生活方式集合店	MUJI 无印良品	200～5000	无印良品（上海）商业有限公司	上海市淮海中路755商厦1～4层	http://www.muji.com.cn/	021-63756677
	迪卡侬	1500～6000	迪卡侬（上海）体育用品有限公司	上海市正大乐城一楼	https://www.decathlon.com.cn/zh/111	021-66598553
	赛标超级体育世家	100～500	赛标（中国）体育用品有限公司	上海市环球港购物中心负一楼	http://www.xebio.cn/	021-5047199
	唤觉有机生活馆	250～300	深圳市唤觉服饰有限公司	上海市静安区大沽路432号	—	0755-82437535
	MR.COMPANY 先生公司	100～150	先生公司	上海市新天地湖滨道购物中心一楼	—	021-63335759
跨界复合店	言几又·见	800～2000	四川今日阅读文化传播有限公司	成都市 IFS 二楼	http://www.yanjiyou.com	028-85350994
	Line Friends cafe & store	400～800	上海连世数字技术有限公司	上海市 SOHO 复兴广场一楼	—	021-53868885
	共禾京品	300～1000	上海铮峰实业有限公司	上海市徐汇区汾阳路3号2号楼一楼	http://www.jingrepublic.com/	021-62165785
	诚品书店	5000～20000	诚品股份有限公司	苏州市圆融时代广场	—	13851089996
	方所书店	2000～4000	广州方所文化发展有限公司	广州市太古汇广场负一楼	https://site.douban.com/122554/	020-84156856
家居用品集合店	特力和乐（HOLA）	2000～2500	特力屋（上海）商贸有限公司	上海正大广场	http://www.hola.com.cn/	021-24082800-7619
	大创生活馆	1000～1200	四洲集团	上海市金虹桥国际中心LG1	http://www.daisoshanghai.com.cn/	020-83551660-8043
	自然醒	150～500	深圳市自然醒商业连锁有限公司	广州市时尚天河店	www.zing～home.com	0755-36983587
	ABS	150～300	爱彼此电子商务（上海）有限公司	上海市美罗城四楼	https://www.abs.cn/	021-80210188
	全棉时代	600～800	深圳全棉时代科技有限公司	上海西康189三楼	http://www.purcotton.com/	400-608-1000
创意主题街区	常州黑桃皇后街	3000～8000	劲宸商投集团有限公司	常州市路劲又一城	—	0519-83388501
	新界8拾8	1500～3000	新世界	南京市新世界	—	—
	超级工场	1500～2000	大悦城地产有限公司	天津市大悦城、天津市和平大悦城	—	—

服饰精品 表5

所属品类	品牌名称	面积（m²）	企业名称	合作项目	官网	联系方式
快时尚	ZARA	800～1500	飒拉商业（上海）有限公司	北京市西单大悦城一楼	https://www.zara.cn/cn/	021-62793282
	H&M	800～2000	海恩斯莫里斯（上海）服饰公司	广州市中华广场二楼	http://www.hm.com/entrance.ahtml?orguri=%2F	021-23305200
	UNIQLO	1000～2000	迅销（中国）商贸有限公司	上海市淮海中路旗舰店	http://www.uniqlo.com/cn/	021-33382288
	New Look	250～350	纽洛克商业（上海）有限公司	上海市美罗城四楼	https://www.newlook.cn/	021-22139711
	UR	800～1500	快尚时装（广州）有限公司	广州市正佳广场	http://www.ur.com.cn/index.htm	020-66221210

所属品类	品牌名称	面积（m²）	企业名称	合作项目	官网	联系方式
潮流店	MONKI	300～500	海恩斯莫里斯（上海）商业有限公司	沈阳市中街恒隆广场一楼	http://www.monki.com/gb/	400-8215500
	I.T	60～2000	广派商业（上海）有限公司	上海市新天地时尚	http://www.ithk.com/eng/html/front/index.html	021-61825925
	SHEL'TTER	600～1000	巴罗克（上海）贸易有限公司	上海市大悦城二楼	http://sly.jp/	021-32560202
	Hardy Hardy	50～300	乾俸贸易（上海）有限公司	上海市大悦城二楼	—	021-63939338
	pancoat	70～90	上海红坊发展文化有限公司（红纺集团）	上海市港汇广场负一楼	http://www.chinabrandsgroup.com.cn/	021-62807844
男装	GXG	80～250	宁波中哲慕尚控股有限公司	上海市港汇广场二楼	http://www.gxg1978.com/gxg/cn/index.php	0571-88211870
	JDV	100～150	上海杰帝梵服饰有限公司	上海市来福士广场四楼	WWW.JDVFASHION.COM	021-60839613
	BOY	80～200	深圳市全然服饰有限公司	上海市梅龙镇广场二楼	www.boylondonchina.com	010-85900802
	LILANZ 利郎	150～300	利郎（中国）有限公司	上海市怡丰城	www.lilanz.com	0595-85622777
	七匹狼	200～3000	七匹狼实业股份有限公司	上海市浦东新区文峰广场	www.septwolves.com	0595-88577627
女装	La Chapelle	500～1000	上海拉夏贝尔服饰股份有限公司	上海市证大喜马拉雅中心负一楼	http://www.lachapelle.cn/	021-80239102
	ROCOCO	150～300	上海君时服饰有限公司	上海市港汇广场四楼	www.rococofashion.cn	0571-86940770
	miidii 谜底	60～120	广州市猜想服饰有限公司	北京市西直门凯德mall三楼	www.midi～cn.com/	020-38061988
	淑女屋	60～300	深圳市淑女屋服饰有限公司	深圳市华强北茂业百货四楼	www.fairyfair.com	0755-26755156
	太平鸟	200～500	宁波太平鸟时尚服饰股份有限公司	杭州市百货大楼四楼	www.materialgirl.com.cn	0574-87484605
内衣	维多利亚的秘密	350～1000	上海锦天服饰有限公司	上海市来福士广场一楼	https://www.victoriassecret.com/	021-62365289
	爱慕imi's	50～1000	重庆爱慕美丽服饰有限公司	上海市正大广场三楼	http://www.aimergroup.com/	0411-82803209
	tutuanna	40～150	上田商工（上海）服饰商贸有限公司	上海市美罗城负一楼	http://www.tutuanna～china.com/	021-64325164
	阪织屋	50～70	阪田贸易有限公司	上海市芮欧百货负一楼	www.bandgewoo.com	021-62784753
	棉购	50～300	棉购居家（上海）有限公司	上海绿地金御广场一楼	http://www.cottonshop.com/www/index.html#	021-56665399
休闲中性	LEE	80～100	威富服饰（中国）有限公司	上海大宁国际广场2座	http://leejeans～ap.com/zh～CN/China/	021-52906031
	levi`s	50～150	利惠商业贸易有限公司	上海市大悦城五楼	https://www.levi.com.cn/	021-62478828
	GUESS	200～300	中国机时商贸（上海）有限公司	上海市月星环球港四楼	www.guess.com	021-61359466
	罗宾汉	70～150	宾汉国际集团公司	北京市北京华联上地购物中心三楼	www.robinhood.cn	0755-66690800
	YISHION 以纯	200～1000	东莞市以纯集团有限公司	上海市清河商场二楼	www.yishion.com	0769-89938999
运动户外	FILA	80～500	菲乐服饰有限公司	上海市来福士广场五楼	www.fila～china.com.cn	0592-3518112
	SKECHERS 斯凯奇	150～400	广州市凯捷商业有限公司	上海市大宁国际广场2座	http://www.skechers.cn/	020-89160222
	Under Armour	150～300	安德阿镆贸易（上海）有限公司	上海市淮海中路755一楼	https://www.underarmour.cn/	4000218989
	YY SPORTS	300～4000	宝胜国际（控股）有限公司	上海市月星环球港二楼	www.pousheng.com	021-61430501
	赛标超级体育世家	100～500	赛标（中国）体育用品有限公司	上海市月星环球港二楼	www.xebio.cn	021-50471998

续表

所属品类	品牌名称	面积(m²)	企业名称	合作项目	官网	联系方式
鞋	百丽	60~200	深圳百丽商贸有限公司	青岛市澳门路88号BELLE(百丽广场店)负一楼	http://www.belleintl/	0769-22322580
	色非 FAICCIA	50~120	香港色非鞋业有限公司	北京市朝阳区爱琴海购物中心三楼	www.sofitfamily.com	020-36512661
	意尔康	60~200	意尔康股份有限公司	上海市黄浦区南京东路300号名人购物中心	http://www.yearcon.en/	0578-6857125
	It's Q	50~120	伊思有限公司上海	北京市华联上地购物中心一楼	www.etsq.com	0592-3213333
	Diduo 迪朵	80~100	迪朵(中国)服饰有限公司	武汉市汉街万达广场二楼	cn.diduo.hk/	0592-2595312
包包皮具	新秀丽	40~150	新秀丽国际贸易(宁波)有限公司	上海市月星环球港一楼	http://samsonite.org.cn/	0574-8618199
	外交官	80~200	外交官集团	上海市日月光中心广场二楼	http://www.idiplomat.com.cn/	021-52896226
	巴黎世家	50~300	百郦嘉贸易(上海)有限公司	广州市正佳广场一楼	http://www.balenciaga.com/	021-61042627
	食草堂	50~100	石家庄食草堂文化饰品有限公司	北京市朝阳区酒仙桥路4号798艺术区	www.herbalheaven.com	0311-83898112
	丹尼熊爱旅行	80~300	广州亚舟皮具实业有限公司	深圳市合正汇一城一楼	www.yz211.cn/	020-62875777
黄金珠宝	周大福	30~100	周大福珠宝金行(深圳)有限公司	北京市三里屯太古里南区S8号楼一楼	www.ctf.com.cn	0755-25267574
	六福珠宝	60~120	六福集团(国际)有限公司	广州市正佳广场一楼	www.lukfook.com/tc/	010-85655288
	金伯利钻石	60~120	上海金伯利珠宝发展有限公司	上海市五角场万达广场一楼旗舰店	http://www.kimberlite.com.cn/	400-889-8858
	I DO	60~500	恒信玺利实业股份有限公司	上海市正大广场二楼	www.hiersun-ido.com/	010-58792276
	嘉乐琥珀	20~80	北京嘉和润诚珠宝首饰有限公司	北京市金源购物中心一楼	—	010-82253128
时尚饰品	施华洛世奇	50~300	施华洛世奇(上海)贸易有限公司	上海市美罗城一楼	https://www.swarovski.com/	021-23069888
	潘多拉	80~100	潘朵拉神秘恋人有限公司	上海市港汇恒隆广场一楼	http://www.pandora.net/zh-cn	0769-81061896
	萱子	40~80	江苏萱子文化传播有限公司	北京市石景山万达广场二楼	—	025-84416528
	阿吉豆	40~70	上海云弘投资管理有限公司	上海市大悦城四楼	http://www.ajidou.com/	021-34978918
	谭木匠	10~40	重庆谭木匠工艺品有限公司	北京市西环广场三楼	http://www.ctans.com/	0511-87186976
手表	浪琴	50~150	斯沃琪集团	上海市百联又一城一楼	https://www.longines.cn/	400-670-1983
	天梭	50~400	瑞表企业管理(上海)有限公司	上海市悦达889plaza一楼	https://www.tissotwatches.cn/	400-670-1983
	Swatch	50~80	斯沃琪(Swath)集团有限公司	上海市来福士广场二楼	https://www.swatch.com/zh-cn	400-670-1983
	时间廊	50~120	时间廊钟表商业有限公司	广州市中华广场一楼	http://www.citychain.com/en/	021-6381 2007
	亨吉利	50~200	深圳市亨吉利世界名表中心有限公司	北京市西城区金融大街18号一楼	http://www.harmony4.com/	0755-86013480
眼镜	PUYI OPTICAL 溥仪	50~300	香港溥仪眼镜有限公司	上海市iapm三楼	http://www.puyi.com	852-27008833
	Gentle Monster	800~2000	镜特梦贸易(上海)有限公司	上海市淮海路	http://www.gentlemonster.com/	021-54850780
	木九十	20~50	湖南光合作用商贸有限公司	上海市七宝万科	http://shop.kexunhk.com/	0755-25882188
	zofo	90~150	佐芙(上海)商贸有限公司	上海市美罗城负一楼	http://www.glasses.com.cn/	021-62351064
	宝岛眼镜	80~600	星创视界(中国)光学科技有限公司	上海市美罗城二楼	http://www.baodaoyanjing.net.cn/	021-61831200

化妆、个人护理　　　　表6

所属品类	品牌名称	面积(m²)	企业名称	合作项目	官网	联系方式
综合店	SEPHORA 丝芙兰	300~500	丝芙兰（上海）化妆品销售有限公司	上海市静安区南京西路993号1~2层旗舰店	http://www.sephora.cn/	021-23268876-09
	sasa 莎莎	300~600	莎莎国际控股有限公司	深圳市周大福全球商品购物中心一楼	http://www.sasa.com/	021-62673377
	妍丽	100~300	深圳市妍丽化妆品有限公司	深圳市海岸城一楼	http://www.fionacos.com/	0755-82213152-1035
	watsons 屈臣氏	250~330	屈臣氏个人用品商店有限公司	上海市来福士广场负一楼	www.watsons.com.cn	021-54960666-692
	万宁	170~280	广东万宁连锁商业有限公司	广州市太古汇M层	https://www.mannings.com.cn/	020-83181388
化妆品	Innisfree 悦诗风吟	100~200	爱茉莉太平洋贸易有限公司	上海市闵行区金都路3688号3楼	www.innisfree.cn	021-23290879
	佰草集	100~300	上海佰草集化妆品有限公司	上海市月星·环球港负一楼	http://www.herborist.com.cn/	021-35907000
	欧舒丹	30~80	普罗旺斯欧舒丹贸易（上海）有限公司	上海市来福士广场一楼	http://www.loccitane.cn/	021-62563881
	雅思兰黛	80~200	雅思兰黛公司	上海市久光百货一楼	http://www.esteelauder.com.cn/	021-54425442
	美宝莲	20~60	欧莱雅（中国）有限公司	上海市长宁龙之梦购物中心一楼	www.lorealchina.com	021-52007434
美容	丽妍雅集	300~500	上海尊雅实业有限公司	上海市光启城时尚购物中心二楼	http://www.rubis.com.cn	021-53965795-869
	思妍丽	200~500	武汉思妍丽化妆品有限公司	上海市新天地南里商场五楼	http://www.taoshehui.cn/	027-85554580
	诗泥东南亚SPA	100~500	上海花齐美容有限公司	上海金桥国际商业广场	—	021-51213338
	艾瑞斯美容高端定制	80~500	雅潞国际美容（深圳）有限公司	重庆市渝北区新牌坊一路397号	—	0755-82574451
	爱睫物语	100~500	上海杜米贸易有限公司	上海市环球港四楼	https://www.eyelash~beauty~tokyo.com/	021-31335650
美体	美丽田园	200~250	美丽田园管理服务有限公司	上海K11负一楼	http://www.beautyfarm.com.cn/	021-23100545
	一淇意念瘦身美体	50~1000	一淇意念瘦身美体国际连锁机构	郑州市金水区政七街30~7号	—	0371-66257833
	伊丽莎白	50~300	广东伊丽莎白美容健身有限公司	佛山市活力新城广场三楼	http://www.ellebeauty.com.cn/	0757-81233339
美发	丝域养发馆	60~120	珠海丝域咨询服务有限公司	深圳深国投广场	http://www.hairology.cn/	0756-8335776
	阿玛尼美容美发	200~350	上海维沙美容美发经营管理有限公司	上海市星空广场	http://amnmrmf.chinapyp.com/	021-23500558
	伊本造型	100~500	上海伊本造型有限公司	上海尚嘉中心	—	021-62532553
美甲	刘娟美甲	100~500	上海刘娟美甲有限公司	上海市环贸广场iapm负一楼	—	021-63353337
	角色OPI美甲沙龙	20~50	杭州角色美甲有限公司	北京市颐堤港商场LG层	—	0571-85157993
	INCOCO	8~20	北京英科可国际贸易有限公司	上海市恒隆广场四楼	www.incoco.com.com/	400-890-5166

娱乐、体验 表7

所属品类	品牌名称	面积（m²）	企业名称	合作项目	官网	联系方式
主题馆	飞行家太空体验馆	500~1000	飞行家（北京）投资股份有限公司	北京市祥云小镇	http://www.happyfxj.com/sites	010-64828912
	iKART卡丁车	200~1000	沈阳天合卡丁体育运动发展有限公司	上海市龙湖虹桥天街负一楼		024-31099586
	世纪星滑冰俱乐部	2500~2800	北京世纪星滑冰俱乐部有限公司	深圳海岸城		010-68325603
电玩娱乐中心	大鲁阁	2000~3000	上海基创体育有限公司	上海市七宝万科广场四楼	http://www.trk.com.tw/	021-60732808
	汤姆熊欢乐世界	1200~1500	上海汤姆熊娱乐有限公司	上海市长宁路龙之梦六楼	http://www.tomsworld.com.cn/cn/index.php	021-32525639
	星际传奇	800~1500	深圳市乐的文化有限公司	上海市七宝万科广场三楼	—	13723456052
电影院	CGV	4000~6000	韩国CJ集团	上海市大宁国际商业广场2座三楼	http://www.cgv.co.kr	010-56396119
	万达影城	3500~7000	万达电影院线股份有限公司	武汉市楚河汉街1号万达广场五楼	http://www.wandafilm.com/	010-85587593
	成龙耀莱影院	3000~30000	北京耀莱国际影城管理有限公司	北京市卓展购物中心五楼	http://www.jccinema.com/node/463	010-84894877
	星美国际影城	3000~15000	星美影院发展有限公司	深圳市京基百纳KKONE四楼	http://www.zyxmmovie.com/	0755-82076077
剧院	上剧场	2530	上海表坊文化发展有限公司	上海市美罗城五楼	http://www.theatreabove.com/site/	021-63222180
	傣秀剧场	19500	万达文化产业集团	云南西双版纳景洪市嘎东区万达国际度假区	http://www.daishow.cn/	400-950-6689
	海雅大剧院	8000	海雅集团	深圳市海雅缤纷城三楼	http://hydjy.hygroup.cc/	0755-33211111
KTV	好乐迪	1000~2000	北京乐迪熊餐饮娱乐有限公司	上海市美罗城七楼	www.haoledi.com	021-63222180
	上海歌城	1000~3000	上海歌城娱乐管理有限公司	上海市新世界城十一楼	http://www.shgcktv.com/	021-58603333
	agogo	2000~3000	福建省百亨文化产业有限公司	福州市爱琴海购物公园四楼	—	0591-8760980-0821
	欢唱	3500~7000	欢唱集团有限公司	厦门市帝豪大厦三楼	http://www.huanchang.com.cn/	0592-2961828
网吧电竞	B5电竞馆	400~600	明基电通科技（上海）有限公司	苏州繁花中心	—	0512-68078800
	网鱼网吧	400~600	上海网鱼网络发展有限公司	上海市恒顺大楼五楼		021-37793001-709
VR	超级队长VR体验馆	30~500	广州超级队长教育咨询有限公司	北京市新中关购物中心		400-8827726
	iGe~VR	30~200	深圳酷尚英博贸易有限公司	合肥市华润万象城四楼		0755-86575926

文创、艺术　　表8

所属品类	品牌名称	面积（m²）	企业名称	合作项目	官网	联系方式
书店	猫的天空之城	150~300	苏州天空之城图书有限公司	上海新天地时尚购物广场负一楼	http://www.kotrip.com/	0512-67778105
	西西弗书店	500~750	西西弗文化传播有限公司	上海市大悦城六楼		023-65315363
	言几又	500~5000	上海言几又品牌管理有限公司	上海市湖滨道购物中心负一楼	http://www.yanjiyou.com/	028-85350994
	单向空间	500~800	北京单向空间文化发展有限公司	北京市朝阳大悦城	http://www.owspace.com/	010-84240036
	大众书局	500~800	江苏大众书局图书文化有限公司	上海市美罗城五楼	http://www.dazo.com.cn/	025-69616500
文创产品	LOL原创生活概念店	300~500	新世界百货（中国）有限公司	上海市K11负二楼	—	021-63351318
	朴坊	80~120	上海朴坊商贸有限公司	上海市大悦城六楼	http://www.simplemill.cn/	0591-87560751-519
	雷诺瓦拼图文化坊	40~100	上海塔图贸易有限公司	上海市嘉里中心四楼	http://newweb.renoirpuzzle.com.tw/	021-50796585-8007
	NICI礼祺	20~500	北京雅昌恒峰科贸有限公司	上海市美罗城四楼	http://www.nici.com.cn/about.aspx	010-8773159
	阿原（YUAN）	20~100	深圳市之间文化实业有限公司	上海市环贸广场iapm负一楼	http://www.yuansoap.com/	0755-86504330
文具店	晨光生活馆	100~300	晨光生活馆企业管理（上海）有限公司	上海市大悦城六楼	—	021-31597919
	启路文具	150~400	宁波市启路文化生活用品连锁有限公司	杭州市中大银泰城负一楼	www.keyroad.net	0574-27833388
	物心	50~100	物心（上海）商贸有限公司	上海新天地时尚二楼		021-22818149
工艺品	法蓝瓷	100~500	厦门法蓝瓷实业有限公司	上海市高岛屋六楼	http://www.franzcollection.com.tw/	0592-5963066
	万仟堂	30~150	厦门万仟堂艺术品有限公司	上海市大悦城六楼	http://m.w1000.com/	0592-2591969
	青兰工舍	40~150	上海青兰工舍艺术品有限公司	上海市港汇恒隆广场新翼四楼	http://www.pureland.cn/	021-51098095-8002
手作	全爱工匠	60~300	北京全爱时代国际文化有限公司	北京市朝阳大悦城五楼		4000050690
	乐窑陶吧	40~60	上海乐窑实业有限公司	上海市田子坊26号二楼东	http://www.chinaleyao.com/	021-60544875
	左手右手	80~130	厦门市左手右手文化创意有限公司	厦门市SM城市广场负一楼	https://zsysdiy.1688.com/	0592-5780073
烘焙课堂	ABC Cooking Studio	160~200	艾宝食餐饮管理（上海）有限公司	上海K11负二楼	http://www.abc~cooking.com.cn/	021-68777789
	7点自造DIY烘焙馆	100~500	厦门七点自造食品有限公司	赣州万象城五楼	http://www.700diy.com/	4006-700-945
	曼思欢乐厨房	100~150	曼思乐厨（北京）品牌管理有限公司	北京市朝阳大悦城购物中心五楼	http://www.hicook.cn/	010-65104995
展览	艾托比亚国际艺术中心	500~3000	北京盈智慧海文化艺术有限公司	巡展		010-65503828
	不解の秘密3D错觉艺术馆	300~1000	第三墙艺术机构	巡展	—	18157313098

家居家具、电子数码

表9

所属品类	品牌名称	面积（m²）	企业名称	合作项目	官网	联系方式
家居生活馆	特力和乐（HOLA）	2000~2500	特力屋（上海）商贸有限公司	上海正大广场	https://www.hola.com.tw/	021-24082800-7619
	自然醒	150~500	深圳市自然醒商业连锁有限公司	广州市时尚天河店	www.zing~home.com	4000-6000-99
	光合生活家居馆	50~600	浙江光合盛世家居用品股份有限公司	宁波北仑银泰城	http://www.ghss.com/	0579-82065030
	基本生活	80~100	深圳市基本生活用品有限公司	上海市大宁国际商业广场8座一楼	http://www.emoi.com.*	010-62032028
	全棉时代	600~800	深圳全棉时代科技有限公司	上海市美罗城三楼	http://www.purcotton.com/	0755-28134288
家具专卖	林氏木业家具o2o体验馆	200~5000	佛山市阿里顺林家具有限公司	北京市槐房万达广场负一层	www.linshimuye.com	0757-86907671
	宜奥	200~300	佛山市宜奥家居有限公司	广州市南沙万达广场	www.eon~home.com	0757-29839195
	尚品宅配	250~500	广州尚品宅配家居股份有限公司	上海市正大广场六楼	http://www.homekoo.com/	020-850279800
按摩器材	芝华士头等舱沙发	100~300	敏华控股有限公司	北京市金源燕莎mall负一楼	www.manwahholdings.com	4008-863-668
	舒华健身器材	150~300	舒华股份有限公司	北京市盛购文体中心四楼	www.shuhua.cn	0595-85993717
	好家庭健身器材	500~1000	北京好家庭健身器材有限公司	北京市伟图大厦一楼	https://bjgoodfamily.cn.china.cn/	010-67150067
智能家居	海尔智能家居	50~300	海尔集团	深圳市龙岗区中心城龙城大道132号	http://www.76339.zxdyw.com/	4006-999-999
	WSDay温思帝	50~300	东莞温思帝寝具科技有限公司	东莞市东城万达广场一楼	http://dongguan0510608.11467.com/	0769-23281888
	三星电子锁	50~300	思迈德科技有限公司	长春市朝阳区锦水路277号	http://www.ezon.com.cn/samsung~lock/	15387583637
电子数码体验店	苹果体验店	100~300	上海神汇通信科技有限公司	上海市环贸广场	https://www.apple.com/cn	021-52067928
	未来维度	100~500	未来智能生活（北京）科技有限公司	北京市凯德晶品购物中心	—	13801069058
	dc.space	50~100	北京神州数码智慧生活科技有限公司	上海市七宝万科广场四楼	www.digitalchina.com	010-82707777
	onezero美承	80~240	浙江美承数码科技集团有限公司	上海市宝山万达广场三楼	www.mc2.com.cn	021-54258855
	迪信通	80~800	上海迪信电子通信技术有限公司	北京市朝阳大悦城五楼	http://www.dixintong.com/	021-34126399

儿童服务　　　　　表 10

所属品类	品牌名称	面积（m²）	企业名称	合作项目	官网	联系方式
娱乐	悠游堂	300~10000	上海悠游堂投资发展股份有限公司	北京市爱琴海购物公园三楼	http://www.yuyuto.com/	021-51079937
	卡通尼乐园	500~1000	上海卡通尼儿童乐园有限公司	上海市大宁国际商业广场12座三楼	http://www.cartoonyworld.com/	021-64954192
	Party Map 猪猪侠乐园	500~3000	广州咏声企业管理有限公司	广州市西城都荟店三楼	http://www.winsing.net/	020-31014712
	MELAND 儿童成长乐园	2000~3000	深圳市乐的文化有限公司	上海市七宝万科广场三楼	—	13723456052
	海帆亲子游泳俱乐部	800~2000	北京海帆动力教育科技有限公司	苏州市易生活购物公园1栋二楼	http://www.hfswim.com/	010-53607881
早教	美吉姆早教	600~1000	上海贝睿商务信息咨询有限公司	上海市日月光中心三楼	http://www.mygymchina.com/	021-36530958
	杨梅红国际私立美校	400~1000	杨梅红文化国际集团	上海市七宝万科广场三楼	http://www.ymmart.com	0755-86337000
	七田真国际教育	350~900	北京七田真教育咨询有限公司	上海市西康189三楼	http://www.qitianzhen.cn/	010-56026550
	瑞思学科英语	500~1200	瑞思教育集团有限公司	上海市浦东大拇指广场一楼	http://www.risecenter.com/	010-85599070
	乐高活动中心	300~600	乐高集团	上海港汇恒隆广场三楼	https://education.lego.com/zh~cn	4008-030-323
培训	天马星空国际马术学院	5000以上	天马星空国际马术学院	昆明市爱琴海公园七楼	—	0871-66013981
	Isee 灰姑娘国际儿童艺术中心	400~700	灰姑娘（北京）国际教育科技有限公司	上海市七宝万科广场三楼	http://www.iseekids.com/	010-64733383
	咕噜咕噜轮滑	150~500	上海咕噜咕噜体育发展有限公司	上海市七宝万科广场五楼	http://www.gulugulu66.com/	021-50331796
	番茄田艺术中心	300~500	上海市静安区光复路195A	上海市 K11 购物中心	http://www.tomatoart.cn/	021-63817688
	小小运动馆	280~350	上海小小乐杰健身休闲有限公司	上海市环球金融中心二楼	http://www.thelittlegym.com.cn/	021-68596266
幼儿园	伊顿国际教育	1500~3000	北京伊顿国际教育集团	北京市朝阳区东风南路10号	http://www.etonkids.com/	010-56812605
	兰妮国际幼儿园	1000~5000	兰妮教育咨询有限公司	沈阳市皇姑区太岳山路7号	http://lanniguoji.zgyey.com/	024-31214933
	美林高瞻国际幼儿园	2000~3000	北京美林嘉华教育投资有限公司	天津市富力嘉郡花园1号楼	http://www.highscope~china.com.cn/	400-010-0090
职业体验馆	星期八小镇	6000~7000	上海童梦投资管理有限公司	广州市停机坪购物广场二楼	—	021-34633000
	麦鲁小城	3500~8000	深圳华侨城哈克文化有限公司	苏州市吴中区旺墩路268号圆融时代广场F栋	http://www.myrules.cn/	0755-86148381
	哈尼哈尼	36~160	南京菲尼克斯文化投资有限公司	上海市金光绿庭购物中心三楼	—	0550-3027188
母婴馆	爱婴室	500~1000	上海爱婴室商务服务股份有限公司	上海西康189购物中心三楼	http://www.aiyingshi.com/	021-80028002
	孩子王	3000~5000	孩子王儿童用品股份有限公司	成都市锦华万达广场楼	www.haiziwang.com/	025-83679817
	bluepink	1000~2000	香港皇后大道中南岛大厦1502室	北京市祥云小镇	—	010-65206755-8005
	好孩子	300~500	好孩子儿童用品有限公司	上海港汇恒隆广场楼	https://www.haohaizi.com/	021-53828888
	酷漫居儿童家居体验馆	200~5000	酷漫居动漫科技有限公司	广州市海印又一城五楼	http://www.kumanju.com/about	400-7769388

续表

所属品类	品牌名称	面积(m^2)	企业名称	合作项目	官网	联系方式
童品	巴拉巴拉	400~500	浙江森马服饰股份有限公司	上海市光启城三楼	www.balabala.com.cn	0577-88098558
	巴布豆	60~150	上海巴布豆儿童用品有限公司	上海市市长宁龙之梦购物中心六楼	www.bobdog.com.cn	021-64214188
	Moomoo	80~120	上海美斯特邦威服饰股份有限公司	上海市光启城三楼	www.banggo.com/http://	021-38119999
	时尚米奇	60~120	迪士尼米奇儿童用品有限公司	上海市港汇恒隆广场三楼	—	021-64934215
	杰米熊	150~300	杰米熊（中国）有限公司	广州市萝岗万达广场二楼	www.jmbear.com	0595-22356066
玩具	玩具反斗城	700~2000	玩具反斗城（中国）商贸有限公司	上海市正大广场四楼	http://www.toysrus.com.cn/	021-24165800
	Kidsland 孩思乐	100~300	北京孩思乐商业有限公司	上海市龙之梦虹口店三楼	www.kidslandchina.com	010-64482105-118
	格灵岛儿童玩具城	100~300	长沙智源玩具有限公司	长沙市雨花区朝晖路41号	www.zhiyuantoys.com	4008877408
儿童摄影	小鬼当佳儿童摄影	1000~2000	小鬼当佳国际贸易（北京）有限公司	上海市大悦城六楼	http://www.xgdj.cn/	010-59796060
	9V 儿童纪实摄影	300~800	上海聚善摄影有限公司	上海市普陀区月星环球港内负二楼	—	021-62279199
	海马体 HIMOKIDS	70~200	杭州缦图摄影有限公司	杭州市传媒学院创意产业园	http://www.haimati.cn/	400-880-1861
儿童理发	QKUTS剪酷儿童理发	60~200	剪酷（上海）美发有限公司	上海市湖滨道购物中心二楼	http://www.qkuts.cn/	13601656011
	GOLDEN HAIR 儿童造型设计	80~200	—	上海市嘉里中心南区三楼	—	021-61520053

餐饮、美食　　　　表11

所属品类	品牌名称	面积(m^2)	企业名称	合作项目	官网	联系方式
特色中餐	小南国	1000~1200	小南国（集团）有限公司	上海市新天地时尚二楼	www.xiaonanguo.com	021-64659397
	全聚德	200~800	中国全聚德（集团）股份有限公司	北京市前门大街30号	www.quanjude.com.cn	010-63048992
	陶然居	1000~1500	重庆陶然居集团	重庆市龙湖水晶星座一楼	http://www.cn~taorarju.com/	023-68624666
	东来顺饭庄	300~500	北京东来顺集团有限公司	北京市五道口购物中心五楼	http://www.donglaishun.com/	010-65280221
鲁菜	城市往事	350~500	山东凯瑞餐饮集团	青岛市凯德广场五楼	www.sdcamry.com.cn	0531-81767979
	皇城根	400~500	山东凯瑞餐饮集团	济南市贵和购物中心四楼	www.sdcamry.com.cn	0531-81767979
	鸡上树	150~300	上东鸡上树餐饮有限公司	济南市市中区万达广场四楼	http://m.jishangshu.com/	400-0520799

所属品类	品牌名称	面积(m^2)	企业名称	合作项目	官网	联系方式
川菜	哥老官	200~1000	上海哥老官餐饮管理有限公司	上海市日月光中心五楼	http://www.gelaoguan.sh.cn/	021-51532025
	天辣	200~1000	天辣绿色时尚餐饮管理有限公司	上海市七宝万科广场五楼	—	021-64470172
	巴渝人家	200~500	天津巴渝人家餐饮服务有限公司	上海市杨浦区国和路1203号	—	022-23516868
	麻辣诱惑	300~500	北京市麻辣诱惑餐饮有限公司	上海市大宁国际广场	www.mala.com.cn	023-63840927
粤菜	誉八仙	200~1000	上海熙玺府餐饮有限公司	上海市大悦城七楼	—	021-61807577
	避风塘	550~650	上海避风塘美食有限公司	上海市大悦城八楼	http://www.bifengtang.com.cn/	021-53961118
	港丽餐厅	500~550	广州港丽餐饮有限公司	上海正大广场七楼	http://www.charme~sh.com/	020-37260352
闽菜	莆田餐厅	300~400	莆田控股私人有限公司上海分公司	上海市七宝万科广场二楼	https://www.putien.com.tw/index.html	0800-585-199
	左稻水系料理	150~300	上食膳美(厦门)餐饮管理有限公司	厦门市建发国际大厦JFC品尚中心A馆三楼	—	0592-5699778
	灶家庄	300~400	宝龙餐饮管理有限公司	上海市宝山宝龙广场三楼	—	021-66879707
苏菜	桃花源记	200~1000	山东省桃花源餐饮有限公司	苏州市观前街北局一弄10号	—	0531-87122618
	苏浙汇	1000~2000	金萌集团	上海市香港广场南座三楼	www.jade388.com	021-64732436
	南京大牌档(小吃)	800~1200	南京大牌档美食有限公司	上海市长宁龙之梦购物中心八楼	—	025-83168333-242
浙菜	新白鹿	400~1000	杭州新白鹿餐饮管理有限公司	上海市东方商厦九楼	http://www.bailu.cc/	0571-87915560
	绿茶	500~800	杭州绿茶餐饮管理有限公司	北京市朝阳大悦城八楼	—	0571-87206380
	外婆家	500~600	外婆家餐饮集团有限公司	上海大悦城八楼	http://www.waipojia.com.cn/WCMS/Index.aspx	0571-81022890
湘菜	湘炉小馆	200~300	安徽孙记胜冠餐饮管理有限公司	杭州市杭州中大银泰城四楼	www.sggwf.com	0551-68168777
	57度湘	350~400	长沙五十七度湘餐饮管理有限公司	上海市长宁龙之梦购物中心七楼	http://www.57tbs.com/	0731-82258857
	望湘园	400~500	望湘园(上海)餐饮管理股份有限公司	上海市大宁国际商业广场9座四楼	—	021-61005797
徽菜	皖厨	400~500	深圳市皖南老灶餐饮有限公司	深圳市欢乐海岸购物中心三楼	—	0755-33090564
	徽珍源	300~500	上海徽珍园餐饮管理有限公司	上海市浦东新区潍坊路162号	—	0536-58861100
	徽煌·新派徽菜	200~800	福建偰偲餐饮管理有限公司	泉州市浦西万达广场三楼	—	0595-22121852-823
火锅	海底捞火锅	800~1500	四川省简阳市海底捞餐饮有限公司	北京市望京国际商业中心E座四楼	www.haidilaohuoguo.com	010-67589385
	小肥羊特色火锅	500~700	内蒙古小肥羊餐饮连锁有限公司	哈尔滨市凯德广场学府路店四楼	http://www.littlesheep.com/	021-22150000
	澳门豆捞	500~700	中国澳门豆捞餐饮集团有限公司	上海市缤谷广场三楼	www.doulaoshidai.com	021-36373551

续表

所属品类	品牌名称	面积(m²)	企业名称	合作项目	官网	联系方式
主题餐厅	很高兴遇见你	250~300	上海烨飨餐饮管理有限公司	上海K11购物艺术中心负二楼	weibo.com/nicemeetingyoucafe	021-52716172
	匆匆那年创意餐厅	450~600	上海忆昔年投资管理有限公司	上海日月光中心一楼	—	021-35355565
	童年小筑	600~1000	杭州童年小筑品牌管理有限公司	上海真光路百联购物广场三楼	—	0571-89712222
自助餐	阿尔卑斯西餐自助	600	沈阳阿尔卑斯餐饮管理有限公司	沈阳商业城五楼	http://www.alps~zz.com/	024-83501998
	多伦多海鲜自助餐厅	350~400	多伦多海鲜自助餐饮管理有限公司	苏州市圆融星座三楼		0514-89881696
	亚马逊国际自助	600~800	江西亚马逊餐饮管理有限公司	苏州名仕商务中心四楼		4000026166
西餐厅	蓝蛙西餐厅	350~400	蓝蛙餐饮管理（上海）有限公司	上海西康189购物中心一楼	http://www.bluefrog.cn/news.asp?id=19	021-50306426
	新元素	400~500	新元素餐饮管理（上海）有限公司	上海七宝万科一楼	http://family.elementfresh.com/	021-61359488
	TACOS塔可	250~350	香港杰生博投资集团有限公司	上海百联徐汇店三楼		025-68518758
	西提厚牛排	450~600	上海西提餐饮管理有限公司	上海日月光中心四楼		021-62084292
	棒！约翰	100~200	约翰餐饮管理有限公司	上海市大宁国际商业广场12座四楼	http://www.papaonline.com.cn/	021-52988898
日韩料理	花隐日式怀石料理	300~500	王品（中国）餐饮有限公司	上海美罗城八楼		021-54242928
	禾绿旋转寿司	150~200	深圳市禾绿餐饮管理有限公司	深圳市万象城五楼	www.hlsushi.com.cn	0755-82090455
	权金城	260~300	权金城企业管理（北京）有限公司	北京朝阳大悦城六楼	www.quanjincheng.net	010-69001999
	韩江道木炭烤肉	200~300	上海聚合餐饮管理有限公司	上海美罗城三楼	http://njhjd.5858.com/	021-54530580
东南亚菜	小金牛越南美食馆	300~500	金牛苑餐饮集团	上海市长环贸广场五楼		021-54666812
	蕉叶	1500~2500	亚洲蕉叶饮食集团有限公司	上海市百联世茂国际广场四楼	http://bananaleaf.foodcs.cn/	0898-68532337
	星怡会	200~1000	上海悦膳达餐饮管理有限公司	上海市正大乐城三楼	—	021-67727000
烧烤铁板烧	大渔铁板烧	500~800	大渔餐饮有限公司	上海市日月光中心四楼	http://www.tairyo1995.com/	0755-88307658
	烧肉达人	200~1000	上海盈喜餐饮管理有限公司	上海市SOHO复兴广场负一楼	—	021-65368510
	嘻游记	300~350	上海鼎大餐饮管理股份有限公司	上海市七宝万科广场四楼		021-64182938

所属品类	品牌名称	面积(m²)	企业名称	合作项目	官网	联系方式
西式快餐	麦当劳	300~500	金拱门（中国）有限公司	上海环贸一楼	https://www.mcdonalds.com.cn/	010-65111299
	肯德基	300~600	百胜餐饮集团中国事业部	上海美罗城一楼	http://www.kfc.com.cn/kfccda/index.aspx	021-24077777
	赛百味	50~120	赛百味餐饮管理有限公司	上海市美罗城三楼	http://www.subway.com.cn/	021-64377989
	汉堡王	250~350	汉堡王（中国）投资有限公司	上海美罗城负一楼	http://www.bkchina.cn/	021-24226062
中式快餐	永和豆浆	100~200	上海弘奇永和餐饮管理有限公司	上海市虹桥机场T1航站楼	http://www.yonho.com/	021-60769315
	真功夫	200~300	广州真功夫餐饮管理有限公司	上海市新世界城负一楼	http://www.zkungfu.cn/	020-22132385
	吉野家	150~200	上海吉野家快餐有限公司	北京市银座MALL负一楼	http://www.4008~197~197.com/	021-63519713
	大鼓米线	60~180	上海大鼓餐饮管理有限公司	上海市日月光中心负二楼	www.dagufood.com	021-34677989
	大娘水饺	100~500	大娘水饺餐饮集团股份有限公司	北京市南站地下一层快速进站口6	http://www.cnddr.com/index.html	0519-88150687
面馆	度小月	150~250	北京度小月餐饮管理有限公司	上海大悦城负一楼	http://noodle1895.com/site/index.html	010-56903688
	花丸乌冬面	100~200	花丸餐饮管理上海有限公司	上海美罗城负一楼	http://www.hanamaruudon.cn/introduction.html	021-61737601
	味千拉面	120~150	味千（中国）控股有限公司	上海市大悦城七楼	http://www.ajisen.com.cn/	021-53868698
小吃	小杨生煎	120~150	上海朋利来餐饮管理有限公司	上海市月星环球港负二楼	—	021-52801966
	校村炸鸡	5~40	校村（上海）餐饮管理有限公司	上海市徐汇区淮海西路491号	http://xiaocunfood.cn.qiyeku.com/	021-64093567
	正新鸡排	5~40	上海正新食品有限公司	上海大悦城负一楼	www.zhengxinfood.com	4008-218566
	町上寿司	15~30	沈阳町上餐饮管理有限公司	太原市铜锣湾国际购物中心三楼	www.dingtianchina.com	400-0245633
咖啡	星巴克	150~500	星巴克企业管理（中国）有限公司	成都市远洋太古里	www.starbucks.cn	021-24125888
	漫咖啡	300~2000	北京漫创作餐饮管理有限公司	南京市玄武区太平北路72号1912街区17号楼	www.mamncoffee.com/	010-52721015
	zoo咖啡	5~40	上海祝咖菲餐饮管理有限责任公司	上海黄金城道步行街	www.tigertopoki.com	400-9972000
面包西点	巴黎贝甜	150~200	上海艾丝碧西食品有限公司	上海市大宁国际商业广场9座一楼	https://www.paris.co.kr/main/	021-51098280
	食之秘	150~300	食之秘餐饮管理（上海）有限公司	上海市正大广场五楼	http://www.50270588.com/	021-32300583
	摩提工房	50~80	上海市徐汇区龙吴路51号1栋7楼	上海市美罗城负一楼	www.vimiu.com	021-51877701
	面包新语	100~150	上海新语面包有限公司	上海市来福士广场负一楼	www.breadtalk.com.cn	021-85692068
	宜芝多	60~120	上海八融食品有限公司	上海市漕溪北路33号旗舰店	www.iceason.com	021-54860046

续表

所属品类	品牌名称	面积(m²)	企业名称	合作项目	官网	联系方式
甜品	哈根达斯	45~200	通用磨坊贸易（上海）有限公司	上海市港汇恒隆广场一楼	http://www.haagendazs.com.cn/	010-51704489
	DQ冰雪皇后	60~200	上海适达餐饮管理有限公司	上海市长宁龙之梦购物中心负二楼	http://www.dairyqueen.com.cn/	021-60579688
	爱茜茜里	50~80	上海仟果企业管理有限公司	上海市港汇恒隆广场五楼	www.iceason.com	021-53073519*8019
	满记甜品	50~90	无限创意餐饮管理（中国）有限公司	上海市正大广场五楼	www.multiconceptslink.com	021-62755777
	鲜芋仙	80~300	富世餐饮管理（上海）有限公司	上海市大悦城六楼	http://www.meetfresh.com.cn/	021-60290800
水吧饮品	贡茶	80~200	贡茶（上海）餐饮管理有限公司	深圳市益田假日广场负二楼	www.gong~cha.cn	0755-22217535
	米芝莲	20~50	上海米芝莲餐饮管理有限公司	深圳市华强北茂业天地负一楼	www.xiaonangguo.com	021-25259737
	日出茶太	10~50	深圳市福田区日出茶太有限公司	北京市凯德晶品购物中心负一楼	http://cy.6612883.cn/rcct/index.html	0755-88999361
休闲食品	美珍香	60~120	思美香休闲食品（北京）有限公司	上海市金光绿庭广场负一楼	https://www.beechenghiang.com.tw/	010-56766500
	良品铺子	40~150	湖北良品铺子食品有限公司	武汉市中山大道818号万达广场C栋一楼	www.517lppz.com	4001177517
	来伊份	20~60	上海来伊份食品企业有限公司	上海市长宁区龙之梦购物中心负二楼	http://www.lyfen.com/	021-51760999
网红店	喜茶	100~120	深圳市美西西餐饮管理有限公司	上海市美罗城一楼	http://zs.mj28137.cn/xicha	0755-26907225
	桂满陇	300~600	上海桂满陇餐饮管理有限公司	上海市近铁广场北座三楼（西湖船宴）		021-60255278
	一点点	80~200	生根餐饮管理（上海）有限公司	上海市百盛城市优客广场负一楼	http://www.yddnaicha.com	021-62772007
美食广场	大食代	1000~1800	青岛大食代餐饮管理有限公司	上海美罗城六楼	http://www.foodrepublicchina.com/	0531-87152125
	亚惠美食广场	1500~2000	大连亚惠快餐有限公司	天津市永旺梦乐城购物中心二楼		0411-82651901

运动健身、休闲养生　　表12

所属品类	品牌名称	面积（m²）	企业名称	合作项目	官网	联系方式
健身中心	舒适堡健身	200~1000	上海舒适堡健身美容中心有限公司	上海市来福士广场	—	021-63908890
	威尔士健身	1000~2000	上海威尔士健身有限公司	上海市大悦城	—	021-68779000
	中体倍力	1000~5000	北京中体倍力新概念健身俱乐部有限公司	北京市V中心	www.ztbl.jsjlbyxgs.pinsou.com	010-67160865
	一兆韦德	500~1500	一兆韦德（上海）健身管理有限公司	上海市龙之梦购物中心	www.1012ch.na.com	021-63212268
	韦德伍斯健身	2000~10000	韦德伍斯体育发展有限公司	沈阳市中兴新一城	http://www.whytewoolf.com/	0411-62273555

续表

所属品类	品牌名称	面积（m²）	企业名称	合作项目	官网	联系方式
运动场馆	爱尚跆拳道	100～500	上海爱运体育咨询有限公司	上海市百联中环购物广场四楼		021-32093760
	篮战（篮球俱乐部）	800～3000	篮战（北京）文化传播有限公司	佛山市南海区桂澜南路45号鹏瑞利广场	http://www.hoopbattle.com/	010-68570825
	来力台球会所	800～1500	天津来力体育器材有限公司	上海市长宁区威宁路398号二楼		022-27717071
大型洗浴	极乐汤	12000	极乐汤（上海）沐浴管理有限公司	上海市祁连山南路398号	http://www.gokurakuyu.cn/	021-50762611
	纽斯桑拿会所	5000～12800	上海纽斯洗浴有限公司	上海市东绣路288号	http://www.shnewstar.net/	021-58387771
足疗	重庆家富富侨足浴	100～500	重庆家富富侨足浴有限公司	上海市复兴东路699号豫园店	www.jffq.sh.cn	021-52198845
	悠庭保健会所	200～500	上海悠庭保健会所有限公司	上海市静安嘉里中心负一楼	http://www.dragonfly.net.cn/zh/	021-61325068

医疗、医药　　　　　　　　　　表13

所属品类	品牌名称	面积（m²）	企业名称	合作项目	官网	联系方式
整形医院	Yestar 艺星整形	2000～10000	艺星国际医疗美容集团有限公司	上海市长宁区虹桥路1165号（伊犁路）	http://www.yestar1992.com/	021-62950829-800
	上海华美医疗美容	10000	上海市华美医疗美容医院有限公司	上海市源森路155号	http://www.mllike.com/	4000876600-0070
	铂曼医疗美容	2000	上海铂曼医疗美容门部有限公司	上海市淮海中路1172号	http://www.beautmed.cn/index.html	021-51917888
口腔护理	拜博口腔	400～5000	拜博口腔医疗集团	上海市七宝万科广场四楼	http://www.bybo.com.cn/	400-0000-033
	佳美口腔	500～1500	北京佳美医院管理有限责任公司	北京市东方广场二楼	http://www.jiameidental.com/	4006509970
	萌牙客	350～500	上海萌牙医疗科技有限公司	苏州市昆山金鹰国际购物广场六楼	—	0512-82100618
眼科	瞳眸视力管家	60～300	四川瞳眸生物科技有限公司	宁波市北仑区新大路1068号	http://www.tzslgj.cn/	400-1751-752
	思明堂	50～200	上海思明堂生物科技股份有限公司	上海市日月光中心三楼	http://www.simingtang.com/	021-50120029
保健	慈铭体检	4000～10000	慈铭健康体检管理集团有限公司	北京市望京街9号望京国际商业中心C座	http://www.ciming.com	021-63616969
	华检体检中心	4000～6000	上海华检健康体检管理有限公司	上海市嘉善路118号明园B座三楼	http://www.tijian18.com/	400-6700-128
月子中心	仕馨月子会所	10000～11000	仕馨月子会所股份有限公司	人民中路408号	http://shixin.q.baike.com/	020-37088888
	美丽妈妈产后恢复中心	200～500	上海壹元投资管理有限公司	上海市百盛优客城市广场四楼	—	021-64415680
药房	老百姓大药房	60～200	长沙老百姓大药房连锁有限公司	长沙市开福区湘雅路270号	https://www.lbxcn.com/hepstorefront/lbx/zh	400-6252888
	海王星辰	100～130	中国海王星辰连锁药店有限公司	深圳市万众时代广场B区一楼	http://stardrug.company.lookchem.cn/	0755-26435319